U0937862

思源致远

上海交通大学史

第六卷　转型为国防工业大学

（1959—1978）

主　　编　王宗光

本卷编著　龚诞申　毛杏云

上海交通大学出版社

内容提要

本书以恢宏的卷帙记录了上海交通大学百余年厚重历史。以历史研究的客观与责任感，以全方位视角和近距离直击结合，以学术的精神和细致的笔触，在深入、广泛挖掘档案史料和现有出版资料的基础上，全景展示了上海交通大学自1896年建校至2006年共110年的历程。这是上海交通大学这所百年名校首次对本校建校历史背景、发展过程、经费运转、系科建设与演变、教学与课程情况、各时期教职员与学生分析，以及校园传统、风格、特色的形成等，作深入、周详的梳理与总结，是一部立意严谨的校史研究著作。

《上海交通大学史》按学校发展不同历史阶段，分八卷编著，此为第六卷“转型为国防工业大学”。

图书在版编目(CIP)数据

上海交通大学史.第6卷，转型为国防工业大学/王宗光主编.—上海：上海交通大学出版社，2016

ISBN 978-7-313-14428-7

Ⅰ.①上…　Ⅱ.①王…　Ⅲ.①上海交通大学-校史-1959—1978

Ⅳ.①G649.285.1

中国版本图书馆CIP数据核字(2016)第012574号

上海交通大学史

第六卷　转型为国防工业大学(1959—1978)

主　　编：王宗光

出版发行：上海交通大学出版社　　地　　址：上海市番禺路951号

邮政编码：200030　　电　　话：021-64071208

出 版 人：韩建民

印　　制：苏州市越洋印刷有限公司　　经　　销：全国新华书店

开　　本：787mm×1092mm　1/16　　印　　张：18.75

字　　数：342千字

版　　次：2016年3月第1版　　印　　次：2016年3月第1次印刷

书　　号：ISBN 978-7-313-14428-7/G

定　　价(共八册)：800.00元

《上海交通大学史》编纂委员会

（2016 年 1 月）

《上海交通大学史》编写组

（2016 年 1 月）

主编： 王宗光

成员：（按姓氏笔画）

毛杏云　叶敦平　孙　萍　朱积川　朱隆泉　陈　泓

陈鑫木　范祖德　欧七斤　秦慰祖　龚诞申　盛　懿

章玲苓　蔡西玲　缪克成　漆姚敏　潘　鋐

序　一

先哲有云："欲知大道，必先知史。"历史之于国家，是兴替之镜，正身之基，致远之源，起着"鉴往知来，资政育人"的重要作用。特别是在中华民族伟大复兴的"中国梦"磅礴行进的今天，越来越注重从本民族的历史和文化传统中汲取智慧，积聚能量，夯筑根基，越来越注重传承和创新优秀传统文化的"中国声音"。习近平总书记曾反复强调：历史是最好的教科书，也是最好的老师，更是"最好的清醒剂"。"不忘历史才能开辟未来，善于继承才能善于创新。只有坚持从历史走向未来，从延续民族文化血脉中开拓前进，我们才能做好今天的事业"。

一个民族、一个国家尚且要"知道自己是谁，从哪里来，要到哪里去"，一所大学又何尝不需要挖掘自身的历史，传承厚重的文脉？作为国史与地方史的一种延伸，校史是大学文化建设的重要组成部分，也是大学文化层次的鲜明体现，更是大学精神凝练的源泉所在。离开校史，大学文化建设与精神追求就会成为无源之水，无本之木。

泱泱南洋，巍巍学府。上海交通大学诞生于19世纪末期，伴随中国近代化过程，它经历了晚清、民国和新中国三个历史时期。它的历史既是我国近代高等教育曲折发展的缩影，又是近代社会推陈出新在一所高校的生动反映。120年来，栉风沐雨、弦歌不辍，百年交大的历史就如同一座富矿，每一个采矿人都可以有自己的"发掘"：人才培养的辉煌成就；各个时代师生风采和精神风貌；不同时期校长们的办学理念和治校方略；名师大家在学科建设、教学科研中的睿智灼见；绵延百年的校风特点和精神灵魂；学校发展与国家民族命运的关系，等等，都值得思考和探究。与此相关的建校背景，学科布局、专业设置、师资建设、教学传统、优良学风、筹款方式、隶属关系、对外交流、校园变化等，也都值得细细琢磨，好好品味。这是交大百年历史文化的主要构成,亦是交大人非凡创造力的丰硕成果。

进入21世纪以后,上海交大面临的内外环境已发生很大变化。5 000多亩地的多校区办学空间、近5万人的师生规模、大批海外教师的引进、与原上海第二医科大学的强强合并,使交大多元文化背景的特点更加凸显。在此背景下,一所百年名校如何传承自己优良的文化精髓?如何让全体交大人拥有共同的文化烙印和追求,并在此基础上有所创新?如何让历史的深厚和世界的宽广交相辉映,在交大的校园里形成符合时代发展的新的精神文化?……这些涉及交大文化内核与交大人精神基因的问题,在创建世界一流大学的征程中,越来越需要做出回应与解答。而编纂一部真实、生动、系统、厚重的《上海交通大学史》,无疑能够为解读交大人精神内核与文化软实力提供智力支撑,也为交大争创世界一流大学奠定人文基石。

"盛世修史,懿年纂志"是中华民族千年传承的优良传统,也是当今社会主义文化建设的重大系统工程。《上海交通大学史》虽仅仅为一校之史,但其间世变幅度之大、时间跨度之长、经历曲折之多、涉及范围之广,在全国高校中都罕有其匹。如何真实记录学校的发展轨迹,如何系统梳理教育制度的演变,如何精彩描绘师生的生活图景,如何客观正确评论校史人物的历史贡献,如何科学总结百年办学的成败得失,凡此种种,都是编纂《上海交通大学史》的重点与难点,亦是对校史编纂者的巨大考验。所幸,自2006年110周年校庆之后,在以学校原党委书记王宗光教授领衔的校史编纂委员会的坚强领导下,集校内老领导、老同志、中青年校史研究队伍、校外专家学者的共同努力,历经十年艰辛,数易其稿,终于推出这一部卷帙恢弘的《上海交通大学史》,可谓"厚积薄发,十年一剑"。

古人云:"盖文章者,经国之大业,不朽之盛事。"翻开这部跨越三个世纪的厚重校史,重温交大往昔波澜壮阔的历程,我顿感心潮澎湃,为之动容,不胜感慨。我本人亦是上海交大在"文革"后恢复高考的第一届即"77级"学生,1982年本科毕业后,继续在母校攻读研究生,毕业后留校工作,直到1994年调离交大。应该说,我先后以学生身份与管理者身份亲身经历了交大在改革开放之后的17年岁月,对于这一时期交大学生"惜时如金"的学习热潮、享誉全国的管理体制改革、闵行新校区建设、派遣"世行生"等重大事件,都历历在目。衡诸这部《上海交通大学史》对这些史实的记载,应该说恰如其分地给予了还原与评价,较好地做到了资料翔实,持论平实,文风朴实,编排得当,征引规范。我相信,它出版面世后定能够经受时间的考验,成为一部可信耐读的优秀校史。

是为序。

姜斯宪

2016年1月

序　二

公元 1896 年，在甲午战败、民族危难之际，盛宣怀以“自强首在储才，储才必先兴学”的理念，创办南洋公学。

交通大学以“南洋”之名立，以“交通”之名兴。“交通大学”的校名源自 1921 年交通部所属四所学校合并而成大学之时。当“交通”二字的实业意义在历史的演化中渐渐淡去之时，作为校名，“交通”就成为一种文化和精神的传承。在“交通”之名下，交通大学的“大学”之道承载了“储才兴邦”的建校理想，光耀了“当为第一等人才”的办学理念，“傲立世界之巅，为民族谋进步，为人类谋福祉”，育人不辍，英杰辈出，成就了交通大学跨越三个世纪的辉煌，也让这座学府拥有了“天地交而万物通”的胸怀、气度及其独有的风格。

如果追溯到更远，中国传统文化对“交通”的理解源自庄子所云“交通成和而物生焉”，阐释的是一种宇宙观和价值观，是对宇宙万物和谐共生的哲学认知，是对自然规律的独特感悟。而“大学”一词的英文发源于中世纪西方都市生活及城邦初现时的拉丁文词汇“Universitas”，意指授予学位的由学生、教师和学者组成的多学科高等教育及研究机构。因此作为一所中国最早的现代大学，交通大学正是延续着中国传统文化的感性和西方现代文明的理性。中国传统之“交通”、现代西方文明之“大学”铸就的“交通大学”是历史与文化的交汇，也是思想与实践的贯通，所以成就其卓越，成就其辉煌。

“交通”为名，“大学”为道。

“交通”是校名，更是一种办学之道，真正让交通大学卓尔不群的，正是这种“天地交而万物通”“交通成和而物生焉”的办学之道。

大学是称谓，更是传承和创造的所在，真正让交通大学戮力同心、思源致远的，正是这种对大学精神、大学存在之根本意义的不懈追求。

在这样的大学之道下，交通大学自建校至今，无论世易时移，都赫然屹立于中国第一等学府之列。即便是几经辗转迁移，历尽艰难困苦，我们仍能在“上下交而其志同”的传承中坚持自己永恒的追求。

如今，集校史研究者多年心血编纂而成的八卷本《上海交通大学史》付梓出版，正是向世人展示交大人独特的情怀和追求，百余年的交大历史证明了：

交大是一所有追求的大学，交大人一直把感恩和责任放在首位。人才培养、科学研究、服务社会之交汇贯通是我们无时或忘的职责、本分和事业。交大人以发现和传播真理为己任，即使前路漫漫，荆棘丛生，交大人上下求索，从不懈怠。

交大是一所有灵魂的大学，交大人一直在追求思想的深邃。正是因为这种深邃，让我们拥有了宁静和淡泊，远离了喧嚣和浮华。“脱心志于俗谛桎梏，真理因得以发扬”。勤、朴、忠、诚之交汇贯通是交大人行为之准则。

交大是一所有思想的大学，交大人一直在追求文化的引领。“交通”之名赋予我们的是天地自然、社会人文相交相通之所在，更是阔达天地的视界和理想。交通大学聚天下之英才，攀智慧和思想之高峰，引领民主、科学和文化之发展。

回顾历史，交大的前辈先贤创造了无数的光荣。他们以天下兴亡、匹夫有责的气概，将办学与救国紧密结合，将求真与务实融为一体，以“明知不可为而为之”的自信和勇气站在时代最前沿，引领国家发展和社会进步，创造了无数个中国乃至世界的“第一”。面向未来，我们的梦想是把交通大学建设为一所大师云集、人才辈出、科技成果和人文思想交相辉映，在国家富强、民族复兴和人类文明进步的进程中，贡献卓著的大学！

“交通”为名，“大学”为道。交通大学的理想与风格、价值与追求将会成为真正的永恒。

2011 年 2 月第一稿

2016 年 1 月修订

序　三

上海交通大学是我国创建最早的高等学府之一。一百多年来，上海交大几度坎坷，历经沧桑，凝练积淀了优良的办学传统和厚重的文化底蕴，为国家造就了一批又一批各类专门人才，其中包括许多为民族独立、国家富强和科技发展、经济建设做出重大贡献的政治家、科学家、实业家、工程技术专家，可谓“桃李满天下，英才遍五洲”。新中国成立后，特别是改革开放以来，在党和政府的关心支持下，经过全体交大师生医务员工的奋发努力，百年学府焕发出勃勃生机，学校面貌发生了巨大变化。当年诞生于黄浦江畔只有数十人的南洋公学，如今已发展成为一所“综合性、研究型、国际化”的国内一流、国际知名大学，并正在向世界一流大学稳步迈进。

盛世修史，继往开来。上海交大的辉煌办学历程，既是一部承载着百余年来全体交大人励精图治、薪火相承的奋斗史，又是一个不断激励当今全体交大师生追求卓越、勇攀高峰的智慧库。上海交大历来重视校史研究与宣传教育，注重记录保存学校的发展轨迹与办学经验，更注重从中吸取不竭的精神动力。

自21世纪初年，学校将校史研究纳入大学文化和校园精神文明建设的重要部分，成立了校史编纂委员会，组织专门力量开展工作，编纂出版了一系列校史研究专著，如《上海交通大学纪事》(上下卷 2006)、《三个世纪的跨越——从南洋公学到上海交通大学》(2006)、《老交大名师》(2008)，在教书育人、对外宣传、自身文化建设等方面发挥了不可或缺的重要作用。如今，这部记载交大办学历史足迹、约计300多万言的《上海交通大学史》出版面世，这是学校校史研究的重要成果,是文化建设的基础性工程,更是向建校120周年的一次献礼。

在创建世界一流大学的征程中,大家愈来愈深刻地认识到,一所著名的大学不仅要有一流的物质条件,更要有一流的大学文化,要有经过历史沉淀又独具特色的传统风格、文化内涵与人文精神,形成引导激励全校师生的内在动力,这是一所大学的精髓和灵魂。建设以创新文化为主导的交大文化一直是创建世界一流大学的重要组成部分。《上海交通大学史》所记录的办学轨迹、展现的教育成就、总结的经验成果,正是上海交大精神文化的载体和底蕴,也是创建交大文化的根本与源泉。这部校史必将成为建设一流大学文化的重要组成,必将为创办世界一流大学提供有力的文化支撑。

"大学之道,在明明德,在亲民,在止于至善"。大学最根本的任务是培育具有社会责任、创新精神、实践能力的人才。大学的精神与文化传统对人才培育影响至深。《上海交通大学史》在梳理交大的发展脉络过程中,发掘了大量鲜活的历史事件、见微知著的师生校友轶事,提炼出真实历史背后所蕴含的大学精神、大学文化,这些都将成为莘莘学子成长成才的生动教材,有利于学生提高对"饮水思源、爱国荣校"内涵的理解,真正让"责任"成为凝结在每一位学子血液中的精神,成为一代代交大人不变的信仰。

《上海交通大学史》的出版,为广大师生、校友、教育同行以及社会各界关心交大发展的人士,提供了一部了解学校悠久历史和精神文化的优秀著述,也为交大自身大学文化建设、人才培育等提供了一份有价值的精神载体。在新的历史阶段,在国家推进双"一流"建设进程中,期待全校师生医务员工以更高境界、更大情怀,求真务实,努力拼搏,敢为人先,与日俱进,为建设中国特色世界一流大学,为中华民族伟大复兴作出不可替代的贡献。

马德秀

2011年2月第一稿

2016年1月修订

序　四

巍巍学府，百年交大，历史是沧桑，也是明镜。上海交通大学一百多年来与中国近现代历史的百年兴衰相伴而行。交大“醒狮起、搏大地、壮哉吾校旗”，在中华民族救亡图存、跻身强国的历史进程中留下深深的印痕，积淀了众多精神财富。交大从艰难跋涉到奋力崛起的历史过程，一幕幕感人至深的历史场景，谱写了中国大学发展史上的辉煌篇章。对交大百余年校史的发掘与研究，并尽可能完整地编纂成书留存于世，既是一笔丰厚的历史遗产，也是一部用案例教育世人的哲学。总结和继承办学传统和经验，鉴往知新，启示后人。交大是谁、交大从哪里来、交大要往哪里去，这些问题的思考与解读，对于正在走向世界一流新征途的上海交通大学可以提供诸多有益的启迪。

峥嵘历程

上海交通大学校史编纂委员会自 21 世纪初开始，组织力量编写《上海交通大学史》，真实完整地记录学校从 1896 年至 2006 年共 110 年的办学历程和发展轨迹。经过十余年、十余位研究人员参与的编纂工作终于完成。110 年的历史演变似行云流水，又波澜起伏，激发我们无限感奋，引发我们长久思索。

上海交通大学始建于 1896 年。其时，在清王朝的统治下，内忧外患，国难深重，一些有识之士认识到“教育救国”的重要性。中国近代实业家盛宣怀向光绪皇帝呈奏《请设学堂片》，拟于上海创办南洋公学，造就政、法、商等兴国人才，获得清政府批准。从此，交通大学的前身——南洋公学在上海徐家汇创建，招生办学；先后设立师范院、外院、中院、特班、政治班及译书院、东文学堂等，选派留学生出国深造，探索从初等、中等到高等教育的办学体系，成为中国近代学制之肇端。清末民初，国内实业扩充，工商方兴，迫切需要高级实业技术和工程管理人才。学校及时调整方向，兴办工科，先后设置的铁路科、电机科、航海科、铁路管理科等在当时均为同类大学中仅见。孙中山曾来校为学生演讲，表达他“强国强种”的勃勃雄心，提出了10年筑成10万英里铁路的宏伟计划。

1921年，学校正式定名交通大学。由于政局动荡，学校虽曾几度更名，但坚持培养交通实业人才的宗旨不变。1928年，学校划归铁道部后，办学经费充盈，校园规模扩大，办学成效显著。30年代，学校继续延聘名师，添建校舍，拓展学科，成为以工科为主，兼重管理、理科的全国著名理工科大学，有“东方MIT(美国麻省理工学院)”的美誉。抗日战争爆发，交大师生在上海、重庆两地坚持办学，历尽艰难险阻，恪守交大办学宗旨，培养了大批战时急需的工程技术人才，涌现出可歌可泣的抗日英勇斗士。抗战胜利后，交大复员上海徐家汇原址办学，迅速恢复和发展理、工、管相结合的院系建制。爱国师生为了追求民主权利与社会进步，先后开展反“甄审”“护校运动”“反饥饿、反内战、反迫害”“反美扶日”斗争等爱国民主运动，交大成为沪上的“民主堡垒”。

1949年5月，上海解放，交大的发展进入了新阶段。学校坚决贯彻新民主主义教育方针，积极参与新中国高等教育建设。师生们响应党和国家号召，纷纷投入到工业化建设的热潮之中。1952年，在高等学校“院系调整”中，交大许多学科及相关师生调往全国各地，为国家高等教育事业的布局和发展做出了贡献。1955年，国家决定交通大学西迁；1957年，在周恩来总理亲自指导下，决定交通大学分设两地，分别为交大(上海部分)、交大(西安部分)；1959年，中央决定交大(上海部分)和交大(西安部分)分别成为独立办学的上海交通大学和西安交通大学。

1961年，中央决定上海交大划归国防科委领导，成为一所国防工业高等学校。1966年，在“文革”的灾难中，学校工作全面中断，日常管理陷入混乱，知识分子成为批斗对象。校内外“造反组织”相勾结，批斗矛头直指广大师生和“老交大传统”。许多教师和科技人员忍辱负重，排除干扰，为国家教育、科技事业默默奉献，为国防科技事业做出贡献。1976年，“四人帮”被粉碎，交大师生在拨乱反正中率先批判“两个估计”，交大迎来了第二个春天。

20世纪70年代末，党的改革开放政策为社会主义现代化事业开创了新局面。上海交大在改革开放中抓住机遇和挑战，力求重振雄风，再现勃勃生机。交大党委带领全校师生积极探索并实践高校内部管理体制改革，为学校的重新崛起奠定了坚持改革开放、创新发展的思想基础。打开国门，走出校门，交大教授组团出访美国，成为新中国建立以后第一支访美的高校代表团。80年代初，上海交大划归教育部直属，学校恢复理学科、管理学科，新建文科和新兴学科。1984年，邓小平亲自接见上海交大干部和教师代表，热情鼓励学校的教育改革。在第六届全国人大第二次会议的《政府工作报告》中，肯定了上海交大的改革。90年代开始，国家加大投入，加快建设闵行校区，改善办学条件，扩大办学规模，上海交大进入改革发展的快车道。

在全球科学技术迅猛发展的形势下，江泽民两次为母校题词，提出了建设世界一流大学的发展目标。教育部和上海市共建上海交大，批准实施国家旨在提升一流学科水平和创建世界一流大学的"211工程""985工程"。随着综合实力增强，学校提出"综合性、研究型、国际化"的发展战略。跨入21世纪的上海交大发挥学科人才优势，利用大型企业的投资实力，得到闵行区政府的支持，实行大学、企业、政府三方战略联合，创建了由大学园区、研发基地、生态社会组成的"紫竹科学园区"合作新模式。交大借力及时拓展闵行校区，校园面积扩大至近5 000亩，顺势推进闵行校区二期建设，把世界一流大学的建设目标与新型校园的建设紧密结合，于"十一五"中期实现了闵行主校区的全面竣工和办学重心的顺利转移。1999年，上海农学院并入交大；2005年，上海交大与上海第二医科大学合并，成立新的上海交通大学。目前，上海交通大学已成为一所拥有理、工、农、医、文、法、管等学科，并拥有大批科学研究机构、众多附属医院的国内一流、国际知名大学，正在向世界一流大学稳步迈进。

纵观上海交通大学的发展历史，正是中国高等教育事业从无到有，由小到大，由弱到强，不断发展、创新的历史进程。

今天，我们以学校历史发展的纵向脉络为线索，编纂《上海交通大学史》，全书共8卷，依学校自身发展阶段划分为8个时期，每个时期1卷。其中，中华人民共和国成立之前分为4卷，之后分为4卷。全书共300余万字，约1 000帧照片。本着"以史为鉴"的精神，我们既注重历史真实性、可读性，更关注学术性、科学性，努力写成一部史料翔实、结构合理、观点鲜明、文风活泼的史学著作。

《上海交通大学史》记录办学历史，展示育人成果，总结经验得失，是学校建设一流大学文化的重要组成部分，必将为创办世界一流大学提供有力的文化支撑。校史研究是一项长期的工作，随着时代的发展与进步，对于一些历史事实的分析见解可能会有新的认识和结论。上海交大的校史研究工作还将继续坚持"以史鉴今、资政育人"宗旨，不断推陈出新，展示更多高水平的研究成果。

学人足迹

解读校史,值得自豪的是,百余年来,上海交大拥有一大批具有先进办学理念和大学精神的校长,拥有一大批学识卓越、众望所归的名师、学者,拥有一大批走出校门后为国家、民族和人类社会作出杰出贡献的莘莘学子。在不同历史时期,这些校长、教师和校友们留下许多精彩纷呈、可圈可点甚至可歌可泣的历史印迹,共同铸就了百年交大的历史丰碑。

第一,交大有一批志存高远、精于治学的校长。一代又一代掌校者为办好交大,为交大的建设与发展竭尽心智、巨擘鼎力,造就了学校的辉煌历史。

他们始终坚持"兴学强国"的教育观。一百多年前,盛宣怀创办南洋公学的目的,就是为了"强国",提出"自强首在储才,储才必先兴学",培养"经世济国"人才的思想。唐文治倡导培养"求实学、务实业"的救国人才,要造就"中国之奇材异能"。叶恭绰、黎照寰等是孙中山实业计划的忠实执行者,他们着力培养"实业计划的实行家""高深建设专才",以使中国摆脱贫弱,自立于世界民族之林。新中国成立以后,在社会主义工业化建设统一布局下,学校围绕培养多科性工科人才、国防工业人才的任务不懈努力。改革开放以来,学校顺应建设中国特色社会主义的发展要求,为实现中华民族之伟大复兴,以"继往开来,勇攀高峰"的精神,确立了创建世界一流大学的目标,制定并实践了"综合性、研究型、国际化"的发展战略,学科领域不断充实与拓展,逐步形成注重人的全面发展的创新型人才培养模式。交大人就是这样,以国家利益为己任,始终把自己的荣辱兴衰与国家的命运紧紧联系在一起。

他们始终主张"第一等人才"的培养观。唐文治提出了著名的"第一等人才"的培养观:"须知吾人欲成学问,当为第一等学问;欲成事业,当为第一等事业;欲成人才,当为第一等人才。而欲成第一等学问、事业、人才,必先砥砺第一等品行。""争第一"的思想成为交大百余年来人才培养的基本理念。交大的"第一等人才",明确以德育为前提和基础。唐文治曾说:"道德,基础也;科学,屋宇垣墉也。彼淹贯科学,当世宁无其人,然或忘身徇利,一旦名誉扫地,譬如基础未筑,则屋宇垣墉势必为风雨所飘摇而不能久固。"长期以来,学校除了专门学科的培养,还注重学生的人格养成。张铸、黎照寰都提出,"注重知识的获得,身体的锻炼,道德的修养,充分准备一切,务使成为一个完全的人。""完全之人,斯有不朽之事业,此教育之本旨也。"20 世纪 50 年代,彭康强调人才培养"要有明确的方向,这就是为社会主义服务";应该多培养几个像钱学森那样的人民科学家,才是最大的政治。进入 21 世纪以来,交大十分强调青年学生的科学精神与人文精神的紧密结合,为人的全面发展着力打造健康向上的精神家园。

他们始终坚持以世界先进的办学水准为追赶目标的发展观。唐文治的办学心愿是“冀与欧美各国颉颃争胜”；叶恭绰认为交通大学与欧美大学“未必无同趋一轨之日”；黎照寰力求把交大办成一所国际著名大学。进入20世纪80年代，江泽民为母校题词：“百年大计，教育为本，努力把上海交大办成第一流大学。”1995年12月，江泽民再次为母校百年校庆题词：“继往开来，勇攀高峰，把交通大学建设成世界一流大学。”恰似春雨甘霖，润物无声，“建设世界一流大学”已成为上海交大人的共同理想和奋斗目标。

他们始终践行锲而不舍、坚韧不拔的奋斗观。交大在一百多年办学过程中，一路坎坷，几度危难，曾多次面临中途夭折的困境。但是，掌校者一次又一次坚韧不拔的努力，擎大厦于将倾，挽学脉于临危。首任校长何嗣焜为学校的创建呕心沥血，伏案发病，溘然长逝。1902年底，袁世凯趁校内学潮之机，企图迫使学校停办，盛宣怀不甘校业就此夭折，千方百计筹措办学经费，维系学脉。民国初年，百废待兴，学校又面临经费无着的状况。唐文治带头减薪，师生同舟共济，终于渡过难关。20年代，军阀混战，时局不稳，凌鸿勋临危受命就任交通部南洋大学校长，竭力维持校基，终使学校得以承续。抗战爆发后，黎照寰、张廷金、徐名材、吴保丰等主校者，忍辱负重，历尽艰辛，坚持在上海和重庆两地办学，力保学业不被中断。新中国成立后，学校经历了院系调整、迁校等重大变动，学科、师资、设备等实力大为削弱；又经历“文化大革命”的摧残破坏，上海交通大学的规模、层次一度明显处于国内著名高校之后。“文革”结束，恰逢党的改革开放政策，交大领导班子遵循党的基本路线和方针政策，不失时机地抓住了科教兴国的发展机遇，坚持改革开放实践，在激烈竞争中迈开建设世界一流大学的步伐，获得社会认可和国家支持。

“穷且益坚，不坠青云之志。”面对复杂的局面能够做到独立思考、积极应对，在一次又一次的机遇和挑战中坚持拼搏，力争最好的结果，这正是交大掌校人的基本素养。

第二，交大有一批树人育才、众望所归的名师、学者。交通大学一贯重视教师队伍建设，以拥有高水平的师资为办学之本。20世纪二三十年代，有一批如胡明复、周铭、徐名材、裘维裕、胡敦复、唐庆诒等著名教授。40年代，交通大学在重庆期间，条件十分艰苦，仍然吸引了包括张钟俊、曹鹤荪、辛一心等在内的一批留学归国的青年英才来校执教。正是先贤们无怨无悔地躬耕于三尺讲台，才奠定了交大的百年基业。

他们具有心系国脉、底蕴深厚的爱国情怀。学校创办初期，所聘用的教师大多为中国现代第一、第二代知识分子。他们成长于中国传统文化土壤，又受到新思想的启蒙。在当时腐朽落后的社会现实和帝国主义列强的欺凌面前，他们抱有强烈的救国、报国之志，以“国家兴亡，匹夫有责”为座右铭；坚持独立人格和职业操守，视安贫乐道、坚守节操为人生追求。他们在风雨变幻的时局中，守望真理，矢志不移，决不以原则做交易，不辱教师之神圣使命。南洋公学特班总教习蔡元培曾向封建势力争取学生的民主权利，未果后愤然离校，另组“爱国学社”接纳辍学学生。抗战爆发，交大教师“仰天长啸，壮怀激烈”，有的忍辱负重坚守教师岗位继续传道授业，有的宁可失业不向伪政权弯腰，有的历尽艰辛远赴重庆任教。上海解放前，为保护爱国学生躲避反动军警的追捕，吴保丰、王之卓都曾用校长汽车把学生送出校门到达安全地带。新中国建立后，交大教师以极大热情投入社会主义现代化建设高潮，为了响应党和国家号召，很多交大人告别大上海，毅然奔赴祖国各地艰苦创业，为新中国高等教育事业的蓬勃发展做出贡献。“文革”中，教职工不满“四人帮”的倒行逆施，欲教不能，欲罢不忍，大多仍旧坚守业务岗位，取得众多科研成果。党的十一届三中全会后，交大师生群情激昂、解放思想，率先提出否定“两个估计”，重新恢复“老交大传统”，焕发学术青春，抢回“文革”中失去的宝贵时间，积极开创教学、科研工作的新局面。

他们具有学贯中西、能文能武的真才实学。交大教师大都具有海外留学或工作的背景，同时，他们中的许多人还具有在工商业或政府实业部门的工作经历。他们不仅始终把握世界科技发展前沿动向，而且善于应用科学理论解决实际工程技术问题。交大教师为中国工程教育作出开创性的贡献，把广阔的国际视野和实际的应用能力融入教育与教学，用严格的学术精神开展大量丰富的实践教学以资验证，这些都是交大教师的显著特点。校友们回忆，交大的“实验教育这个过程教导你如何创新”。既有高深学问，又有实际才干和经验，学贯中西、真才实学成为交大教师的基本特征。因此，早在20世纪二三十年代，交大就成为知名高等学府，被誉为“中国工程师的摇篮”。

他们具有传道授业、德技双馨的人格魅力。交大教师融“传道、受业、解惑”于一身，不仅教书，而且言传身教如何做人，把中华文化传统的道德教化、修养情操一并传授给学生。在他们心里，爱国家就是爱交大、爱学生，就是兢兢业业地上好每一节课。授课时，逻辑缜密，析理清晰，出神入化，精美绝伦，讲解科学理论游刃有余，说明实际问题信手拈来。多年以后，学子忆此仍然津津乐道：“如痴如醉，大有孙猴子在听菩提祖师说法时的闻得大道那份喜悦。”邹韬奋回忆国文教员沈永癯“尤其受他的熏陶的是他的人格的可爱”，“是我一生做事所得力的模范。”钱学森在晚年把陈石英、钟兆琳两位老师视为对他“影响最大的老师”，感悟“师恩永志于心”。众多学子在人生重大转折关头都得到交大教师真诚地呵护与无私的教诲。20世纪80年代后，交大的唐坤发、晏才宏、金正均等教师业务精湛，教学执着，深受学生爱戴，即使遭受病痛折磨，仍然坚持到生命的最后一刻，鞠躬尽瘁，死而后已。有学生怀念曾继铎教授，撰写对联，上联为“读万卷书，行万里路，桃李满天下”，下联为“不谄不媚，傲骨铮然，浩气留人间”，横批“一代名师”，可谓对交大教师学识与人格的高度概括。

第三，交大有一批秉承校风、勇于担当的莘莘学子。古今中外，校友是学校的财富，是母校的骄傲，交大更甚。交大学生的心声是“今天我以交大为荣，明天交大以我为荣”，莘莘学子带着“饮水思源、爱国荣校”的母校情怀离开交大，走向社会。

他们传承着优良的爱国传统。叶恭绰校长回忆道：“交大学风，素称淳实”，“本校学生，潜心努力，有爱国不忘求学，求学不忘爱国之风。”“捐躯赴国难，视死忽如归。”辛亥革命前后，校友唐榕柄在广州、白毓昆在滦州，一南一北，响应革命，后均英勇就义。五四运动、五卅运动、“一二·九”运动中，交大学生都积极参与。在抗日战争及历次革命战争中，交大学生挺身而出，前赴后继，一些人因此献出了宝贵生命。侯绍裘、陈虞钦、邹韬奋、费巩、杨大雄、杨潮、曹炎等革命英烈长眠在上海龙华、南京雨花台、重庆歌乐山及各地烈士陵园之中。1945 年后，交大的爱国进步学生战斗在第二条战线上，为争取民主进行顽强斗争，穆汉祥、史霄雯惨遭杀害，烈士安葬在交大徐汇校区的校园里，竖立纪念碑，成为永远的纪念。新中国成立后，交大毕业生满腔热情在祖国各地投身社会主义建设事业，涌现出无数优秀人物和先进事迹。黄志千、华怡等是他们的突出代表，成为交大人学习的楷模。

他们发扬了勇于创新的科学精神。探索科学、坚持真理是交大人的不懈追求。物理学教授裘维裕曾说：“大学的使命，是要养成一种健全的人格，训练一种相当的科学思想，有了这种训练，毕业之后，无论什么工作都可以担负，都可以胜任。”交大人把求真务实作为毕生的行为准则，处理问题喜欢“较真”，先要弄清道理再下结论。物理系 1947 年毕业生胡国定体会到，交大的学生“对复杂的新事件，总要先独立思考弄清楚问题，再下决心怎么去做。这就是交大的‘慢热’”。许多校友回忆说，交大培养了我们独立工作能力，交大教会了我们怎样去做研究；独立思考，遇到问题自己去解决已成为交大学生的习惯。这也是他们具有开拓创新能力的重要原因，为国家建功立业的素质基础。百余年来，在献身科技事业的交大校友中，有“人民科学家”钱学森，“国家最高科学技术奖”获得者吴文俊、徐光宪、王振义等；还有我国第一台中文打字机发明者周厚坤，第一台变压器的设计制造者周琦，第一台发动机的设计制造者支秉渊，第一架喷气式歼击机的设计制造者黄志千、“歼-7 之父”屠基达、“歼-8 之父”顾诵芬，第一枚液体燃料探空火箭的设计制造者王希季，第一艘万吨远洋货轮“东风号”的总设计师许学彦，第一艘核潜艇的设计者黄旭华，第一台自主设计与集成的作业型深海载人潜水器“蛟龙号”总设计师徐岂南，第一艘航空母舰“辽宁舰”总设计师朱英富，等等，他们的业绩在中国科学技术发展史上留下了浓墨重彩的一笔。

他们展现了始终如一的实干风格。求真务实是交大师生最鲜明的风格。学生在校经过严格的科学培养和精准的实验训练,深植实事求是的思想根基。唐文治校长提出“实心实力求实学,实心实力务实业”的要求;学校逐渐形成了“务朴纳,汰浮华,好实践,恶空谈,学则中西并重,而以实用为归”的校风。百余年来,交大的学子遍布各行各业,上天入地下海,声光电化齐备,既是先锋队,逢山开路、过水搭桥;又是螺丝钉,不计名利、默默奉献。交大学生崇尚实干、不骛空谈,敏于行,讷于言,能摈弃浮躁,作风扎实,实践动手能力强,已成为社会口碑。

1926 年 10 月,在学校 30 周年校庆时,为感谢培养之恩,原师范班校友捐建的自流井取义“饮水思源”赠予母校;此后,“饮水思源”碑矗立在交大校园,成为交大标识,代代相传。改革开放以来,海内外校友纷纷回校,关心母校的建设与发展,许多人捐资助学,回馈母校,一幢又一幢由校友捐赠的建筑物出现在徐汇、闵行等校园中。地球虽大,“饮水思源”亦如磁石般吸引着天涯海角的交大人遥相呼应。“饮水思源,爱国荣校”是一种承诺,它把质朴的感恩与交大人扎实勤奋的事业心紧紧联系在一起;“饮水思源,爱国荣校”是一种情怀,它把道德、理想、情操与交大人崇尚的价值观紧紧联系在一起;“饮水思源,爱国荣校”是一种境界,它把学子与母校、个人与国家、民族与人类、历史与现实、科学与进步都紧紧地联系在一起,凝聚成交大人的世界观、人生观和价值观。

一代又一代交大学子,带着他们的智慧、学识和人生理想,走向大海,走向蓝天,走向祖国最需要的地方。无论是风雨如晦的年代,还是奋发图强的岁月,无论是工业现代化的召唤,还是改革开放奔小康的实践,无论立足国内,还是走出国门,他们都在人生的舞台上,显身手、展才华,以他们的聪明才智和热血青春回馈祖国、回馈社会、回馈全人类。在一百多年的办学历程中,黄炎培、邵力子、李叔同、蔡锷、王宠惠、蒋梦麟、邹韬奋、陆定一、汪道涵、钱学森、周建南、吴文俊、徐光宪、李天和、江泽民、葛守仁、王振义等都是交大学子的杰出代表。数十万交大人足迹遍及海内外,他们把交大的拼搏精神与实干作风带向四面八方。

思源致远

2006 年,上海交大建校 110 周年之际,江泽民再次为母校题词:“思源致远”。这是对中华民族悠久的传统文化与交大百年传统精神相结合的高度概括。

“思源”最早见于北周庾信的《徵调曲》:“落其实者思其树,饮其流者怀其源。”表达了人们质朴的感恩情怀。“致远”在《周易》《论语》中均有表述,最著名的应为诸葛亮《诫子书》中“非澹泊无以明志,非宁静无以致远”,成为一代又一代知识分子的座右铭。

交大人为“思源致远”赋予了更深刻的意义。“思源”,凝聚着交大人对于自然、人文和社会的深厚浓重的历史观;“饮水思源,爱国荣校”被广大师生和校友们公认为交大校训。除此之外,交大人常思社会历史之源,常思人类认知之源,常思科学探究之源,寻求探索真理、开拓创新的力量源泉。“致远”,彰显出交大人刚毅淡定、高瞻远瞩的发展观。盛宣怀办学时就提出:“窃惟时事之艰大无穷,君子以致远为重。”黎照寰校长则教导学生:“才识丰,体力雄,志行高,具此三者,始能任重致远,为国效劳。”20世纪初公布的《上海交通大学章程》提出了学校的使命:建设“综合性、研究型、国际化的世界一流大学”。“思源致远”,引领着交大人在学校建设、国家自强、民族复兴的伟大事业中树立应有的境界、胸怀和高尚追求,承担起作为一名交大人必须承载于肩的历史责任。

“无边落木萧萧下,不尽长江滚滚来。”回顾上海交通大学所走过的一百多年历史,怎不令人浮想联翩。历史长河,征途漫漫,交大人闯过了一次又一次艰难险阻;面向未来,交大人仍将不懈求索,勇于面对一次又一次机遇和挑战。历史已证明,交大人必须同舟共济、结伴前行;再铸前程更要求交大人别无旁骛、同心协力。

“建设世界一流大学”是一代又一代交大人共同的梦想。在此,我们谨以这部《上海交通大学史》奉献给每一位关心和热爱交大的师生和朋友,让《上海交通大学史》成为交大历史丰碑上的又一块基石,承百年薪火,续千秋伟业。

王宗光

2011年2月第一稿

2015年12月31日修订

目 录 | CONTENTS

001 **前言**

001 **第一章 定名上海交通大学**

001 第一节 上海交通大学的定名与划归国防科委领导

001 一、谢邦治任党委书记、校长

007 二、划归国防科委领导

013 三、适应国防工业需要调整系和专业

017 第二节 贯彻党中央"八字方针"和加强思想政治工作

017 一、"教育革命"的反复

021 二、控制规模和调整专业

023 三、学习"高教六十条"

026 四、刘述周兼任校长和余仁任党委代理书记

032 五、加强思想政治工作

036 六、师生参加"社教"运动

037 第三节 教学设施建设与后勤保障

037 一、校区局部调整

038 二、基本建设

040 三、财务管理

042 四、总务管理

045 **第二章 教学科研贯彻"高教六十条"**

045 第一节 继承"老交大教学传统"

045 一、组织教学工作调查研究

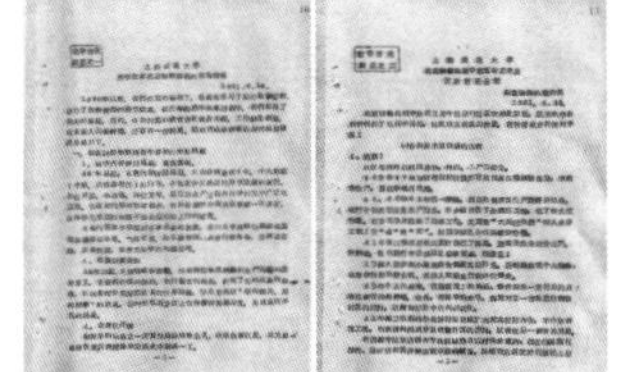

051 二、总结和继承老交大教学传统
053 三、制定并实行"教学十七条"
056 第二节 全面提高教学质量
056 一、修订教学计划
062 二、加强基础课和注重实践教学
068 三、坚持提高教学质量的改革措施
076 四、研究生培养
078 五、"半工半读"和夜大学
079 第三节 开展科学研究
079 一、开展学术活动
082 二、科学研究成果

088 **第三章 师资队伍建设与学生学习生活**
088 第一节 师资队伍建设
088 一、调整知识分子政策
093 二、提高师资水平
099 三、加强师资管理
101 第二节 学生学习生活与毕业分配
101 一、爱国情怀与艰苦奋斗
106 二、发扬优良学风
108 三、校园文化和体育活动
113 四、毕业生为国防建设和各项事业服务

120 **第四章 "文化大革命"的艰难岁月**
120 第一节 "全面夺权"与"天下大乱"
120 一、"停课闹革命"
123 二、党委被迫中断对运动的领导
125 三、"反修楼事件"
127 四、造反派"夺权"
130 第二节 校内的"斗、批、改"

130 一、成立校革命委员会和划转为六机部建制
132 二、“清队”和“一打三反”
135 三、校内机构“连队化”
137 四、交大的运动被点名为“温吞水”
138 五、在凤阳办“五七干校”
141 第三节 贯彻全面整顿与消极应对“反击右倾翻案风”
141 一、杨恺主持党委工作
146 二、全面整顿的贯彻及受挫
148 三、消极应对“反击右倾翻案风”运动
149 第四节 “文化大革命”的结束
149 一、悼念老一辈革命家
153 二、欢庆粉碎“四人帮”的伟大胜利

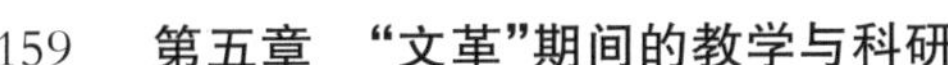

159 **第五章 “文革”期间的教学与科研**
159 第一节 “文革”期间的教学工作
159 一、正常的教学工作被迫中断
161 二、招收工农兵学员
164 三、极左思潮下的教学工作
170 四、举办培训班和函授教育
172 第二节 “文革”期间的科学研究和实验室建设
172 一、坚持承担国防科研重任
174 二、逆境中坚持科学研究
181 三、科研成果与获奖
184 四、艰难建设专业实验室
188 第三节 校园状况与部分系的调整
188 一、校园和财务状况
190 二、机车系调往上海铁道学院及其他
193 三、交大附属中学

195 **第六章 在拨乱反正中迎接改革开放**
195 第一节 学校工作的拨乱反正
195 一、全校揭批“四人帮”
197 二、率先否定教育战线的“两个估计”
200 第二节 调整领导班子和落实政策
200 一、邓旭初任党委书记和朱物华任校长
205 二、平反冤假错案
207 三、落实知识分子政策
211 第三节 恢复教学秩序
211 一、参加高校统一考试和招生
213 二、恢复和弘扬交大优良传统
215 三、整顿教学管理工作
219 四、振奋精神与蓄势待发

224 **附录一** 大事年表(1959.7—1978)
233 **附录二** 主要规章制度(1959.7—1978)

268 **后记**

前　言

本卷是《上海交通大学史》第六卷，记录了上海交通大学自 1959 年 7 月至 1978 年共 20 年的历史。

1959 年 7 月，经国务院批准，交通大学上海部分、西安部分分别独立为两所学校，定名上海交通大学和西安交通大学。经中央批准决定，彭康任西安交通大学党委书记、校长，谢邦治任上海交通大学党委书记、校长。1960 年 3 月，上海交通大学召开第一次党员代表大会，会议号召全校师生，要全面提高教学质量，在教学内容和教学方法上认真进行革新；要提高科研水平，攀登高峰，还要大搞技术革新。

1961 年 2 月，中共中央决定上海交通大学划归国防科委领导。国防科委关心学校的发展，从政治上、业务上给予全面指导和大力支持。学校积极、主动适应社会主义国防建设的需求，决心把上海交大建设成一所为现代化国防事业服务的国防工业大学。学校在专业学科和教学科研的发展方向上进行重大调整，承担起“加速培养政治质量好、技术专业好、身体健康的高质量的国防工程技术干部”的根本任务；[1]与此同时，还适当保留了一批民用专业，对于非国防工业的专业教师予以妥善安置。

1961 年 9 月，党中央颁布《教育部直属高等学校暂行工作条例(草案)》(即“高教六十

[1] 余仁:《为加速培养高质量的国防工业技术干部而奋斗——中共上海交通大学委员会在第二次代表大会上的工作报告》(1962 年 12 月 28 日)。上交档:永- 369。

条”),总结了新中国成立以来尤其是1958年以来教育工作的经验教训,提出一系列调整关系、稳定工作秩序、调动广大知识分子积极性的政策和具体规定。“高教六十条”的颁发对于高等教育事业的健康发展提供了重要的保证。在执行“高教六十条”的过程中,上海交通大学的教育和教学工作稳步推进。学校认真开展教学质量的调查研究,广泛听取师生们的宝贵意见,总结老交大教学特点,继承和发扬“老交大教学传统”。学校深入总结教学经验,研究教育教学工作的规律与规范,制定了“教学十七条”,在整顿教学秩序和提高教学质量方面都取得了显著成绩。

在认真学习、积极贯彻“高教六十条”后,上海交通大学师生的精神风貌和治学热情高涨,学校面貌焕然一新。学校修订教学计划,加强基础理论和专业理论的教学,注重各类实践教学环节的设计与实施,进行教材编写工作,各系、各专业的教学工作有声有色。广大教师和技术人员积极开展学术研究活动,取得一批结合现代科学技术发展和企业生产急需的研究成果,为国防现代化和国家经济建设做出贡献。学校落实知识分子政策,从政治上、工作上、生活上关心广大知识分子,深入开展教师培训工作,着力建设一支以老教师为骨干、以中青年教师为后备力量的高水平师资队伍。学校重视学生的思想政治工作,加强专业理论基础和实践技能的培养,因材施教,全面发展,培养了一批为国防工业等领域所急需的合格人才。此间,上海交通大学先后召开第二、三次党代会,贯彻党中央的路线和方针,研究学校的工作现状与任务,制定和提出学校的发展方向与奋斗目标,保证了学校各项任务的顺利完成。

1962年9月,党的八届十中全会重提阶级斗争,意识形态领域的“左”倾错误又逐渐发展起来。不久,在农村和城市的基层单位先后开展社会主义教育运动。上海交大师生分期、分批赴农村、工厂参加社会主义教育运动,贯彻“高教六十条”受到干扰,日常教学工作受到影响。

1966年5月,“文化大革命”发生。“文化大革命”实际上“只是一场由领导者错误发动,被反革命集团利用,给党、国家和各族人民带来严重灾难的内乱,使党、国家和人民遭到新中国成立以来最严重的挫折和损失,使全国人民艰苦创建的社会主义事业遭到前所未有的浩劫”。[①] 学校陷入混乱局面。校园里,大批知识分子被打成牛鬼蛇神遭到批斗,干部、群众被无端诬陷、迫害,正常的教学活动陷于瘫痪,学校停课、停止招生。“老交大传统”被彻底否定,校党委被迫“中断”对于运动的领导,造反派“夺权”。在“斗、批、改”运动中,经过“清队”

① 中共中央党史研究室:《中国共产党历史·第二卷(1949—1978)》,中共党史出版社2011年版,第752页。

“一打三反”，广大干部、教职工继续遭受批斗、迫害。1971 年 9 月，粉碎林彪反革命集团，根据周恩来指示，落实党的干部政策。1973 年 7 月，上海交通大学召开中共第四次党员大会，杨恺担任上海交通大学党委书记。根据中央指示精神，学校着手落实党的干部政策、知识分子政策、教育科技政策等，陆续开展教育整顿等工作。1973 年 9 月，第一批工农兵学员进校，教育教学活动逐步开展。不久，“反击右倾翻案风”运动在全国展开，学校的教育局面依旧艰难。在“文革”极其恶劣的环境之中，上海交大的干部、教师坚持和发扬求真务实、爱国荣校的优良传统，对于极左思潮和林彪、江青反革命集团的种种倒行逆施消极应对。其间，一批教师和技术人员克服重重困难，坚持开展国防工业等领域的科学研究，艰苦奋斗，埋头钻研，取得了一批有价值的学术成就和应用成果，为国家的社会主义现代化和国防现代化做出了重要贡献。

1976 年 10 月，党中央一举粉碎“四人帮”，结束了“文化大革命”这场灾难。上海交通大学师生坚决拥护党中央的果断措施，开展清算林彪、江青反革命集团罪行的斗争。立即进行了思想上和组织上的拨乱反正，平反冤假错案，落实党的知识分子政策。1977 年 7 月，在邓小平召开的科学和教育工作座谈会上，交大教师率先提出否定“四人帮”强加于教育战线的“两个估计”。1978 年 10 月，交大干部、教师积极参加“实践是检验真理的唯一标准”大讨论。同年恢复高校统一招生考试，恢复和弘扬交大优良传统，恢复和整治教学秩序，邓旭初、朱物华先后担任上海交通大学党委书记、校长。5 月，上海交大成立了第八届校务委员会，时任国务院副总理王震担任校务委员会主任，副主任柴树藩（兼）、邓旭初。学校派遣新中国第一个高校教授访问团出访美国，开展科技、教育、对外合作与交流等，学校呈现出一派蓄势待发的崭新局面。

1978 年底，交大师生与全国人民一起迎来了伟大的历史转折——党的十一届三中全会的召开。十一届三中全会之后，我国的社会主义事业进入了改革开放的新时期。上海交通大学乘着改革开放春风，把握机遇，迎接挑战，走向新的发展时期。

为了叙述的方便，我们将此历史分成了三段：第一章至第三章记录了 1959 年 7 月—1966 年 5 月的历史，第四章至第五章记录了 1966 年 6 月—1976 年 12 月的历史，第六章记录了 1977 年 1 月—1978 年 12 月的历史。

第一章
定名上海交通大学

第一节　上海交通大学的定名与划归国防科委领导

一、谢邦治任党委书记、校长

1957 年 9 月，国务院批准交通大学分设两地，由上海部分和西安部分组成。1959 年 6 月，教育部向国务院报告，认为交通大学的两个部分在专业设置和师资、设备调配方面已初步就绪，且都有很大的发展和提高，由于两个部分规模都很大，距离又远，行政上再实行统一管理，有许多不便之处，拟将交大西安部分及上海部分分别独立成为两个学校。

1959 年 7 月 31 日，国务院批复教育部，同意分设上海交通大学和西安交通大学。文称：

> 同意你部关于交通大学上海、西安两个部分分别独立成为上海交通大学和西安交通大学以及两校分设后若干具体问题的处理意见，即刻照办。[①]

早在 5 月 17 日，中共中央发出《关于在高等学校中指定一批重点学校的决定》。文中指定了 16 所高等学校为全国重点学校，其中列有上海交通大学、西安交通大学两校。文件对

---

① 国务院：《关于交通大学上海、西安两个部分分别独立成为上海交通大学和西安交通大学的批复》，1959 年 7 月 31 日。

这些重点院校的专业设置、招生名额及发展规模作出规定,其中"上海交通大学的专业为 31 个,每年本科生招生数为 1 600 人,本科最大规模为 8 000 人";"西安交通大学的专业为 29 个,每年本科生招生数为 1 600 人,本科最大规模为 8 000 人"。[①]

8 月 17 日,教育部发布《关于交通大学上海、西安两个部分分别独立成为上海交大和西安交大以及若干具体问题的处理意见》,文件就专业、师资、设备等有关事项提出具体意见:

> 两校的专业设置,每年本科招生人数及发展规模都按中央批转教育部党组关于 16 个重点高等学校的专业设置、招生名额及发展规模的意见办理。
>
> 两校师资的调剂,按迁校时所商定的原则办理。目前西安交通大学在师资及高年级学生方面,应予上海交通大学以适当支持。具体办法,另由教育部与上海市委、陕西省委及两校负责同志协商解决。
>
> 两校教学设备的分配,现在西安及已经确定调往西安的属于西安交通大学,原在上海及后来确定留在上海的属于上海交通大学。
>
> 两校分设后,由于历史关系及两校的专业设置有许多相同,仍应继续保持密切协作、相互支持的关系,以达到共同提高的目的。[②]

根据上述文件精神,上海交通大学在徐家汇原交通大学校址继续办学,成员有交通大学按中央规定留在上海的专业及其师生,以及已并入交通大学上海部分的上海造船学院、筹备中的南洋工学院所辖师生员工。此时,上海交通大学的教职员工为 3 760 人,其中教师为 891 人、职工 2 869 人;教师中,有教授 58 人、副教授 28 人、讲师 179 人等;职工中,有教辅人员 450 人、行政人员 751 人、工勤人员 603 人、校办工厂职工 1 065 人。在校的学生中,由于 1956 年交大首批师生迁往西安后,当年即停止在上海招生,并以上海造船学院名义招生,随后,这些学生均并入交通大学上海部分。为此,1960 年上海交通大学的在校本科生有 7 000 余人,研究生 70 余人。

经中央批准,交通大学党委书记、校长彭康任西安交通大学党委书记、校长;谢邦治任上海交通大学党委书记、校长。上海市委下达通知,谢邦治同时为上海市委常委。

谢邦治(1916—2008),祖籍河北,1916 年生于黑龙江省五常县。谢邦治年幼时曾入私塾启蒙,先后在吉林毓文中学、北平志成中学就读,后考入北京大学理学院物理系。1935 年

---

① 何东昌:《中华人民共和国重要教育文献(1949—1975)》,海南出版社 2000 年版,第 902 - 903 页。

②《中华人民共和国重要教育文献(1949—1975)》,第 920 - 921 页。

参加革命工作,1936年加入中国共产党。他在北京大学求学时曾参加"一二·九"学生运动,任中华民族解放先锋队全国总队部组织干事、北京大学中华民族解放先锋队队长。抗日战争爆发后,弃学奔赴抗战前线。此后,历任河南省委青委书记,豫鄂边区党委青年部部长,豫皖苏区党委委员、民运部部长,永城县委书记,涡浍地委书记,宿东地委书记,新四军第四师宿东游击支队政治委员,淮北区党委组织部副部长。解放战争时期,历任中共中央北满分局地方工作委员会主任,哈北地委书记、军分区政委,松江省政府副主席、省委副书记。1949年5月任武汉市市委副书记。新中国成立后,谢邦治一直在政府机关担任重要工作。[①] 1952年起历任长江航运管理局副局长,交通部部长助理,监察部副部长,司法部党组书记、副部长。1959年8月至1962年4月,由中央任命为上海交通大学党委书记、校长,并兼任上海市委常委、市委秘书长。1962年8月起历任中国驻保加利亚、阿富汗、上沃尔特(即布基纳法索,1984年8月改为现国名)、芬兰等国大使、使馆党委书记。1980年5月任司法部副部长、党组成员。1982年任中纪委委员。2008年1月28日在北京因病逝世,享年92岁。[②]

上海交通大学党委书记、校长谢邦治

在欢送彭康、欢迎谢邦治大会上,学生代表向彭康献花

1959年8月7日下午,上海交通大学校务委员会举行会议,欢送彭康赴西安交通大学任职,欢迎谢邦治来上海交通大学任职。彭康在会上说,西安交大和上海交大都是中央确定的16所重点大学之一,"两个学校应该有更密切的联系,协作得更好,而这个联系对我们两所学校提高教学质量和开展科研更有帮助"。[③]

9月5日上午,上海交通大学全体

① 陈华新:《百年树人——上海交通大学历任校长传略》,上海交通大学出版社1997年版,第170-175页。

② 谢邦治生平见新华社2008年2月5日电讯稿。

③ 上海交通大学校史编纂委员会:《上海交通大学纪事(1896—2005)》(上卷),上海交通大学出版社2006年版,第510页。

师生员工盛会欢送彭康、欢迎谢邦治,同时举行开学典礼。数千师生员工济济一堂,气氛空前热烈。大会由副校长程孝刚主持。他说,几年来,彭康校长在交大领导学校,对交大发展贡献很大。今天离开我们,令人感到惜别,希望彭校长到西安后仍旧多多关心与帮助上海交大。接着,他热烈欢迎谢邦治校长来校。

彭康在会上讲话说,交通大学已经有了很大发展,为了适应国家建设发展的需要,学校于1957年开始分设上海、西安两地。两年来,两部分在设备、师资、干部等方面的规模均有了很大发展。现在两校规模都很大,因而将交大上海部分与西安部分分别独立为两个学校是及时的、正确的。关于今后两校关系,他说,分为两校后,各自独立进行工作,但要保持密切联系,两个学校彼此情况都熟悉,像一家人一样,要互相帮助,互相学习,经常交流经验研究问题,增进了解,共同前进,为全国高等教育事业做出贡献。彭康指出,要进一步贯彻党的教育方针,根据学校的条件,在教学、科研、生产劳动方面均要有更严格的要求。为培养更高质量的人才,教师必须努力提高自己,在对学生进行教学工作中发挥主导作用;学生们要发挥学习中的主动性、创造性,克服依赖性。彭康最后说道,虽有惜别之意,但更为交大迅速发展而感到高兴,希望今后在谢邦治校长的领导之下团结一致,积极努力,对国家做出更大贡献。

谢邦治在会上讲话,祝贺新学年开始,祝同学们、老师们在学习中、工作中取得新的成就与进步。他说,今年新学年的开始是处在一个不平凡的时期——伟大的祖国建国十周年前夕,这就不能不反映到实际工作与思想行动上来。谢邦治热切表示,希望彭康校长仍如往常一样地关心上海交大,使两个交大密切联系,互相帮助共同提高,为贯彻党的教育方针而努力。

党委副书记邓旭初、工会副主席夏安世、民主党派代表薛绍清、团委及学生会代表陈廷莱等均在会上发言。[①]

此时的上海交通大学,校长为谢邦治,副校长为陈石英、程孝刚。1960年4月,上海市委决定调余仁为上海交大党委副书记、副校长。学校实行党委领导下的校务委员会负责制。谢邦治到任后,上海交大校务委员会进行了调整,新的校务委员会主任谢邦治;副主任陈石英、程孝刚;委员有谢邦治、陈石英、程孝刚、于邦卿、王善庆、王诚豪、邓旭初、刘桂祥、朱士亮、李士敏、李泰云、李永庆、李铭慰、苏宁、吴树琴、沈洁、孟树模、陈廷莱、岳清林、周志宏、周志诚、金悫、胡辛人、胡世基、胡也、赵明、许应期、许海涛、柴之清、程福秀、杨槱、雷凤桐、薛绍清、钱君洪、王希季、王公衡、李渤仲、孙璧媃、孙增光、贝季瑶、陈舜揆、陈铁云、沈诚、辛一行、吴镇、范恂如、林宗琦、林宏铨、郑家俊、郑兆益、赵介文、赵元良、周铭、

① 《全校盛会,欢送彭校长,欢迎谢校长》,《交大》第217期第一版,1959年9月24日。

1959 年 9 月，上海交大中层干部欢送彭康（前排右 5）时合影

徐纪良、姜圣文、凌渭民、夏安世、裘益钟、葛衢康、潘新之、蔡有常、杨祖贻、蒋公惠。[①]

1960 年 3 月 6—7 日，中国共产党上海交通大学第一次党员代表大会隆重举行，出席大会的代表 140 人，列席人员 48 人。

交大
JIAO DA

1960.3.16
第253期
星期三

上海交通大学校刊编辑室出版

高举毛泽东思想和总路线红旗阔步前进

我校举行第一次党員代表大会

谢邦治同志致了开幕词　邓旭初同志代表党委作了工作报告

通过了党委工作报告的决議，交流了工作經驗，选举了党委会

中国共产党上海交通大学第一次代表大会

关于中国共产党上海交通大学委員会的工作报告的决議

1960 年 3 月，上海交大举行第一次党员代表大会

大会由谢邦治致开幕词，邓旭初代表党委作工作报告。在大会上共有 16 人发言，他们围绕加强党的领导、进一步贯彻党的教育方针、多快好省地建设新专业等方面交流了工作经验。

会议通过了关于党委工作报告的决议，选举出谢邦治等 28 人组成党委会。最后，谢邦治作大会总结，指出：“这次大会对过去的工作作了基本的、全面的总结，确定了今后全党的任务，交流了工作经验，选举了党委会，体现了党的思想上的团结一致。”关于交大党组织在

① 上海交通大学校志编纂委员会：《上海交通大学志》，上海交通大学出版社 1996 年版，第 114 页。

今后的任务,谢邦治指出,办好学校应以提高质量为主。为此,他提出三方面要求:第一要全面提高教学质量,既要理论联系实际,也要在教学内容与教学方法上认真进行革新;第二科研水平要提高一步,一方面猛攻尖端,攀登高峰,另一方面要大搞技术革新和技术运动;第三提高各方面工作效率,不断改进工作和加强工作责任心。①

1960 年 5 月 3 日,中共上海市委教育卫生工作部批复,市委同意上海交通大学组成新一届党委会,党委书记谢邦治;副书记余仁、张华、邓旭初;党委常委为谢邦治、余仁、张华、邓旭初、许海涛、郭太和、朱士亮;党委委员为谢邦治、余仁、张华、邓旭初、于邦卿、王善庆、王禹、朱士亮、吴树琴、汪榛子、李士敏、李宏舜、苏宁、岳清林、孟树模、周淑玉、胡也、范祖德、耿亮、柴之清、陈广文、郭太和、许海涛、张寿、张传铭、程锦耀、雷凤桐、钱君洪。②

1960 年 3 月 16—23 日,上海交大召开校务委员会扩大会议,校务委员会成员、教研组主任、党支部书记、行政科长以上干部共 220 余人参加了会议。谢邦治总结学校 1959 年的工作,提出 1960 年的工作任务,要求全校师生"在党和政府的领导下,高举毛泽东思想红旗,大反右倾,大鼓干劲,大破迷信,大搞群众运动,深入教育革命,大力提高教育质量,为工业战线上的技术革新和技术革命、为农业战线上的技术改造、为迅速攀登世界科学高峰,为多快好省地培养又红又专的高质量的科学技术干部,做出最大贡献,实现学校各方面工作更好更全面的跃进"。③ 会上,陈石英、程孝刚、邓旭初、杨櫄等 16 人发言,雷凤桐传达上海市宣传文教工作会议精神。5 月 4 日和 6 日,学校分别召开党委常委扩大会议和校务委员会议,传达教育部召开的"重点高校校院长会议"精神,确定上海交大的发展方向为"以造船为中心,以机电为基础,积极发展尖端科学技术"。由于随后学校划归国防科委领导,这些办学思路又有调整。

在行政机构方面,交通大学上海部分、上海造船学院、南洋工学院(筹)三校合并后,依旧沿袭交通大学已建立的一套较完整的党政机构和系级学术机构。

1959 年底,上海交大党委设置的部门与负责人是:党委办公室副主任周淑玉,组织部长汪蓁子,宣传部长范祖德。上海交大行政设置的部门与负责人是:校长办公室主任苏宁,教务处秘书主任雷凤桐,科研部秘书主任李士敏,人事处副处长吴树琴,总务处副处长刘桂祥,图书馆馆长薛绍清,夜校部副主任顾锦城,预科主任钱君洪;处级部门之下设有科级部门 23 个。上海交大教学部门及其主要负责人是,船舶制造系(一系)主任李永庆,副主任杨代盛、

① 《我校举行第一次党员代表大会》,《交大》第 253 期第一版,1960 年 3 月 16 日。

② 《上海交通大学志》,第 706 页。

③ 《校务委员会扩大会议胜利闭幕》,《交大》第 261 期第一版,1960 年 4 月 2 日。

吴善勤，总支书记沈洁；船舶动力机械系（二系）系主任李铭慰，副主任樊应观，总支书记王善庆；工程物理系（三系）系主任许海涛，副主任张寿，总支书记许海涛；无线电工程系（四系）主任胡也，总支书记胡也；工程力学系（五系）副主任何友声，总支书记赵明；电机工程系（六系）系主任程福秀，副主任裘益钟，总支书记柴之清；冶金系（七系）系主任周志宏，副主任林栋梁，总支书记于邦卿；机械制造系（八系）系主任李泰云，副主任陈湛清，总支书记孟树模；机车系（九系）系主任许应期，副主任董勋、楼鸿棣，总支书记张传铭；基础部主任金悫，副主任唐士伦，总支书记岳清林。[①] 九系一部之下设有教研组 47 个。1962 年 2 月，学校决定撤销基础部，成立基础课教学委员会，同时在教务处下设基础课教学科。

20 世纪 60 年代前期的行政组织机构系统图[②]

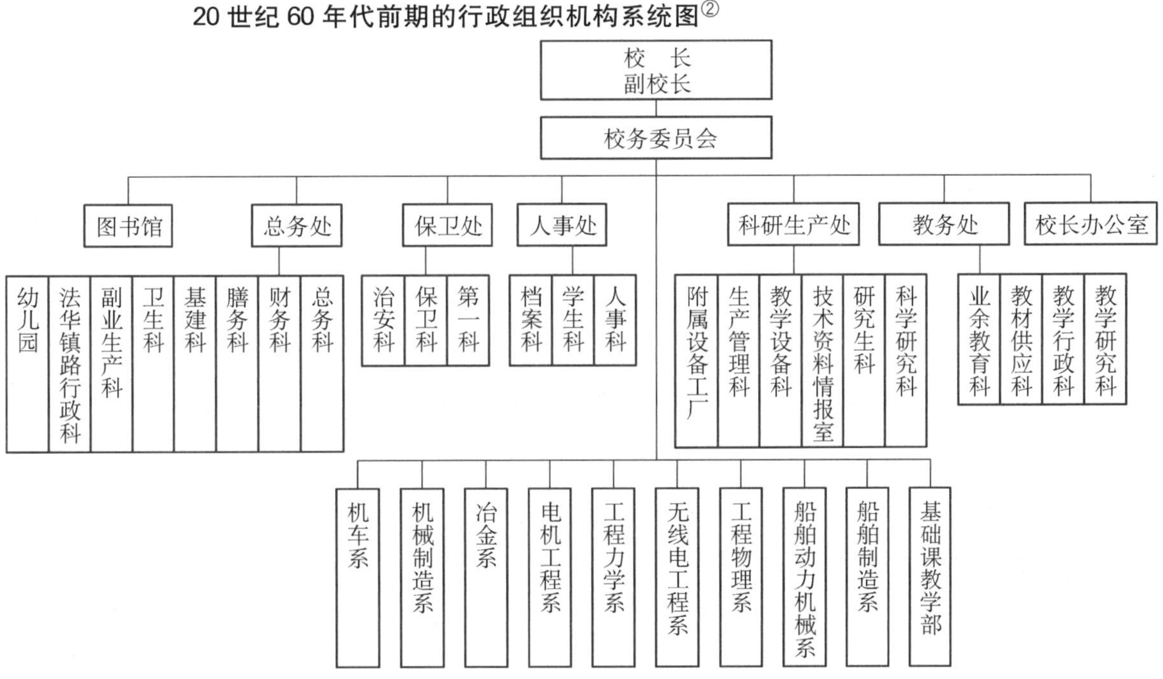

二、划归国防科委领导

20 世纪 50 年代后半期，为了抵御帝国主义的武力威胁和打破大国核讹

① 摘自《中国共产党上海交通大学组织史资料（1996 年 10 月）》中的有关内容。

② 本图参考了《上海交通大学志》，第 132 页；《中国共产党上海交通大学组织史资料》（1996 年 10 月）有关内容；《上海交通大学纪事（1896—2005）》（上卷），第 132 页。

诈、核垄断,党中央果断做出了发展以“两弹一星”[1]为标志的国防尖端技术的决策。1960年7月,苏联政府单方面决定,全部召回在华的苏联专家,撕毁十余项两国政府间签署的合作协定、数百个专家合同等,废除257个科学技术合作项目。这给我国的经济建设和科学技术的发展带来巨大损失。在这种形势下,中国人民更加坚定地走上了自力更生的道路。

1960年7月25日,教育部和国防科委等部门联合在青岛召开会议(即“七二五会议”),上海交通大学等48所高等院校及中央有关部门代表参加会议,研究国防科技人才的培养和国防尖端专业的设置、布局等问题。8月4日,教育部副部长蒋南翔在大会闭幕时作总结发言,指出:“在高等教育战线上,就是要适应当前形势和需要,积极为国防建设服务,从培养科学技术干部和开展国防科学研究这两个方面,努力为国防现代化多做一些工作。”[2]会议着重讨论了相关专业的设置,重点是以“两弹”为中心,规划有关的专业设置和科学研究;规划海军方面的专业和科学研究;规划无线电电子学方面的专业和科学研究。会议要求统一规划、全面安排,分区配套、建立独立体系,中小为主、土洋并举,自力更生建设生产和试验基地。[3]

上海交大党委副书记余仁参加了这次会议。会后,余仁代表上海与会高校成员向上海市委汇报会议情况和会议对上海三所高校下达的任务:“上海交通大学以造船为中心,以舰艇为重点,水上水下并重;火箭技术方面,由上海交大、复旦大学、华东师大互相配合设置一套专业,发展方向主要是舰用弹道式火箭和飞行式及防空式火箭。弹体、发动机、发射设备等专业由交大设置;控制系统、材料等方面专业由复旦、交大、华师大共同设置。……各所学校的规模为8 000—10 000人。”余仁代表党委提出上海交大的专业设想:除了热力机车、电气机车、机车车辆等专业根据市委指示将要划给上海铁道学院外,设置专业38个(专门化72个),其中新增设的专业10个(专门化34个)。[4] 这些意见,成为日后学校进行专业调整、编制发展规划的重要依据。

1961年2月6日,中共中央决定,上海交通大学和哈尔滨工业大学、北京工业学院、北京航空学院、南京航空学院、成都电讯工程学院、西北工业大学共7所高校划归国防科委直

① “两弹一星”:即原子弹、导弹、人造卫星。

② 蒋南翔:《高等学校要为促进我国国防现代化而奋斗》(1960年7月27日)。上交档:短期-15。

③ 吴善勤、盛振邦:《从船舶到海洋工程》,上海交通大学出版社2005年版,第85页。

④ 余仁:《向市委教育卫生工作部并报市委的报告》(1960年8月15日)。上交档:短期-15,第70-71页。

余仁参加“七二五会议”后向上海市委拟写报告的草稿(部分)

接领导。在领导关系上，学校由“国防科委领导，并同时接受教育部及当地党委的领导”。①

2月25日，校党委副书记余仁等赴京向国防科委、教育部汇报工作。海军政委苏振华、国防科委副秘书长路扬、教育部副部长蒋南翔先后接见了交大赴京人员。苏振华在接见时提出了五点意见：“第一，划归国防科委领导后，学校的性质起了变化，但不是军事院校，是为国防工业服务的；办学方针是‘军用为主，军民兼顾’。第二，体制问题，学校成为一个掌握国防机密的学校，属保密单位，但是在体制转变过程中要采取‘积极慎重’方针，不要引起大的波动，造成大的困难；学校专业要‘以舰为主、导弹为总’的方向，要搞配套，导航、雷达、无线电都要搞。第三，工作关系，建制上归国防科委，教育部要管教学方面，海军做具体工作，责无旁贷；主要由海军军校部负责，解决教材、器材、干部、参观实习等事情。第四，基本建设，主要是利用现有校址，但是要搞个二部。第五，干部问题，今后海军可以为每个系配一点政治干部，逐步解决。”②路扬说：“上海交通大学改为国防工业大学，任务变了，过去是‘以民为主’，现在是‘以军为

① 《上海交通大学志》，第720页。

② 《苏振华在海军司令部接见上海交大代表时的谈话(记录稿)》(1961年3月2日)。上交档：永-314。

主'，学校的重点任务是培养科学技术尖端人才，还要进行科研、设计等方面的工作。学校成为保密单位以后，对于人员的安排要采取'积极稳妥'的方针；交大的老知识分子，一般都对交大的历史作出过贡献，尽量都要保留下来；他们留下来，有的可以起直接的作用，有的可以起间接的作用，一定要稳定军心，做好工作。"[①]蒋南翔说，"交大改变体制，为国防服务是主要的，但不同于哈尔滨军工、北航等校，交大是一所有历史传统的学校，不应有大的变动，特别是老教师不要调出，否则就没有交大传统"。[②]

随即，校党委分别召开了党委扩大会、党委会和党员干部会传达中央的精神，各总支委员、教职员支部书记和机关科长以上干部参加了会议。大家在听取传达后表示坚决拥护中央决定，学校成为国防工业学校，可以直接为国家的国防现代化贡献更多的力量。按照国防院校的有关要求，校党委结合交大具体情况，努力实现平稳过渡，在工作部署中要求全校师生三方面"跟得上"：

> 一是思想跟得上。首先做好传达教育工作，把中央的指示做好传达，有步骤地分期分批地进行，使师生们的骨干人员牢固地树立为国防服务、为国防工业服务的观点。
>
> 二是工作要跟得上。上海交大的具体方向是以军用造船为中心，在转变过渡时期可以军民兼顾。要做好规划、组织、整合的工作，首先需要解决的是专业的设置方案、专业师资队伍组建、政治工作队伍充实、保密干部队伍配备、相关规章制度的建立和健全等方面的工作。
>
> 三是领导跟得上。要求各级领导干部很好地学习党中央、中央军委办好国防工业院校的方针政策，要加强领导干部的学习制度；还要开展"三八作风"的教育，学习解放军优良传统。[③]

3 月 5 日，国防科委、国防工委、教育部发出联合通知，自 3 月 10 日起，上海交通大学等 7 所学校正式移交国防科委领导。国防科委向上海交大派出由海军军校部副部长邱见休等人组成的工作组。3 月 13 日，工作组与上海交大领导班子成员见面，余仁全面汇报学校的工作情况。为了做好交接工作，工作组与交大的有关部门组成相关小组，分头开展。3 月 28 日，调研、考察工作告一段落，工作组再次与交大领导举行会议，对下一步的工作如思想建

---

① 《路扬在国防科委接见上海交大代表时的谈话(记录稿)》(1961 年 2 月 27 日)。上交档:永-314。

② 《上海交通大学纪事(1896—2005)》(上卷)，第 522 页。

③ 党委办公室:《国防科委工作组第一次来校谈话记录》(1961 年 3 月 13 日)。上交档:永-314。

设、加强保密管理、培养专业师资、准备专业资料和教材、加强专业实验室建设等方面都提出了许多具体的意见和建议。

上海交通大学划归国防科委后，得到了中央领导的关心，负责国防科技工作的国务院副总理聂荣臻多次过问，作出批示，保证了划转工作稳妥、细致地进行。

1961 年 4 月 4 日，聂荣臻在上海听取国防科委有关部门汇报部分高校划转工作，同时接见了上海交大的领导和教师代表，并对国防工业高校的工作发表讲话。聂荣臻指出：

> 认真办好这几所院校是一件十分重要的事。院校的工作必须保证和提高教学质量。这几所学校都是为了培养国防科学技术干部的，毕业出来的学生，必须在政治上、学业上是高质量，真正一个顶一个，不出废品。
>
> 几个院校都是培养工程师的，也应有个分工。军事工程学院培养的是军事科学研究技术干部及工程师，毕业后主要是分配到军队中，直接为军队建设服务；几所地方院校培养的是生产工程师，毕业后大部分分配到生产部门和研究部门，一部分也可分配到军事部门。
>
> 学校的教学质量现在有不少问题，要很好调查研究一番。学校的基本任务是培养人才，必须以主要力量搞好教学。……
>
> 提高教学质量，中心问题是培养和提高师资。……今后一定要保证教师有充分时间进行学术研究。
>
> 几所学校都是培养国防技术干部的，要教育师生树立长期为国防事业服务的思想。但是不要任何事情都与军事学校一样要求，他们不是军人，与军事学校有所不同，处理问题时必须考虑到此点。
>
> 学校的领导体制和领导方法要很好研究。……可考虑实行党委领导下的校(院)长负责制。校务委员会仍继续保留，成员可适当放宽点，可多吸收些党外老教授参加。校务委员会应作为党委领导和推动工作的助手，有关教学、行政等重大问题，都应在校(院)长主持下，经校务委员会讨论通过。①

当日，上海交大出席见面会的有谢邦治、余仁、邓旭初、张华、朱麟五等，聂荣臻专门就上海交大的建设与发展提出了要求：

---

①《聂荣臻元帅对几所国防工业高等院校工作的指示》(1961 年 4 月 4 日)。上交档：永- 316。

学校很大了,已经有一万多人了,规模不要太大,主要是提高质量问题。火箭专业,弹道式和飞行式原理是一个,都是海军所需要的,先按统一原理去讲,到四、五年级时再分两个。配套无线电很重要,不管哪一个型号的火箭,无线电不可缺少。你们的船制专业,基础是有的,现在转为军用就容易了。……以军用舰艇为主,还要军民兼顾,民用也有军用要求,战时可以民用转为军用;军用解决了,民用就容易了,在苏联,造船专业也是由海军部管的。

关于(交大属)海军领导问题,这是因为陆军和空军都有了培养科学技术人才的学校,只有海军没有,他们提出要求。在北京开会时,我向柯老[①]谈了一下,他同意了,后来中央批准了。

领导关系与其他六所学校一样,都归国防科委领导,一般行政是教育部,党的工作是上海市委。学校能搞军用,民用也没有问题,为国防服务在科学技术上要求提高了,这样对交大提高会快一些。火箭与船舶连在一起为海军服务,你们有军用专业,资料不充实,现在改为国防服务,资料可以充实了,没有矛盾,对提高质量有好处。具体业务由海军领导,资料、设备由海军直接支持。

关于培养目标问题。学校培养目标是为国防工业生产,为军用造船培养设计、研究工程师。海军自己有军事学校,加上交大培养工程技术人才,海军(总体上看)就完整了。[②]

1961年5月22日上午,中国人民解放军海军司令员萧劲光、副司令员刘道生、东海舰队司令员陶勇等人前来上海交大视察。党委副书记余仁、张华参加接待。萧劲光等人来校后,先观看了学校远景规划模型,随后参观校园,并与大家进行了交谈。

萧劲光向陪同人员询问了无线电系的设备情况、实验室情况。当他得知该系是一个新系,全是年轻人,平均年龄23岁,专业设备缺乏时,说:"这些专业都是很重要的。前途光明,困难是暂时的。雷达、声呐向罗部长[③]要。水声我们太落后,交大要搞。南京的仿苏式402雷达可以搞一部给学校,水声专业要和无锡721厂联系。……可多和有关部门联系。造船归三机部,海军也参加领导,现在联系方便了。"

刘道生说:"退伍的、报废的装备可以给学校一些。声呐给学校定了一部,今年拿不到,

---

① 柯老即柯庆施,时任中共中央华东局第一书记、上海市委第一书记、上海市市长。

②《聂总指示纪要(交大整理)》(1961年4月4日)。上交档:永-316。

③ 罗部长:海军军校部部长罗铎如。

明年可拿到。613潜艇、护卫舰、驱逐舰的资料搞些给学校。实习到海军系统没问题，到军工部联系一下。我们可以帮学校定些货，召开一个会，研究一下，退伍及报废的设备转给学校搞实验研究是可以的。罗经要给学校一部。”

刘道生又问：“下半年招生如何?”余仁回答：“招生1 300人，我们意见按国防条件招。”刘道生说：“应该这样，这几所为国防服务的学校应如此，我们应向教育部建议。能保送一部分也好，进来后也可调剂，将来我们帮助学校到各省、市审查。”

接下来，萧劲光一行又到学生食堂、学生宿舍、员工食堂等处视察，了解教职员工和学生的生活条件；刘道生还到宿舍与学生进行了交谈。①

1961年7月，国防科委下发文件，对于7所国防工业高等院校的领导体制与领导关系提出原则意见：“7所院校除接受国防科委直接领导外，并受教育部及当地党委的领导。”国防科委将召集有关部门，“对7所国防高等工业院校的任务、规模、发展方向、干部培养规划、专业设置、招生计划和毕业生分配，以及科学研究任务和安排等重大问题共同研究，制定规划”；“各院校的任务、发展规模、专业设置、修业年限、每年招生名额、主要领导干部配备等，与教育部共同商定，经中央批准后由国防科委具体负责组织实施”；“教育计划由教育部和国防科委共同审批”；“贯彻党的教育方针、编制教育计划和教学大纲的原则、教学改革、制定规章制度等教学行政领导工作，由教育部负责”；“各院校党政工作和经常工作，由地方省、市负责”。②

三、适应国防工业需要调整系和专业

从20世纪50年代后期起，交大的科研工作已经开始承担国防工业的任务，在人才培养方面也有大批毕业生进入国防部门。据不完全统计，1955年后的毕业生中，平均每年都有10%以上的毕业生进入国防工业等部门，1956年高达23.6%。③

随着学校划归为以军用造船为主的国防工业院校之后，其内部组织结构、专业设置、队伍建设等方面面临着许多必需的调整。1961年3月20日，学校举行党政联席会议，按照中央的指导意见和国防工业院校办学要求，提出了坚持“军用为主，军民兼顾”的专业调整方针和“积极稳妥”的工作方针；在全面分析现有专业队伍状况的基础上，结合制定学校的发展规

---

①《海军领导与我校党委副书记余仁、张华等负责同志的谈话纪要》(1961年5月22日)。上交档：永-314。

② 国防科委：《关于七所国防工业高等院校领导关系的意见(草稿)》(1961年7月3日)。

③《上海交通大学志》，第252页。

划,提出了对于系级建制和专业设置的调整方案。

学校建设的发展方向:以军用造船为主,兼顾民用,同时设置部分舰艇用导弹专业。

办学规模:在校学生6 700人,其中本科学生6 500人(每年招生1 300人),研究生和进修生200人。

学校的系级建制(包括代码)与专业设置(共计9个系32个专业):

船舶制造系(一系):水面舰艇设计与制造(原水上船舶设计与制造专门化)、潜艇设计与制造(原水下船舶设计与制造专门化)、船舶工程力学(船舶结构力学、船舶流体力学);

船舶动力机械系(二系):船舶涡轮机(船舶蒸汽涡轮机、船舶燃气涡轮机)、船舶锅炉、船舶内燃机、船舶动力装置(船舶动力装置、船舶辅机及设备系统);

工程物理系(三系):原子反应堆工程及动力装置;

无线电工程系(四系):无线电定位(无线电定位、军用电视)、无线电通讯及导航(无线电通讯、无线电导航)、解算装置、水声工程、火箭控制与稳定系统;

工程力学系(五系):火箭弹体设计与制造、火箭发动机设计与制造、舰用火箭发射装置;

船舶电机工程系(六系):船舶电机与电器(船舶电机与电器、特种电机与电器)、船舶电工(船舶电工、船舶消磁)、发电厂电力网及电力系统、电器绝缘及电缆技术、陀螺仪及惯性导航(船舶陀螺仪及惯性导航、火箭脱落以及惯性导航);

冶金系(七系):特种冶金(特种合金冶炼、放射金属冶金、黑色金属冶炼、精密轧制及特种加工)、稀有金属冶炼、金属物理(高温合金与精密合金、反应堆材料、金属学及热处理);

机械制造系(八系):精密机床设计与制造、船舶机械热加工工艺及设备(锻压工艺及设备、铸造工艺及设备)、船舶焊接工艺及设备、特种起重运输机械(特种起重运输机械、船舶特机)、精密机械仪器(精密机械工艺、船舶导航仪器);

机车系(九系):热力机车、电气机车、机车车辆。[①]

这一调整方案,既服从了国防工业建设的大局,又结合学校原有的专业优势保留了部分民用专业,体现了"军民兼顾",使得那些难以接触国防专业的师生得以继续安心工作与学习。事实证明,这些做法为交大保留了大批学有专长的资深教师和技术队伍,为交大以后的发展蓄积了力量。需要说明的是,这一调整方案制订后不久,中央提出调整方针,许多情况发生变化,因此未能全面完成。学校的办学规模、专业设置都曾一再调整。

全校师生积极关注和参与学校划转国防科委一事,尤其是广大教师为尽快适应学校划转后新的专业设置、新的实验室建设,花费了大量心血。如船舶制造系是一个大系,当时所面临的调整任务很重。在《从船舶到海洋工程》一文中记载:

根据国防科委的要求,系里设立了水面舰艇设计与制造和潜艇设计与制造两个专业,民船设计与制造专业仍然保留,加上两个力学专业,船舶制造系一下子成为拥有五个专业的大系。

这种专业设置的方式带有明显的按产品分专业的痕迹。其分割之细较之苏联的专业设置有过之而无不及。这固然缘于上级领导的意见,也与当时执行的严格保密制度有一定的联系。

在军用舰艇专业的建设上,困难还是不少的。首先是师资力量,除了杨仁杰、林宏铨、高志希等极少数资深教师以外,这两个专业的教师绝大部分都是20世纪50年代中期以后毕业的船舶制造专业学生,他们过去从没有接触过军用舰艇。其次是缺乏必要的图书资料。公开出版的军用舰艇书刊几乎没有,能允许接触的保密资料也诸多限制。然而,就是这两个以青年人为主力的专业,在老教师的带领和指导下,群策群力,通过到有关海军院校、工厂、设计院和部队进修和实习,千方百计广泛收集资料,终于编写出各种讲义,开出了课程,并于1963年培养出第一批毕业生。[②]

在转制中,保密工作是国防院校建设中一项非常重要的工作。学校及时地对全校人员开展保密教育,逐步建立保密工作制度。1962年2月,学校制定颁发《关于试行保密工

① 党委:《关于贯彻执行中央决定将上海交通大学划归国防科委领导后的工作情况汇报》(1961年3月20日)。

② 《从船舶到海洋工程》,第86页。

作纲要(草案)的实施细则》提出:“学校的保密工作必须贯彻党委领导,首长负责,发动群众与专业部门相结合,普遍教育与严格制度相结合,启发自觉与执行纪律相结合的方针。”[①]在师生员工中进行了一次集中的保密教育和保密检查。学校还专门建立校级的保密室,称“一科”,设在“新建楼”内;该室负责管理和保管校内一切涉密文件、图纸、资料等,师生们必须依保密制度使用这些涉密材料。校园内划分教学区和生活区,师生凭证件出入;而进入涉密的教学、研究区域还需要有专用的证件。4月,制定全校涉密人员的保密守则。

在征得国防科委和上海市同意后,学校把校内的各项教学、科研、生活服务等工作划分为涉密的国防军事性质和不涉密的民用性质两大类。经过深入的摸底,学校对在校人员进行了梳理和审查,确定了三种不同情况分别予以安排:可以参加机密专业、国防尖端科学技术工作和学习的人员;可在一般专业和一般的教学行政部门工作和学习的人员;必须调离机密专业、国防尖端科学技术和要害部位的人员。即使是那些必须调离机密岗位的人员,学校也尽量把他们安排在校内其他岗位工作,轻易不做调出学校的决定。例如,在3月20日校党政联席会议上提出的专业设置方案中并没有“民用船舶与制造”专业,为了保护并发挥那些学有专长而又不能参加涉密专业工作老教师的作用,经研究后报请上级批准另外增设了这一专业。

1963年4月,解放军副总参谋长张爱萍上将(右3)在上海交大视察

上海交通大学划归国防科委领导是交大办学历史上的重大变动,国防科委对交大的学校建设和办学活动给予多方面的关心支持,下达国防科技研究任务、调拨实验装备和技术资料、落实试验实习场所、调配政工干部等,尽可能提供办学所需的各类物质保障与技术支撑。学校认真贯彻“军用为主,军民兼顾”方针,及时调整办学专业方向和机构设置,在教学科研工作中既重点保证国防工业任务的完成,又兼顾对于那些国民经济中急需的民用专业的建设,妥善处

① 党委保密委员会:《关于试行保密工作纲要(草案)的实施细则》(1962年2月16日)。上交档:长-944。

理教师队伍的组合与分流，培养了大批国防工业专业技术人才。广大教师和科学技术人员在国防工业的教学、科研岗位上兢兢业业、默默无闻，甘做无名英雄，为祖国的国防现代化事业作出了重要贡献。

第二节　贯彻党中央"八字方针"和加强思想政治工作

一、"教育革命"的反复

1959年夏，党中央召开庐山会议，[①]决定在全党全国开展一场"反右倾"斗争，"在鼓干劲、继续国民经济'大跃进'的口号下，新的跃进高潮和'共产风'等'左'倾错误再度泛滥起来"。[②]

庐山会议精神传达后，上海交大也开展"反右倾"运动。1959年8月，学校组织学习、贯彻八届八中全会精神，进行"反右倾、鼓干劲"运动的动员与誓师。10月31日，全校师生员工举行"反右倾、鼓干劲、掀起更大跃进高潮动员大会"。[③]

在运动之初，广大干部、教师关心的并不是开展"反右倾"运动，而是如何提高教学质量和学术水平的问题。例如，数学教研组就提高教学质量提出建议："首先要提高教师的知识水平，教师不仅要提高数学专业的理论水平，还应具备某些专业知识，应去听一些专业课或技术基础课程，对于结合专业有帮助；其次，要重视并组织教学法的研究和经验交流，通过典型试讲、个别辅导等方法总结推广教学经验；还要加强教研组内的教学活动和教学研究。"[④]冶金系提出，"重要任务就是稳定教学秩序，组织教师认真检查各年级在教育改革中的过渡教学计划是否都已真正落实"。该系还指定一批教师作为指导教师深入班级，协助学生干部开展工作。船舶电机教研组就当前工作与提高教学质量问题进行了讨论，认为面临第一届学生将要毕业，课程多，新课多，毕业设计要求也是新的。他们说："教师主要是传授业务知识的，但光这样是不够的，还必须教给学生一套学习方法和思考方法，即独立寻求知识与掌握知识的方法。"[⑤]

---

① 庐山会议：1959年7、8月间，中共中央政治局扩大会议和八届八中全会在江西庐山召开，后将这两次会议合称为庐山会议。

② 《中国共产党历史・第二卷(1949—1978)》，第556页。

③ 《行动起来，反右倾，鼓干劲》，《交大》第224期第一版，1959年11月4日。

④ 《鼓足干劲，力争教学质量更上一层楼》，《交大》第215期第三版，1959年9月10日。

⑤ 《船电教师千方百计提高教学质量》，《交大》第216期第二版，1959年9月17日。

但是,随着“反右倾”运动的开展,“大跃进”口号重新又提起,曾经在纠“左”中一度降温的“教育革命”又掀高潮。12月上旬,学校召开三级干部会议,参加会议的有各系党总支书记、支部书记,机关总支书记、各系正副主任、各处处长及有关的科长、附属工厂的车间主任、教研组主任、实验室主任和学生班干部代表等。会议检查和交流了学校“反右倾、鼓干劲”运动的情况,提出了“立大志、下决心、鼓干劲、攀高峰”的号召,要求各部门放手发动群众,加快“教育革命”的步伐。

1960年上半年,《交大》校刊报道交大师生参加“技术革新、技术革命”运动

一波又一波 一浪又一浪
技术革命风暴席卷全校

进入1960年,全国工业部门兴起技术革新与技术革命运动,简称“双革”运动。1月,中央在转发一份报告中加批语:“技术革新和技术革命运动现在已经成为一个伟大的运动。”[①]2月,上海市委召开文教会议,提出“多快好省地进行教学改革”,[②]要求各高校,尤其是工科学校积极参加“双革”运动,掀起跃进高潮。

为了贯彻中央和市委文教会议的精神,学校于1960年3月27日晚召开紧急会议,讨论大搞技术革新和技术革命的问题,提出了不切实际的口号,“三天突破点,七天改个面,大干四五月,来个彻底变”;要求各有关部门都要普遍实现“六化”,[③]制定了完全是头脑发热的措施与目标:“自28日起三天内改变学校工厂、教学、实验室、厨房、副食品生产等方面的面貌。”例如:

① 郝维谦、龙正中:《高等教育史》,海南出版社2000年版,第183页。

② 何东昌:《中华人民共和国教育史》(上卷),海南出版社2007年版,第256页。

③ “六化”:即机械化、自动化、同位素化、电子化、超声波化、煤气化。

在工厂方面，三天内要求消灭笨重的体力劳动（特别是锻工、铸工车间），各车间都应该向机械化、半机械化、自动化、半自动化前进。

在实验室方面，①凡可以不采用手工操作的三天内一律取消手工操作；②三天内以最大的努力，采用或着手采用新的科学技术成就来武装实验室；③实验室的设备要迅速地装配成套；④对空白的实验室要发动群众立即上马，制造设备；⑤对现有的实验设备应千方百计加以利用。

在教学方面，①大抓电化教育，要求各系立即成立电化教育领导小组，在三天内制定出具体的规划，并抓一个点，做出成绩；②积极改善教学条件，着手搞教学上的机械化、自动化。要求各系在三天内把一个教室和一个实验室现代化起来进行试点，并总结与交流经验，以便推广。

在食堂和副食品生产方面，①在三天内要求每一个食堂搞出一条半机械化和机械化或半自动化和自动化的作业线；②在饲养工作上，三天内要基本上实现半机械化、机械化。①

“双革”运动导致大跃进时期的“教育革命”又一次卷土重来。据当时统计，“到4月15日为止，全校已有30个专业拟定了41个专业和专门化的改革方案；基础课和技术基础课拟定了23个课程改革方案，编写出47门课程大纲和15个专业教材初稿”。②

与此同时，师生们走出校门，结合各自的专业知识，投入到社会上各地区、各厂矿的“双革”运动之中。到1960年5月，全校已有3 969名师生深入104个工厂、55艘海轮和江轮、6个研究单位、3个人民公社，与那里的工人、农民、技术人员一起开展技术革新、技术革命。据当时统计，下厂师生与工厂协作“完成技术革新项目1 330项”。此外，还有1 000余名师生前往南汇县、川沙县、上海县等地的人民公社参加农业技术改造工作。他们和农民“同生活、同劳动，拜农民为师，拜巧木匠为师”，参与制造养猪机械化设备和其他农具，协作研究无线电操纵电犁等，“完成了农业技术改造的项目117项”。③

1960年6月25日，全校师生举行“庆丰收大会”，总结“大干四、五月”的成绩。大礼堂门前集中了全校各个单位、各个部门的“丰收牌”“报喜书”“黑板报”，展示数月来在校内外“双革”运动中的“成果”。

虽然“双革”运动和“教育革命”表面上声势很大，但是，师生们仍有所疑虑和抵触。例

---

①《立即行动起来，全面投入技术革命新高潮》。《交大》第257期第一版，1960年3月28日。

② 党委办公室：《党委常委扩大会上对当前我校工作的讨论纪要》(1960年4月21日)。上交档：永-271。

③《校内呈现一片兴旺景象》。《交大》第264期第一版，1960年4月12日。

如,对于学校提出“三天改变面貌”的号召,船舶制造系教授认为,“科研工作搞大跃进不行,更不能突击搞通宵,开两个夜车搞出来的东西质量不高”。对于“教育革命”提倡大破大立、改革传统教学等做法,大家也有意见。机械系教授说:“对于物理、数学课要打破框框,我很反对;金工是基础课,应保持原有的系统性。这些课程结合专业很困难,全校 40 多个专业,怎么结合?难道要搞 40 多个教学方案吗?”许多学生对于突击搞运动而影响了学习有意见。他们认为,“双革”中的许多项目是长期的,这样“每天搞,晚自修都没有了,功课都忙不过来”。师生们认为:“不能这么搞,正常的教学秩序打乱了,课程说不上就不上,考试说取消就取消,还怎么保证教育质量,还怎么培养专门人才?”①

突击搞“双革”和“教育革命”,耗费了师生们的大量精力。当时,学校就此做过调查。调查结果表明,因“教育革命”参加科研和编写教材等活动,甚至为了参加突击大扫除,许多师生经常开夜车到深夜;无线电系调查了 90 名师生,发现晚上 12 点以前睡觉的很少,有人连续工作 30 几个小时到 60 个小时。这种状况造成许多严重的后果,一是影响学习,讲课的人昏昏沉沉;听课的人打瞌睡,作业拖拉。据一个班的统计,共有 26 人欠缴作业共 703 道题。二是因为吃饭不及时,患胃病的增多,影响了身体健康。②

1960 年 6 月 15 日,中共中央、国务院发出《关于保证学生、教师身体健康和劳逸结合问题的指示》,称:“现在仍然有很多学校对学生的劳逸结合注意不够、安排不好,没有把保证学生充分的睡眠和必要休息当做重要任务,没有给学生一定的自由阅读时间和必要的文化娱乐时间。”中央就此作出具体规定,“学生每天的学习时间(包括自习和劳动时间在内),高等学校不得超过 9 小时……学生每天的睡眠时间,高等学校学生必须保障 8 小时”;“学生参加各项集体的社会活动时间(包括会议、课外体育军训等活动时间在内),高等学校每周不得超过 9 小时”。③ 12 月 21 日,中共中央、国务院再次发出《关于保证学生、教师身体健康的紧急通知》,重申了中央对于广大师生身体健康的严重关注。文件下达后,交大立即贯彻落实,按要求调整了学生的作息安排。

1960 年的“教育革命”,是 1958 年“教育革命”的重演,一度严重地冲击了交大正常的教学秩序,给学校的教育、教学工作留下深刻的教训。

---

① 以上资料均引自上海交大宣传部:《汇报》,1960 年第 1 号—12 号。上交档:长-649。

② 党委会会议记录:《传达讨论中央关于劳逸结合指示的会议记录》(1960 年 5 月 27 日)。上交档:永-317。

③《中华人民共和国重要教育文献(1949—1975)》,第 989 页。

二、控制规模和调整专业

1961年1月，党的八届九中全会正式决定对国民经济实行“调整、巩固、充实、提高”的八字方针。[1] 在中央“八字方针”的指导下，教育部门全面展开调整工作。中央文教小组和教育部多次召开有关全国教育调整的工作会议，分别作出部署。1961年，中央批转中央文教小组的工作报告中指出：高等教育要把提高教学质量摆到第一位，高等学校的科学研究工作应该配合教学的需要，战线不要拉得太长。

在贯彻中央“八字方针”的过程中，上海交大涉及的最主要问题就是要对办学规模和专业设置进行调整。

1957年9月，上海造船学院、南洋工学院（筹）与交大（上海部分）合并时，办学规模和专业设置有所扩充，为了加强尖端科技领域的人才培养，恢复、增设了一批新专业。20世纪60年代初，为了加强理科，学校又筹建应用数学、应用物理专业。划归国防科委后，为了适应国防工业发展，学校曾提出一个立足规模发展、专业拓宽的规划，拟设9系32个专业，在校学生6 700人，其中本科学生6 500人（每年招生1 300人），研究生和进修生200人。

1961年底，校党委根据中央“八字方针”精神，为保证重点投入，决定在全校设定重点专业，进一步提高教学质量。重点专业的任务是“尽快提高水平，其中现有基础较好的重点专业，应该在本门学科中达到和赶上国际水平；现有基础较差的，则首先要保证完成培养干部的任务，同时要努力提高本专业的学术水平。几年后，重点专业的毕业生和研究生的质量应该是高水平的，并能解决实际问题的，其中还应产生若干特别优秀的人才。重点专业还应该对其他专业的建设起推动作用”。[2] 1962年初，学校公布了的重点专业名单，确定10个重点专业：潜艇设计与制造、船舶工程力学、船舶动力装置、原子能反应堆工程及动力装置、水声工程、火箭弹体设计与制造、船舶电工、陀螺仪及惯性导航、金属物理、特种运输起重机械。3月20日，学校召开总支书记会议，邓旭初代表党政领导讲话，就学校的任务和专业设置、要搞重点专业的理由、确定重点专业的原则等方面做了阐述。他在讲话中强调：“进行重点专业建设，是从学校当前的任务、条件和现状出发综合考虑的，我们要努力赶超世界先进水平，要使一些专业在10年内能够达到世界一流水平。我们要集中力量打歼灭战，只能一步一步地来，通过这批重点专业建设带动其他各

---

① 《中国共产党历史·第二卷（1949—1978）》，第560、571页。

② 党委：《关于重点专业和重点基础学科的决定（草案）》（1962年1月）。上交档：永-352，第7页。

个专业的全面发展。"[①]

进入1962年,中央各部门继续加大调整的力度。2月,中共中央批发教育部党组《关于进一步调整教育事业和精简学校教职工的报告》,再次要求各地、各部门停办一批高等院校和专业。报告指出:"必须根据中央关于增产节约、精兵简政的方针和减少城市人口的指示,进一步对教育事业坚决地进行调整。"[②]国防科委迅速落实中央精神,聂荣臻于4月份两次做出国防工业院校调整的指示。他说:"国防工业高等院校的人员比例要按教育部的统一规定进行精简。1960年青岛会议确定的专业,铺得太广,很多学校师资、设备未解决,勉强开设新专业,结果不能保证质量,也有的根本就未上。现在要赶快调整,时间才两年,只是学了些基础课,专业课还未学,调整还未晚。"[③]"各院校在专业设置上不要求全,七所院校的专业设置要通盘规划,做到小配套;还要和全国各高等院校统一考虑,做到大配套。每个学校突出一个系,各有不同,全国即可配套。"[④]1962年4月,教育部在北京召开全国教育会议,讨论研究了进一步调整教育事业和精简学校教职工的问题。5月,教育部部长杨秀峰在高等工业学校教学工作会议上讲话指出:"近几年来文教战线规模过大,要求过高过急,超过了国民经济所能负担的能力,尤其是超过了农业所能负担的能力。……学校办得很多,办得很大,占劳动力很多,花钱很多,国民经济负担不起,农业也负担不起,不仅影响了国民经济和农业,而且对教育本身来说也是分散了力量,降低了质量。"[⑤]

4月中旬,国防科委在北京召开装备整编会议,贯彻落实调整精神,研究调整方案。国防科委各院校都有代表参加,上海交大邓旭初与会。经反复协商,提出了一个比较合理的调整方案。7月初再次复会,最终确定了国防科委关于各院校专业调整的方案。

为了贯彻专业调整的精神,学校自4月中旬起连续召开10多次党委常委会或常委扩大会议,研究专业调整方案。7月中旬以后,根据中央和国防科委的专业调整要求,学校又多次召开党委常委会议和校务委员会会议,最终确定了具体调整方案,主要内容如下:

关于系的设置:全校原设9个系,撤销2个系,新设1个系,现调整为8个系,实际建制

① 《总支书记会议记录》(1962年3月20日)。上交档:永-352。

② 《中共中央批发教育部党组关于进一步调整教育事业和精简学校教职工的报告》(1962年5月25日)。《中华人民共和国重要教育文献(1949—1975)》,第1095页。

③ 《聂总在国防科委第17次办公会议上对高等院校调整工作的指示》(1962年4月9日)。上交档:长-920。

④ 《聂总在参加全国人大、全国政协的各国防院校代表座谈会上的讲话》(1962年4月18日)。上交档:长-920。

⑤ 《杨秀峰部长在高等工业学校教学工作会议上的讲话》(1962年5月)。上交档:长-920。

为7个系。具体设置是，原船舶制造系（一系）、船舶动力机械系（二系）、无线电系（四系）、电机工程系（六系）、冶金系（七系）、机械制造系（八系）、机车系（九系）不变；原工程物理系（三系）、工程力学系（五系）撤销，并入有关系；新设自动控制系（代码为五系），但因目前力量较弱，暂不设置系一级建制，由无线电系统一领导。

关于专业的设置调整方案：在已有专业中，撤销火箭弹体设计与制造、火箭发动机设计与制造、火箭控制与稳定系统、无线电定位、解算装置、原子能反应堆工程及动力装置等6个专业，[①]应用数学、应用物理等专业暂停筹建。

8月初，学校将调整方案上报国防科委，并抄报教育部、上海市有关部门。8月29日，国防科委批复，同意上述专业调整意见。随之，各项调整方案和措施逐步落实，学校将一些调整、停办的专业分别并入各有关专业，使相关专业队伍尽量得以保全；在实际操作中，根据需要原拟撤销的核反应堆工程专业并未停办，一直保留下来。到1965年，经过调整的专业基本稳定，全校开设的专业有舰艇设计与制造、船舶设计与制造、潜艇设计与制造、船舶结构力学、船舶流体力学、船舶涡轮机、船舶锅炉、船舶内燃机、船舶动力装置、船舶辅机及设备、反应堆工程及动力装置、无线电技术、水声工程、陀螺仪及导航仪器、自动控制、电机制造、电器制造、船舶电气设备、船舶电工、发电厂电力网及电力系统、电气绝缘与电缆技术、高电压技术、高温合金冶炼、金属学及热处理、锻压工艺及设备、铸造工艺及设备、焊接工艺及设备、钢铁冶金、金属切削机床设计、机械制造工艺、船用火箭发射装置、起重运输机械、泵及液力传动、内燃机车、电气机车、车辆制造等36个专业。

与此相应，学校的招生计划与办学规模也逐年缩减。1960年，学生规模曾达到建校以来的最高峰，近7 900人；此后随着逐年控制招生人数，至1963年在校生人数为6 300人，1965年后降至6 000人以下。

根据教育部进一步精简各级学校教职工的指标和教职工的编制标准意见，学校动员部分教职工及其家属调离学校或返乡务农，在此时期，共调出教职工908人。

三、学习“高教六十条”

1961年3月起，教育部根据中央指示，在邓小平直接领导下，从调查研究入手，开始

① 党委：《关于贯彻专业调整方案的情况报告》（1962年8月3日）。上交档：永-357、382；《关于专业调整的研究讨论情况》。上交档：永-352、356。

草拟关于大、中、小学的工作条例。9月14日,中共中央书记处讨论通过了《教育部直属高等学校暂行工作条例(草案)》(即"高教六十条")。9月15日,中共中央发出《关于讨论和试行教育部直属高等学校暂行工作条例(草案)的指示》,同时发布了这个条例。[①]

中共中央在颁布"高教六十条"的指示中指出:

为了巩固成绩,改正缺点,需要认真总结这些经验,进一步定出高等教育工作中的一套具体办法,使全体干部和师生充分地认识应该做什么,不应该做什么,应该怎样做,不应该怎样做,以保证党的教育方针的真正贯彻。

文件强调:

中央认为,目前在高等学校工作中,应该着重解决以下几个主要问题:(一)高等学校必须以教学为主,努力提高教学质量。生产劳动、科学研究、社会活动的时间,应该安排得当,以利教学。(二)正确执行党的知识分子政策,团结一切可以团结的知识分子,为社会主义高等教育服务。正确执行百花齐放、百家争鸣的方针,提高学术水平。(三)实行党委领导下的以校长为首的校务委员会负责制,充分发挥校长、校务委员会和各级行政组织的作用。(四)做好总务工作,保证教学和生活的物质条件。(五)改进党的领导方法和领导作风,加强思想政治工作。学校中党的领导权力集中在学校党委一级,系的总支委员会对行政工作起保证和监督作用。[②]

"高教六十条"包括总则、教学工作、生产劳动、研究生培养工作、科学研究工作、教师和学生、物质设备和生活管理、思想政治工作、领导制度和行政组织、党的组织和党的工作等十章,共60条。"高教六十条"全面和系统地总结了我国进行社会主义高等教育建设的经验,明确了我国举办高等教育的一些重要原则和制度,对于纠正前些年"教育革命"中高等学校出现的偏差和失误、稳定高等学校的教学秩序、改进教学工作、提高教学质量、调动知识分子积极性、发展高等教育事业等都起到了积极的作用,对于在高等学校正确地贯彻党的教育方针起到了保证作用。

上海交大及时组织了对"高教六十条"的学习和讨论。接到中央文件后,1961年11月3

① 《高等教育史》,第201页。

② 《中共中央关于讨论和实行教育部直属高等学校暂行工作条例(草案)的指示》(1961年9月15日)。《中华人民共和国重要教育文献(1949—1975)》,第1060页。

日学校举行校务委员会扩大会，全校教研组主任以上人员共120人出席。余仁宣读中央文件，并进行了讨论。

接着，“高教六十条”在全校传达，各系、教研组都多次组织教师座谈讨论，以加深对于条例的学习和理解，并根据中央的要求听取大家意见。教师们在发言中一致肯定了新中国成立以来高等教育取得的巨大成绩，裘益钟说，十多年来已经“建立了700多所新的高等院校和新的专业，师资培养速度也很快”。

关于教学工作，大家一致拥护对于教学制度、教学秩序实行严格管理的规定，认为这是提高教学质量的基本保证。同时，大家又对“教育革命”所造成的混乱状况提出了批评。例如在基础课方面，程福秀、张钟俊等教授都认为，过去对基础课重视不够，不合理地要求“基础课能立竿见影”；还单纯从科研角度出发，无原则地要求“基础课的内容要多、要高”。单基乾认为“同学反映基础课容易忘掉”；归绍升则补充“基础课忘得太多，会给教学造成不少困难”。大家分析了造成基础课不扎实的原因。有教师说，由于教得太多，教学时不突出要点，学生来不及复习，因而不巩固。有教师批评“单课独进”的方式，课与课之间缺乏联系，基础就不会牢。大家一致呼吁要保持教学秩序的稳定。徐开源等人提到，近三年来教学秩序是不够稳定的。这表现在学制、教学计划常被打乱上，一会提到多快好省，五年课程三年完成；一会要提高教学质量，又主张要改为六年；还有人提出学时愈少愈好，这门课不要，那门课不要，把教学搞乱了。

关于考试与考查问题，有教师认为，考试的成绩是有偶然性的，但毕竟是一种检验掌握知识程度的必要形式，不考试就会影响学习质量。还有教师指出，学习上一度过分强调集体，忽视个人钻研问题，如有的课只让学生集体作课程设计，还有的课不考试，通过小组讨论或编讲义来代替成绩；有的课公开提倡考试成绩“满堂红”的口号，学习好的同学要负责“包干”学习差的同学，形成平均主义，缺少一种鼓励优秀的气氛。

在讨论关于科学研究工作部分时，大家一致肯定高校搞科研是有成绩的。张钟俊说，这几年搞科研形成了学术研究的风气，也添置了许多设备，建了一些高水平的实验室。同时，大家也批评了科研中突击蛮干、水平不高等现象。在讨论教学中的生产劳动问题时，大家认为劳动安排有缺点，如将师生安排在一起劳动是不好的，因为老年教师身体差，体力不及年轻学生；还有人认为，过去劳动太多了，影响教学计划，许多课程不能完成。另外，大家还就红与专的关系、老年教师和青年教师的关系、保证六分之五的时间用于教学工作、教师的工作量与职称晋升等问题发表了意见。[①]

1962年以后,学校根据"高教六十条"精神提出"教学为主、质量第一、全面安排"[②]的原则,总结办学经验和特色,稳定教学秩序,不断提高教育、教学质量,并于1964年制定校内的教学规范《关于教学工作中若干具体问题的规定(讨论稿)》(即"教学十七条")。

总之,"高教六十条"的颁布在交大教师中引起强烈反响,其中的许多内容正是交大长期以来所坚持的做法与经验,为此深受教师、干部的欢迎。在学习贯彻过程中,广大教师厘清了曾经困扰教学工作的疑虑和问题,更加自觉地继承和发扬"老交大传统",把"高教六十条"作为教学工作的纲领性文件。实践证明,"高教六十条"为办好社会主义大学制定了一系列重要的方针、政策和基本原则,为高等学校提出了全面规范的具体规则,为探索社会主义高等教育的办学体制和方法奠定了基础,不但在当时发挥了重要作用,至今仍有参考和借鉴作用。

四、刘述周兼任校长和余仁任党委代理书记

上海交大划归国防科委领导以后,逐步适应了学校体制的调整,日常办学工作有条不紊地展开。其间,对各级领导干部和部分师生进行国防教育,确立为国防服务的思想;按照国防工业和国防科学技术的需要,学校有计划地进行学生规模、专业设置等调整工作;充实了干部和教师队伍,健全了管理机构。到1962年底,学校任命管理干部60余人,有力地加强了党政管理部门的工作;任命系的正副主任和教研组的正副主任共71人,改变了业务干部配备不健全的情况。教师在数量上比1960年增长了23.7%,经过三次职称评定工作提升为讲师和副教授的有248人;教师新生力量在成长,担任讲课任务的助教已占助教总数的40%以上。学校的物质条件也有很大的提高,生活条件有一定的改善。党对学校工作的领导进一步加强,实行党委的集中统一领导、系总支对行政工作的保证监督,改进了党的领导方法和领导作风,改进了思想政治工作。党委注重在知识分子和学生中发展党员,三年来发展党员278人,党员数比1960年增长了28%。[③]

1962年4月30日,党中央正式任命谢邦治为中国驻保加利亚特命全权大使,免去其上海交大党委书记、校长之职。谢邦治调离后,学校的党委书记、校长一度空缺,党政日常工作

① 以上内容均见校长办公室:《关于讨论〈中华人民共和国教育部直属高等学校暂行工作条例(草案)〉的情况简报(一)》,1961年11月20日;校长办公室:《关于讨论〈中华人民共和国教育部直属高等学校暂行工作条例(草案)〉的情况简报(三)》(1961年12月23日)。上交档:短-41。

② 《上海交通大学志》,第721页。

③ 余仁:《为加速培养高质量的国防工业技术干部而奋斗——中共上海交通大学委员会在第二次代表大会上的工作报告》(1962年12月28日)。上交档:永-369。

1962 年 4 月，上海交大干部、教师代表欢送谢邦治（前排左 8）时合影留念

由党委副书记余仁主持。

1962 年 12 月 28 日至 30 日，中国共产党上海交通大学第二次党员代表大会召开。大会回顾了学校第一次党代会以来的工作，总结经验，统一思想，认清形势，明确今后任务，并选举新的党委会和出席市第三届党代表大会的代表。① 市委教育卫生工作部部长杨西光莅会并讲话。党委副书记余仁代表党委作工作报告。他在报告中指出：

> 自我校党的第一次代表大会到现在，已经有将近三年的时间了。在这三年中，我们在中央和市委的正确领导下，贯彻执行了“调整、巩固、充实、提高”的方针和《高校工作条例》的精神，调整了学校的规模和专业设置，加强了工作中的薄弱环节，巩固了过去的成就，提高了教学质量，学校各方面的工作发生了深刻的变化。
>
> 为了加强我国的国防工业建设，根据中央指示，从 1961 年起，我校从一般高等工业学校改为国防工业高等学校。在交通大学的发展史上，揭开了新的重要的一页。
>
> 这次党代表大会的主要任务，是认真总结三年来的丰富经验，统一

① 《上海交通大学志》，第 714 页。

> 思想,明确任务,团结一致,鼓足干劲,进一步贯彻高校工作条例,为更好地完成中央所规定的“加速培养政治质量好、技术专业好、身体健康的高质量的国防工程技术干部”这一根本任务而奋斗。[①]

大会通过决议,明确学校今后的基本任务是在中央和市委的领导下,“进一步贯彻党的教育方针,全面深入地执行高校工作条例,继续大力提高教学质量,力争在1963年使过渡到国防工业院校的工作前进一大步,为加速培养政治质量好、技术专业好、身体健康的、高质量的国防工程技术干部作出最大的贡献”。[②]

1963年4月24日,中共上海市委教育卫生工作部批复,经上海市委同意,上海交大新一届党委委员共20人:余仁、张华、邓旭初、苏宁、朱物华、吴树琴、郭太和、许海涛、朱士亮、李士敏、孟树模、岳清林、钱君洪、耿亮、陈浩、

1962年12月,上海交大举行第二次党员代表大会

① 余仁:《为加速培养高质量的国防工业技术干部而奋斗——中共上海交通大学委员会在第二次代表大会上的工作报告》(1962年12月28日)。上交档:永-369。

② 《上海交通大学志》,第714页。

王善庆、赵月章、柴之清、于邦卿、范祖德，其中党委常委 7 人：余仁、张华、邓旭初、苏宁、许海涛、郭太和、朱士亮，党委副书记余仁、张华、邓旭初、苏宁。[①] 同时产生了中共上海交大党委监委，由 9 人组成：张华、吴树琴、汪蓁子、周淑玉、陈广文、王宏禄、王树芝、李宏舜、程锦耀，监委书记张华（兼）；监委副书记吴树琴。[②] 校党委系统各部门的负责人分别是：党委办公室主任傅赤先，组织部部长吴树琴，宣传部部长郭太和，团委书记陈廷莱，工会办公室主任陈广文。[③]

1963 年 9 月，国防科委提名刘述周任上海交通大学校长。当时，刘述周担任中共上海市委书记处候补书记、上海市副市长。同月，国务院总理周恩来签署任命，正式任命刘述周为上海交通大学校长。

上海交通大学
校长刘述周

刘述周（1911—1985），原名刘其镐，江苏靖江人。年轻时曾就读上海大夏大学、持志大学等校，并参加进步学生运动；1931 年加入中国共产党。“九一八”事变以后，曾任中共靖江支部宣传委员、靖江县委宣传委员兼组织委员，并先后在八路军总部、重庆《新华日报》、苏北《江淮日报》任职，后担任淮海区党委敌工部长，苏浙区党委秘书长兼民运部长。抗战胜利后，曾任第三野战军特种兵纵队政治部主任，第三野战军政治部秘书长。建国后先后任南京市委、市政府秘书长兼统战部长，华东局工业部副部长，上海市委统战部长、副市长，上海市委书记处候补书记、书记等；1963 年 9 月起，兼任上海交通大学校长；1965 年 5 月，调任中共中央统战部副部长；1978 年，任中国科协党组副书记、副主席。1985 年 3 月病逝，享年 74 岁。[④]

刘述周在担任上海市领导工作期间分管全市科技工作，对于上海交大非常熟悉，也多次来校为师生作形势政策报告，并曾以副市长的身份来校检查工作。这次，他兼任上海交大校长，受到交大师生的欢迎。1963 年 8 月 2 日，刘述周来校为师生们就中苏关系问题作国际形势报告。12 日，他又来校参加应

① 《上海交通大学纪事（1896—2005）》（上卷），第 534 页。
② 《上海交通大学志》，第 755 页。
③ 《党委系统负责人名单》（1963 年）。上交档：永-413。
④ 《百年树人》，第 176—180 页。

届毕业生的毕业典礼。他向毕业生发表讲话,指出当代大学生经过多年勤学苦练,掌握了科学文化知识,是一代有抱负的热血青年。青年人如何对待自己的抱负?可有两种选择:一是希望自己能有一个发挥才能的客观条件,但一遇风浪就怨天尤人;二是创造客观条件来发挥自己的才能,不怕困难,立志成才,这样就能受到人民群众的称赞和尊重。青年学生要选择第二种抱负,服从分配,愉快地走向新的工作岗位。对事业、对工作要从大事着眼,小事着手。在校读书时考的是书本知识,工作中考的则是理论和实践两个部分。学生出了校门,参加了工作,要重视实践,要以学到的书本知识去指导实践,又要以实践检验和提高来丰富自己的知识。这不仅能把理论知识用活了,又能促进科学技术的发展。刘述周叮嘱毕业生,"走出校门以后,先要做好学生,然后再做先生;只有懂得实践的重要性,才能虚心地向实践学习"。①

刘述周身为上海市领导,虽然工作比较繁忙,但十分重视交大的建设与发展,学校的一些重大决策都向他汇报请示,以作定夺。1964 年 2 月,刘述周来校,为全校师生作关于农村社会主义教育运动的学习动员报告;1964 年 7 月,刘述周以上海交通大学校长的身份,率我国高校校长代表团赴古巴访问并出席古巴国庆活动,受到卡斯特罗总统的接见。

在正式任命刘述周前后,国防科委还任命了上海交大几位副校长:1961 年 10 月 5 日,任命朱物华为副校长;1962 年 7 月 25 日,任命邓旭初、周志宏为副校长;1965 年 3 月 27 日,任命夏平为副校长。1963 年 2 月,上海交大组成了新一届校务委员会,主任委员空缺;副主任委员为余仁、陈石英、程孝刚、朱物华、邓旭初、周志宏;委员由 30 人组成,为余仁、陈石英、程孝刚、朱物华、邓旭初、周志宏、张华、杨櫆、钱君洪(女)、许海涛、李士敏、薛绍清、郭太和、朱士亮、岳清林、耿亮、张寿、王公衡、朱麟五、李铭慰、张钟俊、归绍升、程福秀、林栋梁、李泰云、周志诚、许应期、金悫、周铭、葛衢康。②

1964 年 4 月 24 日至 29 日,中国共产党上海交通大学第三次党员代表大会召开。大会的主要任务是根据市第三次党代大会和国防科委第三次院校工作会议的精神,在总结检查"五反运动"③的基础上,讨论和确定学校"进一步革命化,全面贯彻党的教育方针,努力办好

---

① 《百年树人》,第 179 页。

② 《上海交通大学志》,第 115 页。

③ "五反运动":中共中央于 1963 年 3 月发出指示,在城市中开展"五反运动",即反对贪污盗窃、反对投机倒把、反对铺张浪费、反对分散主义、反对官僚主义。

社会主义大学”的任务，同时选举新的党委会。[①]

会上，党委副书记张华、邓旭初先后代表党委作报告。张华总结了学校开展“五反运动”的情况。运动从1963年5月中旬开始，历时一年，主要是发动群众进行“五反运动”意义的教育，“进行回忆对比，忆苦思甜，为运动打下思想基础”；“发扬民主，揭发铺张浪费，群众放包袱，自上而下地进行群众性的自觉检查”；针对部分职工属于“两反（铺张浪费、投机倒把）”性质的问题，先解决“两反”的问题，然后“集中整改”。[②] 邓旭初的报告主要是就学习毛泽东有关教育工作重要指示作动员，对照毛泽东教育工作重要指示，对学校尚存在的缺点与问题进行了分析。报告还传达了解放军副总参谋长张爱萍在国防科委第三次院校工作会议上的讲话，张爱萍认为政治第一并不否定教学为中心，政治挂帅要挂在业务上，院校搞好教学，培养又红又专的国防科学技术干部，这也就是政治任务。做政治工作的目的就是为了领导与保证教学及其他各项任务的完成，否则院校政治工作就失去了目的性。[③]

大会选举了新一届党委会。1964年7月10日，中共上海市委教育卫生工作部批复，经上海市委同意，上海交通大学党委由余仁、张华、邓旭初、苏宁、于邦卿、王善庆、朱物华、朱士亮、吴树琴、李士敏、孟树模、岳清林、陈浩、赵月章、范祖德、柴之清、耿亮、郭太和、许海涛、傅赤先、钱君洪等21位同志组成。党委常委会由余仁、张华、邓旭初、苏宁、朱士亮、朱物华、郭太和、许海涛、傅赤先等9位同志组成，由余仁任党委代理书记，张华、邓旭初、苏宁同志任副书记。1965年6月，市委组织部批复，同意增补夏平、陈田夫为校党委委员、常委。[④] 本次大会还选举了党委监委会，由张华、吴树琴、王宏禄、王树芝、汪蓁子、陈广文、周淑玉、赵灵芝、程锦耀、董七子、贾一奎等11位同志组成；张华兼任监委书记，吴树琴任监委副书记。[⑤]

余仁（1920—2006），山东黄县人。1939年参加革命工作，1939年11月入党。1940年起，历任抗大胶东分校支部书记、政治指导员，胶东建设学校教育科长、副校长、党委副书记。1950年10月起，任华东人民革命大学部副主任、部主任、教务处副处长；1952年10月起，任

① 《上海交通大学志》，第714页。

② 张华：《深入开展社会主义教育，为实现学校工作革命化而斗争——党委会在第三次党代表大会上的报告》（1964年4月24日）。上交档：永-435。

③ 邓旭初：《高举毛泽东思想红旗，培养学生在德智体诸方面生动活泼地、主动地得到发展——党委会在第三次党代表大会上的工作报告》（1964年4月25日）。上交档：永-435。

④ 《上海交通大学纪事（1896—2005）》（上卷），第547页。

⑤ 《上海交通大学志》，第755页。

上海交通大学党委代理书记余仁

华东化工学院副院长、党委副书记;1960 年 4 月起,任上海交通大学党委副书记、副校长、党委代理书记。1981 年起,任华东化工学院党委书记。1985 年 5 月,离职休养。[①] 2006 年 5 月 12 日病逝,享年 86 岁。

20 世纪 60 年代,在党委的领导下,党委各部门的工作逐步健全并走上正轨,到 1965 年,全校党员数为 1 234 人,占全校总人数的 12.04%;学生党员占学生总数的 6.13%。各级党组织和广大党员在日常工作和学习中发挥着积极的作用。

1965 年 12 月底,上海交大所设党政机构及主要负责人是:党委政治部,主任由张华兼任,副主任为苏宁、陈田夫、傅赤先。政治部下设办公室主任由傅赤先兼任,组织部部长为吴树琴,宣传部部长为于邦卿,统战部部长由傅赤先兼任;1965 年 9 月撤销人事处,设置干部部,部长为岳清林;武装部副部长陈宗武、朱文生,保卫部副部长耿亮、王仁。上海交大的行政部门与负责人是:教务长杨槱,校长办公室主任钱君洪,教务处负责人范祖德,总务处处长朱士亮,夜校部主任朱子坚,图书馆馆长薛绍清,附中校长石汉鼎,技术物资处副处长孟树模、钱君浩。上海交大各系、部及主要负责人是,船舶制造系(一系)系主任杨槱,总支书记张寿;船舶动力机械系(二系)系主任朱麟五,总支书记王善庆;无线电工程系(四系)系主任张钟俊,总支书记赵月章;电机工程系(六系)系主任程福秀,总支书记刘克;冶金系(七系)系主任周志宏,总支书记陈廷莱;机械制造系(八系)系主任李泰云,总支书记周淑玉;机车系(九系)系主任许应期,总支书记李海斋;基础部主任金悫,总支书记陈浩。[②]

五、加强思想政治工作

"高教六十条"中强调高校必须加强思想政治工作,"在思想政治工作中,必须正确处理红与专的关系。思想政治工作不但要管红,而且要管专。高等学校

---

① 《上海交通大学纪事(1896—2005)》(上卷),第 545 页。

② 摘自《中国共产党上海交通大学组织史资料(1996 年 10 月)》有关内容。

师生的红，不但应该表现在政治思想方面，而且应该表现在他们教学和学习的实际行动中”。[①]

进入20世纪60年代，上海交大党委在政治思想工作中注意处理好红与专的关系。在“左”的错误影响下，学生中曾一度出现过因埋头读书而被扣上“白专道路”帽子的现象。交大党委为了纠正这些错误，于1961年7月6日发出《学生政治思想工作中若干政策界限问题》的文件，要求对于以往政治运动中存在的问题予以复查和清理。文件的颁布使学生们放下了“左”的错误造成的思想包袱，轻装前进，调动了学习自觉性和积极性。文件中所提出的政策界限主要有：①关于政治立场问题，“思想问题与立场问题要加以区别，思想意识上落后的人不一定都是反动”；②关于业务学习问题，“不能把个人在学术上的雄心壮志说成是追求个人名利，用功读书不等于‘白专’”，“不要随便给学生戴‘白专’、‘白旗’、‘废品’等帽子”；③关于对待组织态度问题，“不能把对个别党员、个别干部有意见当作对组织的不满”；④关于劳动问题，“不能把学生的合理要求轮换工种和不安心平凡劳动混同”；⑤关于个人与集体关系问题，“在服从国家、组织需要的前提下，满足学生个人正当爱好的发展，不能看成集体观念不强”，“在服从国家需要、组织分配的前提下，提出个人的一些工作分配上的要求，不能作为‘个人主义’”。[②]

20世纪60年代初，国家遭遇严重的经济困难，全国人民在中国共产党的领导下，奋发图强，自力更生，团结一致，战胜了巨大困难。在此期间，社会各界涌现出许多英雄模范集体和先进人物，成为全国人民学习的榜样与楷模。党中央发出了“工业学大庆，农业学大寨，全国学人民解放军”的号召。1963年，全国人民掀起了向雷锋同志学习的热潮。此后，社会上又陆续开展学习王进喜、焦裕禄、王杰、欧阳海、南京路上好八连、草原英雄小姐妹等先进人物和模范集体的活动，极大地激发了广大群众建设社会主义的积极性，推动了全社会良好道德风尚的形成。

学校也掀起了学习先进模范集体和个人的热潮。1963年3月，校共青团第三次代表大会召开，决定在全校共青团员和青年学生中广泛开展学习雷锋的教育活动。会议期间，邀请了雷锋生前战友刘景风来校做报告。随后，各系、各班级都展开形式不同的学雷锋活动。12月，学校召开全校大会，传达毛泽东“全国学习解放军”的指示，号召全校师生学习解放军的“三八作风”。[③] 1964年1月，解放军总参谋部推广南京军区某部副连长郭兴福的练兵方法，

---

① 郝维谦、龙正中：《高等教育史》，海南出版社2000年版，第205页。

② 校史编纂委员会：《上海交通大学纪事(1896—2005)》(上卷)，上海交通大学出版社2006年版，第526页。

③ “三八作风”原为当年毛泽东为延安抗日军政大学的题词，即“三句话”：坚定正确的政治方向，艰苦朴素的工作作风，灵活机动的战略战术；“八个字”：团结，紧张，严肃，活泼。

称之为“郭兴福教学法”。在南京军区、上海警备区支持下,学校组织师生观看“郭兴福教学法”的现场演示。师生们还通过看电影、听录音报告,深入学习郭兴福教学的具体方法。

1964 年,解放军某部来交大进行“郭兴福教学法”的现场教学示范

在落实政治思想工作各项措施的同时,学校强调政治思想工作要与日常的教育、教学工作结合、与业务学术工作结合,尽量避免将政治工作与业务工作对立,防止忽视业务工作的倾向。在 1964 年初的教学工作会议上,一些系和教研室的代表交流工作经验,他们的主要体会是:“一、以毛泽东思想指导教学;二、革命精神与科学态度相结合,扎扎实实地改进教学工作;三、认真贯彻理论联系实际的原则,在教学为主的前提下,密切联系生产实际,积极开展科学研究;四、从培养目标出发,以全局观点对待各门课程与各个教学环节,积极贯彻‘少而精’、‘学到手’原则,抓住精华,突出重点;五、在教学中管教、管学、管思想;六、勇于揭露与敢于正视教与学的矛盾,重视教学工作中的调查研究工作。”[①]

为了加强学生的思想政治工作,学校从机关和各系抽调了一批政治、业务素质高的干部、教师分别担任各教学班的指导教师,全面参与和指导学生的学习生活,使学生在校期间德、智、体全面发展,成为“又红又专”高质量人才。选派担任指导教师的,除了要完成自身的教学任务以外,还要具体指导一两个班级,从政治、业务、学习、生活等各方面关心学生的成长。例如,船舶动力系教师糜洪元于 1962 年担任该系二年级的班级指导教师。他发现该班个别学生存在组织纪律差、学习不认真的现象。他先从抓学风入手,帮助学生端正学习态

① 《上海交通大学纪事(1896—2005)》(上卷),第 542 页。

度，明确学习目的，扭转自由散漫的风气。随后，糜洪元又帮助学生解决学习方法问题。他深入班级和学生一起听课、上晚自修，听取任课教师的意见。当他发现一些学生由于抓不住学习重点、概念不清、作业草率而影响学习成绩时，马上采取措施，一方面请班上学习好的同学现身说法介绍学习经验，另一方面，请老师给学生作关于学习方法的讲座。糜洪元在总结自己的指导教师工作时表示：刚接受学习指导教师工作的时候，“仅认为是帮助学生联系联系的‘跑腿’工作，自己又不兼二年级课，怕影响自己的教学工作和业务提高，能否做好也是信心不足”。“通过担任学习指导教师，使我自己也受到了一次教育。在教学工作中必须进行调查研究，深入了解同学情况。担任教学工作也要做思想工作，一名教师一定要管教管学，一切从学生全面发展出发，才能收到良好的效果，才是一名好教师。”[①]这个时期，由于加强了政治思想工作，交大校园中洋溢着勤奋向上、刻苦求学的气氛。

根据上级要求，建立政治工作机构也是学校加强政治思想工作的一项重要措施。1964 年 3 月，高教部召开直属高校领导干部扩大会议，专题研究政治思想工作。会后，党中央批转高教部拟在高校加强政治思想工作的报告，要求各高校设立政治部。根据上级的要求，1964 年 5 月 18 日，学校呈报国防科委成立政治部；10 月 20 日，国防科委批复同意。上海交通大学政治部由党委副书记张华兼任主任。政治部主要任务是负责全校宣传、组织、统战、保卫、人民武装等方面的工作。此后，党中央又批转了中央宣传部等单位《关于改进高等学校、中等学校政治理论课教学的意见》，明确规定了政治理论课教学的任务。据此规定，高校的政治理论课应开设“中共党史”“哲学”“政治经济学”和“形势与任务”等课程。

1964 年 5 月，校党委组织师生代表分三路前往有关单位学习政治工作经验。其中，受上海市委教育卫生工作部的委托，上海交大为团长，率领由全市 10 余所高校一百余人组成的学习参观团赴东北，前往哈尔滨军事工程学院和大庆油田学习政治工作经验，行程达一个多月。回校后，代表团向全校师生报告了学习体会。

在校内日常的政治工作中，学校注意对广大师生员工进行党的方针政策的教育，解决师生们思想上的实际问题。通过五四、一二九等重大节日的纪念活动开展革命传统教育，邀请吴运铎等英雄模范人物来校报告，介绍革命斗争的亲身经历；要求各系充分利用身边的先进事例，以先进教师、优秀学生的事迹为榜样，激发师生们工作、学习的积极性，通过看革命电

---

① 糜洪元：《党的培养和期望——担任班级指导教师的体会》，《上海交通大学 1963—1964 学年教学工作会议文件汇编》。上交档：长- 1232。

影、读革命小说、唱革命歌曲等喜闻乐见的形式使师生们受到教育。政治理论课教师认真总结以往的教学经验和不足,通过集中备课、统一思想等方法,研究改进政治理论教学的内容与方法,提高教学效果。①

六、师生参加"社教"运动

1962 年 9 月,中共中央召开八届十中全会,要求全党"千万不要忘记阶级斗争"。不久,党中央决定在全国城乡发动一次普遍的社会主义教育运动(简称"社教")。1963 年上半年,中央决定在城市搞"五反",在农村搞"四清",②后统称为"社教"运动。1965 年 1 月,由毛泽东亲自主持制定的《在农村社会主义教育运动中目前提出的一些问题》(即"二十三条")经中央工作会议讨论通过,印发全国执行。文件第一次正式提出要"整党内那些走资本主义道路的当权派"。毛泽东还多次指出,要组织大学生参加"社教"运动。1964 年 9 月 11 日,中共中央、国务院发出《关于组织高等学校文科师生参加社会主义教育运动的通知》;1965 年 2 月 2 日,又发出《关于组织高等学校理、工科师生参加社会主义教育运动的通知》。

学校按照中央和上海市委的指示,于 1964 年 1 月召开全校师生大会,学习"社教"的有关文件。4 月 3 日学校组织部分师生开赴农村参加劳动,并学习当地的"社教"工作,其中赴川沙县 617 人、南汇县 566 人。11 月 18 日,根据市委的安排,学校又组织教师及五年级的学生2 019人(其中本科学生 1 439 人、研究生 99 人、教师 309 人、党政干部 172 人)正式参加农村"社教"运动。他们赴奉贤县 15 个人民公社、镇,宣讲文件,参加"四清"。③ 1965 年 1 月,"二十三条"公布后,党委又连续召开扩大会议进行学习。5 月 3 日起,学校又组织教师及三、四、五年级的学生 2 983 人(学生 2 431 人、教师 335 人、干部 217 人)分别编入市仪表局、机电一局、机电二局社教工作团的 61 个工作队,深入 279 个工厂参加城市"社教"运动。④

校内的"四清"运动自 1964 年 8 月开始,分为两个阶段。第一阶段为"学习阶段"。8 月 10 日,余仁在党委扩大会议上传达市委教育卫生部关于开展社会主义教育运动的部署,主要是学习"二十三条",还讨论了本校"五反"补课问题,决定以船舶制造系为试点先进行。第二阶段为"清查阶段"。12 月 16 日,党委召开专门会议,研究和部署本校"四清"

---

① 政治部:《组织师生学习毛主席著作的基本情况》,载国防科学技术委员会《教学简报》(第 38 期),1965 年 12 月 10 日。上交档:长-1463。

② 四清:即清政治、清经济、清组织、清思想。

③ 党委:《函报我校师生参加社会主义教育运动的规划与安排》(1965 年 2 月 13 日)。上交档:长-1429。

④ 政治部:《关于师生参加工厂"四清"运动的情况报告》(1965 年 8 月 8 日)。上交档:长-1429。

工作。12 月 29 日，政治部副主任夏平主持“四清”领导小组会议，正式宣布学校开始“四清”运动。1965 年 1 月，党委召开扩大会议，研究本校的“社教”问题，具体的“清查工作”主要集中在实验室的经济“四清”（清账目、清物资、清仓库、清资金）。该项工作至 1965 年 9 月底结束。

第三节　教学设施建设与后勤保障

一、校区局部调整

交通大学徐汇本部的占地面积，在 1949 年人民政府接管时为 361.3 亩（240 876.87 平方米，约 24.1 公顷），另有校外用地 144.014 亩（96 009.81 平方米）。其后，本部的占地面积无大变化，但校外用地则多有变迁。1958 年，上海第一师范学院位于民晏路的校址划入交大，成为交大民晏路分部，由交大基础部使用和管理。1959 年 9 月，上海工学院成立；市政府调整交大民晏路分部校园与位于法华镇路的上海市委党校校园，民晏路校园划拨给上海工学院（后称上海工业大学），法华镇路校园划拨给上海交大。划出的民晏路校园土地面积约 221 亩（约 14.7 万平方米），内有校舍 37 幢，建筑面积 44 795 平方米；划入的法华镇路校园土地面积 49.67 亩（33 113.5 平方米），内有校舍 14 幢，建筑面积 15 405 平方米。至 1961 年 8 月，法华镇路校园正式划入，成为交大的法华镇路分部，主要安排为基础部教学、生活用房。

上海工学院（简称上工）1959 年招生 800 余人，1960 年又新增学生 900 余人，校舍骤然紧张；而上海交大因法华镇路校舍尚未接收，基础部和预科学生 2 000 余人仍在民晏路校园教学和生活，无法迁出。一时，民晏路校园内各种矛盾集中。1961 年 5 月，市高教局局长姚力出面协调，召集有关各方领导参加会议，研究解决办法。高教局对上海交大提出，基础部学生1 600人应于暑假前全部迁往徐汇本部，预科暂留民晏路校园，待条件允许后及时迁出；要求“老校更多地支持新校”，“房屋及附属设备、家具等，原则上转交上海工学院使用，如交大确有需要而上工有余的，可以调剂给交大使用”。会上成立了由高教局基建财务处、生产处、交大、上工负责人组成的四人小组，全面负责校园的搬迁、移交事项。[①] 为

① 姚力：《关于解决上海工学院今年所需的校舍和设备家具等问题及其解决办法的报告》（1961 年 5 月 19 日）。上交档：长-912。

了加快搬迁的进度,部分交大学生曾临时迁入万航渡路华东政法学院闲置校舍作为过渡。到1961年8月17日,交大基础部自民晏路全部迁出,陆续迁至法华镇路校区等处,完成了搬迁任务。

交大为扩建校舍,多次向上级提出增扩建设用地的请求。1964年,经上海市同意,虹桥路(现广元西路)60—84号上海钢铁研究所炼钢实验工厂厂址划拨交大,该厂迁往吴淞新址。该地块共54.55亩(36 366.8平方米),一度用作交大附属工厂,20世纪80年代后建设成为教工家属宿舍。

二、基本建设

1959年,在"大跃进"时期,上海交大为保证新专业的建设,曾制定了一个建设规划上报教育部,拟投资2 000万元,新建教学用房14余万平方米。后因中央提出调整方针,学校未能实施全部项目。

1959年11月29日,教学一楼破土动工。这是一幢混合结构的建筑物,投资100余万元,位于大礼堂南侧。在完成征地动迁后,开始开工。开工仪式上,谢邦治、陈石英、程孝刚、胡辛人等校领导挥锹破土,船舶动力、电机、工程物理、无线电等系的师生们也参加了该楼的建设劳动。[①] 教学一楼是一幢工字形建筑,中部五层,南北两排为四层,建筑面积达11 700余平方米,是当时学校最高最大的一幢教学楼。大楼内有大教室3个、中型教室7个、小教室11个、大小教研室和会议室共42间、实验室87间,其他用房12间。大楼内还装置了完善的照明、电热、动力设备,以及科研、实验需要的通风、电讯、煤气条件。教学一楼一年后落成,成立不久的无线电系、工程物理系和工程力学系迁入。1959年11月同时施工的还有工程馆加层项目,在工人们的努力和学生们的积极参与下,不过一月,大部分加层工程完成,柱子全部竖起,墙体砌成并进行内部装修。全校师生员工每天有200余人轮流参加工地劳动。该项目在1960年7月底完工。[②]

1959年底,上海市高教局征询交大意见,当年尚余部分基建经费可调剂给上海交大,但必须在该财政年度(即1960年6月底)内用完。学校决定使用这笔资金建造教学二楼,当即下决心划出大操场北侧的部分土地,建设一幢面积达7 410平方米的教学大楼。由于经费得来不易,工期很短,工程建设采用了"三边"(边设计、边采购、边施工)的办法。建筑工地上昼

---

① 《教学一楼已经开工》,《交大》第230期第三版,1959年12月2日。

② 有关报道见《交大》第240期(1960年1月16日)有关版面。

夜兼程，加班加点，学校还安排各系学生分批参加义务劳动。最后，经过设计单位和施工单位的共同努力，这幢五层大楼仅用半年多的时间于 1960 年 6 月前基本建成，该笔基建经费的使用计划也及时完成。8 月，教学二楼交付电机系使用。

以“大跃进”速度建造的两座教学大楼存在较严重的质量问题。1961 年底，上级组织的工程调查在对教学一楼的工程质量检查中发现，“室内钢筋混凝土楼板裂缝较为普遍”“内外墙面已有 300 多条大小裂缝”“滴水严重”等，其主要原因是“基础发生严重的不平均下沉”、水泥“规格质量很差”“施工粗糙”等。在对教学二楼的检查中发现，“室内水泥地坪大面积开裂起壳”“屋面普遍开裂起壳并有漏水现象”“走廊墙身有裂缝大小 70 多条”等，其原因也是水泥“质量”“操作马虎”“施工粗糙”“没有达到设计要求”等。[①] 经过加固和维修，基本解除了重大安全隐患，两幢教学大楼得以继续投入使用。但时隔不久，教学二楼的楼体继续变形，设计单位提出彻底拯救措施，用箍水桶的方法给大楼由上到下箍上数道钢筋才符合安全使用的条件，被师生们戏称为“穿了钢丝马夹”的大楼。[②] 2011 年 3 月，因建造新楼需要，教学二楼被拆除。

1960 年建成的教学一楼

1960 年建成的教学二楼

1961—1965 年间，基建投资主要由国防科委拨付。由于处在国民经济调整时期，国家对于高校的投资有所减少。基建投资除 1960 年为 310 万元，之后则大幅度削减，1961 年为 62 万元，1962 年为 49 万元，1963 年为 73.55 万元，1964 年为 127 万元，1965 年为 34.5 万元，五年共计 346.05 万元。1961 年后建成的房屋面积共 13 640 平方米，主要有学生第十二宿舍 3 685 平方米、食堂 1 521 平方米、教学三楼 3 781 平方米、校外教工宿舍 4 000 平方米等

---

① 交大：《1958 年以来新建工程质量调查表》(1961 年 12 月 7 日)。上交档：长－1036。

② 漆姚敏：《穿钢丝马甲的教学楼》。盛懿：《老房子　新建筑》，上海交通大学出版社 2006 年版，第 102—103 页。

用房。[①]

截至1965年底,全校校园内的建筑面积(不包括家属宿舍)达157 059平方米,其中教学用房62 716平方米、实验室用房11 942平方米、附属工厂用房9 515平方米、图书馆用房4 154平方米、办公用房12 100平方米、生活用房50 993平方米、其他用房5 639平方米。

同期,学校拥有图书、期刊、资料共131 947种,643 271册,其中图书101 648种,514 234册;期刊4 478种,76 518册;资料25 821种,52 519册。按书籍性质分,其中经典著作1 120种,28 959册;社会科学15 896种,65 711册;自然科学23 987种,116 199册;科学技术81 578种,375 508册;文艺书籍9 366种,56 894册。

同期,学校拥有仪器设备共24 443件,价值27 292 725元,其中设备7 350件,价值12 005 042元;仪器17 093件,价值15 287 683元。

三、财务管理

这一时期,学校的财务管理部门为财务科,隶属总务处。在财务管理工作上,采取"统一领导、分工管理"的原则,专业设备、科学研究、教学实验的经费划拨由仪器设备科统筹掌握,图书经费划拨由图书馆掌握,办公费、修缮费、一般设备费划拨由总务科统筹掌握,资料费划拨由各系掌握。在年度预算的编制方面,先由财务部门根据学校事业发展计划,与各有关部门调查协商,提出预算方案,由校领导审查决定后上报上级主管单位核准。经上级单位核定下达经费后,再由财务部门提出经费使用分配方案,校务委员会审定后分别划拨各有关部门管理与使用。[②]

学校办学经费来源一直为国家事业经费全额拨款,1960年以前为教育部核准后下拨教育行政事业经费,1961年以后改为国防科委核准后下达经费。随着科研活动日渐活跃,学校还有一部分来自各种渠道的科研经费拨入。1960年,受"大跃进"影响,学校的教学科研任务很多,当年财政下拨事业经费也一度升为1 300余万元,收支额均为新中国成立以来的最高值。接着,在国民经济调整时期,办学经费逐年下降。据有关统计,与1960年的下拨经费相比较,1961年减少了35.6%,1962年减少了66.4%,1963年减少了66.9%。1964年虽有小幅增加,但下拨经费总的趋势还是下降的。

---

① 《上海交通大学志》,第561页。

② 财务科:《1959年财务工作总结》(1960年1月7日)。上交档:永-258。

表 1-1　1960—1965 年全校财务收支和固定资产情况表(单位:元)[①]

年份	1960 年	1961 年	1962 年	1963 年	1964 年	1965 年
国家下拨事业费	13 660 000. 00	8 800 000. 00	4 587 000. 00	4 518 000. 00	4 969 000. 00	4 600 000. 00
教育事业费支出	12 906 917. 04	9 243 160. 66	4 347 733. 32	4 946 665. 18	5 214 937. 06	4 520 069. 15
固定资产总额	41 041 143. 33	45 243 290. 22	43 627 549. 97	45 742 656. 24	48 316 136. 52	50 453 290. 88

1961 年初,国家提出压缩社会集团购买力和紧缩财政开支的有关规定,学校认真贯彻。3 月,学校召开各有关部门负责人会议,部署相应措施:对于上一年度各部门结余款项临时冻结,由预算外资金进行的计划外基本建设立即停工,8 月份之前办公用品暂停购置,重要设备采购除国外已订货外均重新审查,尽量利用库存,实属必需才可少量购置,一般设备、体育设备基本停止采购,等等。5 月,校务委员会讨论通过了《关于事业经费开支审批权限的试行办法》,颁布实行。该《办法》要求各部门,"进一步贯彻勤俭办学方针,更好地开展增产节约运动,节省经费开支,堵塞漏洞,防止浪费,克服当家不理财的倾向,使财务工作更好地为贯彻党的教育方针、提高教育质量服务"。《办法》规定"教学维持、教学设备和科学研究经费"的审批权限,凡已经校长批准的年度经费使用计划中的项目均按计划使用经费,而临时使用经费的,一般支出在 1 000 元之内的由有关处批准,即教学项目由教务处、科研物资由科研处、生产物资由生产处批准;超过 1 000 元的先由主管处提出意见,再报校长批准后方可执行。《办法》中还规定了学校日常工作中的图书、讲义、实习、体育活动、文娱活动、人事方面等经费支付的审批原则。[②] 7 月,学校校务委员会扩大会议再次传达上级关于紧缩财政经费的指示。会上,陈石英传达上级指示,余仁发言介绍国家财政经济形势,强调"勤俭办学"的重要意义,号召大家在经费拨款减少的情况下,千方百计挖掘潜力,不但要少花钱,还要保证教育质量,使学校各项工作顺利进行。[③]

1963 年 3 月,学校又制定了《上海交通大学财务管理制度暂行规定(草案)》,对于统一经费出纳、现金管理、清理账款、用款计划、审批权限、报销制度等方面做出明确规定,用以加强

① 据财务处历年工作报表,见上交档有关各卷。

②《关于事业经费开支审批权限的暂行规定(草案)》(1961 年 5 月 31 日)。上交档:永-335。

③ 财务科:《1961 年财务决算说明》(1962 年 2 月 19 日)。上交档:永-348。

全校的财务管理。

从经费的使用上来看,多年来,学校教育事业费开支重点主要用于教学科研活动,其业务费占总经费的支出:1959 年占 60.5%,1960 年占 70.9%,1965 年为 80.2%。

在学校的财务开支中有一项"人民助学金"。新中国成立后,国家在高校中实行"人民助学金"制度,对于家庭生活有一定困难的学生每月给予一定数量的补助费。补助费主要分为"伙食补助费"和"学习生活补助费"两种,根据申请学生的家庭经济状况评定等级,分别发放。在 20 世纪 60 年代初期,如果两项补助费均享受一等助学金,每人每月可领取 16.5 元。据统计,在全校学生(只统计本专科生)中,1960 年享受助学金的学生占总数的 52.1%,每月人均 12.51 元;1961 年享受助学金的占 54.9%,人均 12.03 元;1962 年享受助学金的占 55.3%,人均 11.53 元;1963 年享受助学金的占 54.5%,人均 11.14 元;1964 年享受助学金的占 58%,人均 12.83 元;1965 年享受助学金的占 61.64%,人均 13.19 元。这一制度的实行对于那些家庭收入微薄的学生,尤其是来自边远贫困地区的学生提供了学习期间的基本生活保障。

四、总务管理

新中国成立后,交通大学设总务长(后撤销),总务管理机构为总务处,总务处陆续设置了膳务科、总务科、卫生科、财务科、基本建设科、代管幼儿园等。上海交大独立办学后,基本沿用这些机构,任命朱士亮为总务处处长。1960 年又增设副业生产科,建立养猪场。其后,总务处曾一度设立教学设备科、人事科,管辖附属设备工厂等,不久又划出另辖。[①]

学校的食堂由膳务科统一管理。20 世纪 60 年代初经济困难时期,部分系一度自办食堂。当时全校有第一至第六共 6 个学生食堂,以学生用餐为主,用餐人数达 6 400 余人,部分教职工亦在其中用餐。另设教工东风食堂、预科食堂、基础部食堂、冶金厂食堂、机械厂食堂、幼儿园食堂等。[②] 由于这一时期的食品供应紧张,总务处下设的副业生产科为搞好农副业生产,承办了崇明高教农场的部分土地和西郊畜牧场。[③] 1960 年 10 月,为了发挥各单位积极性,适当解决食品供应的困难,上海市政府决定在崇明岛北岸进行大规模围垦。市高教系统承担了围垦新安沙的任务,总计约 5 000 亩,围垦成功后在此建立了高教农场,实行"统

---

① 《上海交通大学志》,第 616 页。

② 《上海交通大学志》,第 631 页。

③ 《中共上海交通大学委员会 1962 年工作纲要》(1962 年 4 月 8 日)。上交档:永-357。

1963年3月全校总务行政部门表彰的先进单位和个人合影

一规划、包干经营、独立核算、自负盈亏”原则，将耕地分别交给有关高校经营耕种。[①] 上海交大划得土地约400亩(1963年6月该土地划给市农垦局)。此外，学校还在本部周边开发了零星土地约40亩，共计拥有可耕地约440亩(26.6万平方米)，开展农副业生产活动。学校安排师生和机关干部轮流参加农副业生产劳动，种植了大豆、玉米、山芋、南瓜等作物，全年总产量约50余万公斤，大部供给校内食堂使用。此外，还养猪300余头，学校提出“养一头活一头，活一头肥一头”要求，存栏数逐年有所增长。这些农副业生产在一定程度上改善了学校食堂的伙食。[②]

上海交大划归国防科委后，作为一所主要为海军服务的国防工业大学，多年来一直受到国防科委和海军在生活物资上的多方关心。经国防科委协调，1963年初，军委总后勤部军需部为交大调拨一批杂粮等物资，其中小米19.5万斤，黄豆3万斤，红、白糖500斤；1964年初，总后勤部又从军队生产粮中为交大调拨杂粮5.7万斤，作为对学校的粮食补助。海军东海舰队每年也都为学校调拨一批自产的海产品、粮食等农副产品。在交大师生生活最困难的时候，

① 《中共上海市高等教育系统党史大事记(1949年5月—1989年12月)》，1994年10月，第97页。

② 《关于上海交通大学1961年事业发展规划》。上交档：永-318。

这些主副食品的供应真如同雪中送炭,帮助师生们渡过难关。随着中央调整方针的顺利实施,国民经济迅速恢复和好转。1963 年以后,人民生活水平逐步提高,学校的伙食供应也得到明显改善。

在学校后勤管理中,还有电讯、车辆、用房等事务的管理。电讯管理、汽车运输由总务科负责。在房舍管理方面,1963 年学校制定《校舍房屋管理暂行办法(草案)》,成立房屋调整领导小组,由校长办公室、总务处、教务处、保卫处等部门的有关负责人组成,负责研究审查全校教学及公共用房的规划和调整方案等重大问题。有关校舍房屋管理方面的日常工作,也由总务科统一管理。①

---

①《上海交通大学志》,第 591 页。

第二章
教学科研贯彻“高教六十条”

第一节　继承“老交大教学传统”

一、组织教学工作调查研究

在长期的办学过程中，交通大学形成了严格的管理制度和优良的教学传统，并重视调查研究，不断总结经验，发现问题，改进工作。

1961 年春，在“高教六十条”颁发的前夕，学校组织了全校性教学工作调查研究，目的是总结 20 世纪 50 年代教学工作的经验教训，在如何提高教学质量、继承和发扬“老交大教学传统”、探索建立社会主义教育体制下新型的教学模式等方面达成共识。学校选择了较有代表性的“船舶制造”“起重运输机”2 个专业和“高等数学”“物理学”“电工学”3 门课程，由教务部门和有关专家组成教学质量调查组，通过听课、查阅教学文件、召开师生座谈会、听取各方面意见，最后撰写各自的教学调查报告。

船舶制造专业教学质量的调查以对比方法分析了 1953、1958 年两次教改中课程设置、教学方法的差异。通过调查可见，在专业知识结构上，1953 年的教改采用苏联模式，强调专业课程体系的系统化，注重专业理论知识的讲授，与建国前的课程设置相比发生很大变化，增添了许多原未开设的课程，如“船舶结构力学”“造船工艺学”“船舶设计”“船舶设备与系统”“船舶电气设备”等;课程内容也有变化,如将原来分设的“热力学”“船舶锅炉”“船用蒸汽机”“船舶内燃机”“汽轮机”“辅机”等6门课程合并成“船舶动力装置”一门。1958年的“教育革命”,对各类课程结构进行调整,要求课程内容“精简、加深、更新”,为了适应科技发展增加了一些较高深内容或增加了新课。如“船舶原理”中增加了纵摇理论、大摇幅理论、不规则波理论、失速现象、船体操纵性等;同时增加了“船舶结构设计”课,学生学后运用船舶结构力学理论解决船体结构设计实际问题的能力比过去大大提高。但这时过多强调了理论联系生产实际。

调研结果认为:1953年教改加强了专业理论知识部分,从理论阐述的角度来看更为系统和严密,可以较好地培养学生对该专业的宏观思维和理论修养。1958年教改则过分强调生产实际的作用,忽视了理论性。学生由于参加了过多的生产劳动和社会实践,必要的专业学习和专业训练被削弱。随着“实践活动的学时增加,基础理论和基本训练的学时减少,造成了各科的习题课、作业量都被压缩,导致学生的运算技巧不熟练、解题慢且容易出错,有的学生不熟悉制图单位等基本常识,运算、解题、制图的能力和技巧下降;而专业教学中就是参加生产实践的活动也存在大项目集团作战,致使学生分工忙闲不均造成个别学生实践能力不强等现象”。[①]

起重运输机专业关于毕业设计的调查主要围绕学生毕业设计的方法与效果展开。该专业是1952年院系调整中新组建的一个专业,其1956、1957届毕业实习采用苏联模式,注重理论的学习与训练;1958年以后的三届毕业实习则按照“大跃进”中“教育革命”的要求,强调联系生产实际,到工厂的生产活动中组织毕业设计。调查结论是:

从设计选题上看,学苏联教改中的毕业设计为“假想设计”,所有题目系由教研组自定,理念性较强,未结合生产。1958年教改中毕业设计的项目则全部来自生产及科研任务。

从设计方式上看,前一次教改的毕业设计是一人做一个大题目,绝大部分题目都是根据图册和现有图纸资料自行设计。后一次教改,由于题目选自生产实际,开门作设计,下工厂、工地和研究机关,深入现场调查、访问,广泛收集资料,使毕业设计紧密结合生产实际。在设计任务的安排上亦作了相应的改变,以设计组为单位,一组一题,也有部分题目集中大部人力,采用大兵团作战方式。这种形式虽然保证了生产任务的完成,但学生的训练不平衡。学生们虽然注意相互交流,但因参与度不同,难以全面考核每一个学生的水平。

从学习效果上看,前一次教改的毕业设计虽然满足了教学训练的要求,问题是“学生

---

① 《关于交通大学船舶制造专业教学质量的初步调查》(1961年1月20日)。上交档:长-868。

只是依靠书本和资料作设计，设计报告的使用价值不高”。而后一次教改的毕业设计，可以使“学生独立工作能力有较大提高，所完成的设计有些已生产投入使用，有些即将生产，注重了实践，忽视了理论”；但主要问题是，“学生的设计项目过分偏重于满足生产要求，不少题目作了全套施工图，花了很大工作量；尤其是‘大兵团作战’时，人多分工细，部分同学只担任了局部工作，很难对于每个学生进行全面训练和培养，致使个别学生达不到教学要求”。①

在基础课的课程质量调研中，对“高等数学”“物理学”“电工学”3门课程进行了调研，仅以“高等数学”的调查为例。建国前，交大的“高等数学”一般采用《（葛斯朗）三氏微积分》及美国数学家莫尔（Moore）的《微分方程》作为教本，原理讲解少，偏重于讲述运算方法。1952年改用苏联教材《数学解析教程（第一、二卷）》（别尔曼特著，张理京译），共为320学时，包括习题课在内约为360学时。1958年“教育革命”时，“高等数学”中的解析几何、极限、导数、微积分、微分方程等内容从体系上作了较大的改革，如删去“解析几何”，将其内容插入“函数及其图形”一章，时数从约50学时减为16学时；又如将“一元函数”及“多元函数”合并，“单积分”与“重积分”合并，从148学时减为72.5学时等。经过这样改变以后，全部基础部分的讲授时数即从230学时减至119学时，约为原来教学时数的51.7%。以上变化是“高等数学”中的基础部分，对校内各个专业都是相同的。同时，不同专业又加强了本专业“工程数学”的课程。以船舶制造系为例，“工程数学”中增加了如“数值计算”“变分法”“概率统计”“线性代数”等过去从不讲授的内容，还在“复变函数”中增加了在流体力学中的应用部分，“微分方程”中增加了微分方程组与稳定性理论，“富里埃级数”中增加了富里埃积分与富里埃变换等。改革后的“工程数学”总时数共为110学时，与第一次教改时的相比，增加了约70学时。

1958年“教育革命”给“高等数学”的教学带来许多问题，调研报告总结：①基础部分时数压缩过多，内容过于精简。该部分原为360学时（包括习题课），现压缩为仅200学时（包括习题课），其中削减掉的内容许多都是“高等数学”最经典的部分也是最基础的部分。②“工程数学”内容太多，广而不深。③基本训练削弱、题目减少且要求不高。由于总学时减少，其后果必然削弱习题课时数，直接导致学生的学习能力下降。

① 《上海交通大学起重运输机专业五年来毕业设计情况分析》（1961年6月12日）。上交档：长-868。

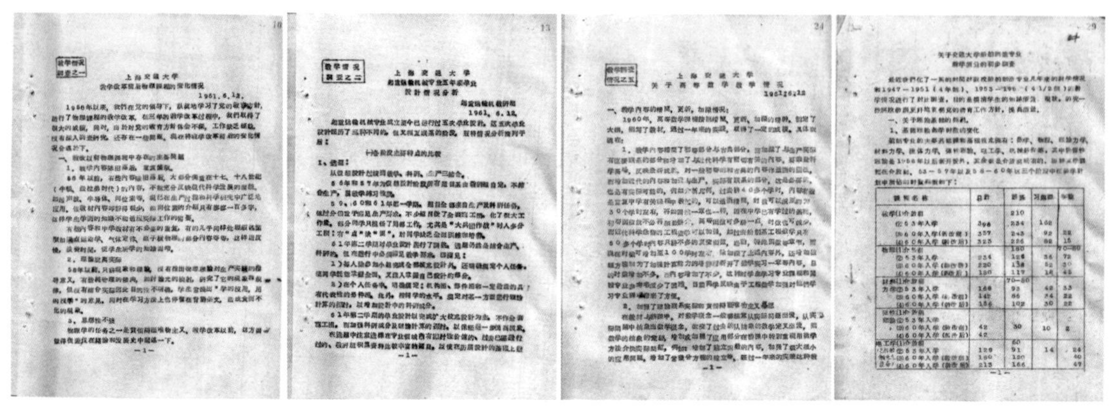

20世纪60年代初，交大开展教学工作调研

1961年9月，“高教六十条”颁布施行，其中对于高等教育的教学工作提出了许多重要的指导性意见。在“总则”第二条中指出：

高等学校必须以教学为主，努力提高教学质量。

必须正确处理教学工作与生产劳动、科学研究、社会活动之间的关系。生产劳动、科学研究、社会活动的时间应该安排得当，以利教学。[①]

“高教六十条”在第二章“教学工作”中，提出的要求既严格又具体，例如：

为了保证以教学为主，高等学校平均每学年应该有八个月以上的时间用于教学。学生参加生产劳动的时间一般为一个月至一个半月。在教学计划以外，不对学生规定科学研究任务。生产劳动过多、科学研究过多、社会活动过多等妨碍和削弱教学工作的现象，应该纠正。

在教学中必须正确贯彻理论联系实际的原则。必须克服轻视理论、轻视书本知识的错误观点。同时，要通过生产劳动，以及实验、实习、社会调查、社会活动等，使学生获得必要的直接知识和实际锻炼。

切实加强基础理论和基本知识课程的教学。基础课程的教学，应该首先要求把本门课程的基础理论学好，不要过分强调结合专业和勉强联系当前实际。基础课程要由有经验的教师担任讲授。

切实加强基本技能训练。例如：理、工科的生产实习、实验、运算、绘图和某些必要的工艺训练；师范的教学实习；文科的阅读(包括文言文的阅读)、写作、资料工作、调查工作和使用工具书的训练。各科学生中文写作

① 《中共中央关于讨论和实行教育部直属高等学校暂行工作条例(草案)的指示》(1961年9月15日)。《中华人民共和国重要教育文献(1949—1975)》，第1060—1061页。

应该做到文理通顺，并且至少掌握一种外文，具备能够比较熟练地阅读专业书刊的能力。

专业课程的教学应该使学生掌握必需的专业知识和技能，同时尽可能了解本专业范围内最新的科学成就和发展趋向。有些课程的部分内容，可以采取现场教学的方式。

毕业设计在可能的条件下，应该结合生产实际，选择现实的题目，同时也可以做假拟的题目。①

“高教六十条”颁布以后，全校师生认真学习，积极贯彻，学校再次开展教学工作的调查研究，通过对照、分析查找近年来教学工作中存在的问题与原因，总结老交大教学工作的优良传统，制定教学工作规范，积极探索社会主义体制下高等教育的新经验、新方法，教学质量和学术水平逐步提高。

1963 年 1 月，教务处对全校一年级的教学情况作了调查研究，就教学大纲的执行情况、课堂教学情况、学生的学习效果与考核成绩等方面进行分析总结。在调查中，可以看出师生热心教学活动的良好气象。一方面，各教研组教师都能认真执行教学大纲和教学进度，备课认真，课堂效果良好，教学质量比上一年普遍有所上升；另一方面，学生学习认真努力，在学习方法上有了不同程度的改进，绝大部分学生都能做到课内专心听讲，记好笔记，课外经过复习后再做习题、作业且能按时独立完成，部分学生能做到课前预习，学习效果也有较明显的提高，学习负担正常。同时，发现教学中存在的问题主要有，“学生尚不善于全面合理地安排每周学习时间；部分学生习题、作业不整洁，有些理论概念掌握不够；有些课程成绩较差，教学上还要加强”等。②

1963 年 7 月，学校选定“数学”“物理”“英语”“俄语”“画法几何及机械制图”等 5 门课程作为试点，开展调查研究。教务处专门组织了 15 位教师，对 9 个班级该 5 门课程的期终学习成绩加以分析研究，并查阅了学生的笔记、作业、实验报告和试卷，听取有关教研组主任和教师的意见，对这些课程的教学效果作出客观评价。调查结果显示，学生对于基本理论的掌握有了提高，基本技能有了改善；主要问题是学习不够扎实。调查后提出改进意见：①继续加强教学第一线，“明确规定讲师以上教师都应担任教学工作，特别是主讲任务；凡因故不能担任教学工作的须经校长批准”；②“教师应对所教课程的重点、难点、疑点讨论清楚，根据

① 《中共中央关于讨论和实行教育部直属高等学校暂行工作条例（草案）的指示》（1961 年 9 月 15 日）。《中华人民共和国重要教育文献（1949—1975）》，第 1061 页。

② 《一年级教学情况汇报》（1963 年 1 月 9 日）。上交档：长- 1232。

‘突出重点，抓住精华’原则处理好教学内容”；③加强实践性教学环节，基本要求是“明确目的，合理要求，严格执行”，教师必须预做“习题、实验”。[①]

1963年10月至1964年1月，全校进行了教学工作调查研究，分为思想发动、开展调查、分析提高、总结经验四个阶段。1963年10月，学校印发《关于进行教学工作的调查研究的意见（草案）》，决定在全校各教学部门开展教学调研工作，调研的主要内容是：①“当前教学情况，包括讲课、辅导、作业、设计、实验等”；②“教学内容和课程设置，包括各门课程之间的合理安排问题”；③“教学法的研究情况”；④“提高教学质量过程中教学组织形式的适应情况”；⑤“总结先进的教研组、实验室及教师个人的工作经验”。调查研究的方法是，“做好组织工作，要拟出调查提纲；普遍调查和重点调查相结合，普遍调查即是发动教师自己调查自己的教学情况，如召开学生座谈会，分析研究学生的作业、笔记、习题、设计、实验报告等，分析毕业生业务情况等；重点调查即是组织力量，重点分析研究某一门课程的要求、内容、教学效果，以及几年来变迁的情况和当前的情况等。在此基础上，召开教研组会议，议论情况，摆问题，提出改进意见，并总结先进经验。调查研究的工作方法可以根据各教研组的实际情况进行安排，有所侧重”。[②]

通过3个多月调研，各教学部门、每门课程都进行了认真总结，写出调研报告，发现了许多影响教学质量的问题，查找了薄弱环节。在此基础上，教务处进行综合分析，撰写了《关于教学调查研究中所发现问题的综合整理》的报告。报告指出，学生在学习上存在的主要问题是，“基础理论、基本知识、基本技能不巩固、不扎实”，“学习负担一般偏重”；[③]同时，对于教师教学中存在问题也进行了具体的分析总结。

1964年1月，学校召开教学工作会议，对于这次教学调研活动进行总结。教务处处长许海涛总结了教学调研工作情况，印发了15篇教学工作经验总结，表彰了3个教学单位（其中2个教研室、1个教学小组）、61名教师（其中10名教授副教授、22名讲师、29名助教）。[④]

通过教学工作的调查研究，对于交大师生认真贯彻“高教六十条”，总结“老交大教学传统”，制定并实施系统的教学管理制度，恢复和稳定日常教学工作，建立并形成具有交大特色的良好教学模式等都起了积极的促进作用。

---

① 《关于数学等五门课程教学效果的调查报告》（1963年11月23日）。上交档：长-1232。

② 教务处：《关于进行教学工作的调查研究的意见（草案）》（1963年10月30日）。上交档：永-399。

③ 教务处：《关于教学调查研究中所发现问题的综合整理》（1963年12月14日）。上交档：长-1231。

④ 《上海交通大学纪事（1896—2005）》（上卷），第542页。

二、总结和继承老交大教学传统

交大在悠久的办学历史中，逐步形成了独具特色的教学传统。20 世纪 30 年代，社会上对交大的教学传统已传为佳话。50 年代，交通大学副教务长张鸿将交大的教学传统归纳为“门槛高，基础厚，要求严”，即交大的入学要求很高，学生考进来很不容易；交大对于基础学科很重视，无论哪个系科，学生的基础理论掌握得很扎实；交大教学上要求很严格，教师严格讲授、严格训练，学生严格自律，在校学生的淘汰率很高。随着人们口口传诵，交大“门槛高，基础厚，要求严”的教学传统已在社会上广为流传。1957 年 4 月，高等教育部部长杨秀峰在北京召开的“研究学制改革问题”座谈会上，肯定了交大的教学传统。他还说“要保证交大不但有六十年的历史，而且有六百年的历史”，“要保持‘老交大传统’，就要发挥老教师的主导作用”。1962 年初，聂荣臻在听取从事我国导弹、原子弹研制工作的专家学者对高等教育建言时，有专家发言说，老交大的毕业学生基础厚，物理是“霸王课”；老交大对学生要求很严格，学得不好就要淘汰；老交大的“门槛”很高，考进交大很不容易等。聂荣臻听后，深表赞赏。

1962 年 5 月，教育部召开高等工业学校教学工作会议，会议除了强调高校调整的重要意义之外，其中心任务就是“总结经验，提高质量”，[①]根据“高教六十条”的精神，讨论和修订基本教学文件，以求切实提高高等工业院校的教学质量。会上，国防科委有关部门领导向交大与会者提出，要调查和总结老交大教学方面好的传统，把教学工作做得更好。

1962 年 9 月，学校教务处召开了 3 次老教师座谈会，参加会议的有早年曾在交大求学、长期在交大执教的周铭、金悫、单基乾、任有恒、唐济楫等教授。他们在发言中肯定了新中国成立后在教学改革中所取得的成绩，针对目前教学工作中存在的问题，着重分析、总结了老交大教学工作中的优良传统。

学校将几次会议的内容编成简报下发，并上报国防科委。主要内容如下：

> 在教学内容上注意加强基础，讲解时重点比较突出。老交大所选用的教材一般较浅易，但任课教师由于对业务比较熟悉，讲课能“削枝强干”、重点较突出，而且对于重点需要掌握的内容能再加印一些补充讲义或一些补充材料，使学生能进一步深入、巩固地掌握这部分内容。在物理课的内容安排上，着重讲授力学与电学部分，这两部分内容占总学时的一半以上，使学生的基础知识打好后，在学习以后有

---

① 《杨秀峰部长在高等工业学校教学工作会议上的讲话》(1962 年 5 月)。上交档：长-920。

关课程时就比较省力。这几年来,理论性的内容与新的应用性内容一般都增加很多,内容比较全面了,但教师忙于赶进度,学生也抓不住重点,有时公式很多,学生不知习题应该运用哪一个公式,有的就"乱代一气"。物理课把基本理论部分削得过多了,力学部分只占 14 学时,很难学得好。

习题实验比较多,注重对学生平时的基本训练。如老交大被称为"霸王课"的物理课,每一章一般要求学生做 30 个习题,两年内共要做五六千个习题,而每个物理概念常常要以五六个习题与不同的解法来予以巩固、消化。普通化学共有 30 个实验,物理学共有 50 个实验,实验内容由浅入深,循序渐进,内容很丰富,而且实验课一般均有专门的教师担任指导,他们对每个实验的内容与各种仪器设备都很熟悉。因此,实验课的教学质量也较高。由于平时习题、实验等做得比较多,因此,学生在运算技巧、实验操作等方面也比较熟练,对理论概念的掌握方面也就比较巩固。这几年来,由于过于偏重理论知识的讲授,而且还考虑到不致使学生的负担过重,因此习题、实验等环节减得比较多。物理学总共只做 140—180 个习题,1 个物理概念只布置 1 个题,有的甚至还没有。目前很多青年教师对实验不重视,自己对实验的内容与仪器、设备的性能也不熟悉,有的实验得出的数据误差很大,教师也不能分析研究,得出其确切的原因,而一概推之于仪器不正确,因此,实验课的质量不高,学生兴趣不大。

对学生在学习上的要求比较严格,注重平时成绩的考核。老交大很多课程对学生的习题、作业都要求定时交,并规定"过时不交,概不受理";而教师也能及时而认真地批改,对其中有错误之处也能及时予以指出。一般课程对实验也比较重视,要求学生在做实验之前看有关参考书籍,作预习报告;做完实验后要认真写实验报告,对报告的内容要求有数据、有分析、有结论,不符合规格的教师就不收。教师在评阅后也能按期发还给学生,因此学生感到收获也较大。另外,老交大一般课程都有定期的"小考",物理课每学期有 5、6 次;考试的内容既包括理论部分,也包括计算部分;平时的成绩尚得计入学期的总成绩,能促使学生在学习的过程中经常地复习,考过以后也不易遗忘。前几年,由于招生数量较大,入学质量有所降低(过去老交大录取与报考的比例有的系高达 1∶17)。因此,教师不敢要求严格,有一个时期,为了减轻学生的负担,甚至将实验报告也油印好,学生作了实验只要填一下数据就可以了,其中画的曲线也很马虎。目前,考试只集中在期终或期中进行并不好,这样有些同学平时不太用功,考前临时"拼一下"也及格了,但考过以后也就忘记了，不能达到巩固、提高的目的。

在教学中注意启发、引导，学生独立钻研的能力比较强。老交大很多教师在课堂讲解时不是很多，而指定一些参考书籍要求学生在课外自己阅读、深入钻研，教师只做适当的启发、引导；在布置的习题、作业方面，不仅数量多，而且有的也较难，不少在内容上还要转些弯子，需要学生深入掌握有关理论知识后而灵活运用。这几年来，对学生的辅导工作是加强了，但有时“抱”得过多，滋长了学生的依赖思想，甚至在考试前，一定要教师发复习提纲，总结一下这学期所讲的内容，并指出重点后才能参加考试。[①]

1962 年 10 月，国防科委向所属各院校以《关于学习老交通大学有益的教学经验，改进教学工作的通报》为题，转发了上海交大的简报。该《通报》称“上海交通大学为了学习和贯彻执行教育部高等工业学校教学工作会议精神，提高教学质量，曾邀请老教师座谈了老交通大学在教学工作上的特点和当前教学工作中存在的问题。这个材料很好，特印发各院校参考”。国防科委并将该《通报》抄送教育部。

凡是在交大工作过的干部、教师，凡是在交大学习过的学生，提及“老交大教学传统”无不津津乐道、顿生敬意，大家都可以道出数不尽的生动故事和无限感慨。可以说，“老交大教学传统”已经深深印入交大师生的脑海，成为交大办学历史中积淀下来的最为宝贵的精神财富之一。

三、制定并实行“教学十七条”

“高教六十条”对于高校教学工作中的具体教学环节提出要求：

各专业都要制定教学方案、教学计划，确定培养目标、课程设置，并且对讲课、实验、实习、自习、考查、考试、学年论文或课程设计、毕业论文或毕业设计等教学环节做出合理的安排。既要保证教学质量，又不要使学生负担过重。学校必须按照教育部制订或者批准的教学方案、教学计划组织教学工作。

各门课程要按照教学方案、教学计划的要求，制定教学大纲，选用或者编写教材，少数专门课程和某些新开课程至少要有讲授提纲。教材必须在上课以前供应学生。有计划地进行教材建设工作。鼓励水平较高、经验较多的教师，在若干年

① 国防科委:《关于学习老交通大学有益的教学经验，改进教学工作的通报》(1962 年 10 月 10 日)。上交档:长- 988。

内,逐步为各门课程编出优秀的教科书。[①]

上海交大在学习和贯彻"高教六十条"过程中,通过召开经验交流会、教学工作会议以及编发《情况简报》等形式,总结教学、科研、师资建设以及基础课教学等方面的经验,认真继承和发扬老交大教学传统,并将教师们在数十年积累的、有关教学工作各教学环节行之有效的做法加以总结,制定教学管理的规章制度。经广泛听取教师、干部的意见,1964 年 1 月,学校下发《关于教学工作中若干具体问题的规定(草案)》,这个《规定》一共有 17 条,简称为"教学十七条"。

"教学十七条"涵盖了教学方法中的各个基本环节,并提出各自的具体要求,其主要条目是:

1. "理论联系实际""少而精""学到手"是教学工作的重要指导原则,特别是"少而精"原则,更是贯彻《教育部直属高等学校暂行工作条例(草案)》的一项重要措施,是提高当前教学质量的中心环节。

2. 教学计划是实现培养目标的基本依据,必须严肃认真地贯彻执行。各系、各教研室不得随意变动。

3. 加强教学第一线、稳定教学任务是进一步提高教学质量的基本前提之一。

4. 讲课是整个教学过程中起主导作用的环节,是保证教学质量的主要关键。

5. 习题课是通过指导学生进行课内练习来巩固课堂教授的基本内容,培养学生活用基本理论知识及独立思考能力的重要环节。

6. 实验是贯彻理论联系实际,训练基本技能,巩固和验证理论知识的重要环节。

7. 生产实习是使学生直接获得生产实际知识和技能、巩固所学理论知识、培养独立工作能力的重要教学环节。

8. 毕业设计(毕业论文,下同)是总结学生在校期间的学习成果,完成工程师基本训练的最后一个重要的教学环节。

9. 由各门课程、各个教学环节构成的教学计划是一个完整的统一体。必须严肃地以全面的观点来对待教学计划,必须反对教学工作中的平均主义和自由

① 《中共中央关于讨论和实行教育部直属高等学校暂行工作条例(草案)的指示》(1961 年 9 月 15 日)。《中华人民共和国重要教育文献(1949—1975)》,第 1061 页。

主义。

10. 测验的目的是检查了解学生平时对课程基本要求的掌握程度，以便及时地改进课堂教学。测验成绩同时作为期终评定成绩的依据之一。测验的内容应为教师在某一阶段中所教过的基本部分，试题应由主讲教师拟定，并经辅导教师试作。

11. 考试、考查的目的，是帮助学生系统地复习和巩固所学知识，检查学生对所学知识和技能的理解程度和运用能力。课程的考试、考察要严格按照教学计划的规定进行。

12. 教师经常深入地了解学生学习情况，是从实际出发进行教学及对学生管教管学全面负责的基本前提。

13. 为了更好地培养优秀学生，应建立专门的优秀生管理制度。

14. 劳逸结合是为了使学生具有健康的身体、充沛的精力以便更好地坚持紧张的学习，从而完成学习任务。

15. 班级指导教师的主要任务是在系主任领导下深入了解班级学习情况，指导学生树立正确的学习观点和学习方法，教育学生遵守学习纪律，密切配合任课教师、政治辅导员、班级党团支部，积极地鼓舞、诱导、教育学生提高觉悟，努力学习，增强体质以成为全面发展的革命接班人。

16. 教师下厂（包括下研究、设计单位）是为了贯彻知识分子与工农结合，实现革命化的重要措施，也是贯彻理论联系实际，提高教学质量的一个主要措施。

17. 教研室应充分发挥对教学工作的组织领导作用。①

交大的“教学十七条”是在学习贯彻“高教六十条”的过程中，对“老交大教学特点”进行全面总结的基础上，制定的一整套教学工作规范，是各个教学部门和每位教师开展教学工作的基本依据。“教学十七条”实施以后，全校师生更加突出了“以教学为主”的原则，把主要精力放在教学工作和培养学生上，在教学秩序的整顿和教育质量的提高上都取得了显著成绩。

1963年11月，国防科委路扬、庞展等来校蹲点调查，驻校近20天，连续听课、座谈，掌

---

① 《关于教学工作中若干具体问题的规定（草案）》（1964年1月27日），《上海交通大学1963—1964学年教学工作会议文件汇编》。上交档：长-1232。

握了大量第一手资料。11 月 21 日下午,在学校的党委扩大会议上,庞展就教学工作调研进行全面总结,肯定了学校工作的成绩,"能够以教学为主,加强教学第一线的指导思想比较明确,努力提高教学质量";同时也指出了调查中发现的问题。路扬在发言中说:"这次来校时间长一些,印象一新,学校是踏踏实实在工作,也比较团结,执行中央的方针政策比较认真,工作上不讲困难,千方百计克服困难做好工作。学校的秩序、教学风气比较正常,抓教学质量也很认真,在办新型大学方面也积累了一些经验。"路扬要求学校进一步解决好三个问题:如何提高教学质量,如何组织好教学,如何树立为教学服务的思想。他提出,"交大有 60 多年的历史,有深厚的基础,在培养技术干部上应该有高质量、高标准的目标"。①

1964 年 6 月,高教部黄辛白率领的高教部工作组赴上海交大检查教学工作情况,余仁全面汇报工作。工作组着重调查了起重运输机械专业教学情况,召开教师座谈会,现场听课,通过多种形式较全面调查了学校基础课、基础技术课与专业课的教学工作。在调查后的总结会上,工作组认为,从教学工作来看,"感到上海交大在大力开展调查研究与提高教师认识方面做得很有成效"。②

20 世纪 60 年代前期,上海交大认真贯彻执行"高教六十条",深入开展教学调研,总结"老交大教学特点",制定"教学十七条"等。这些措施环环相扣,形成一个整体,反映出交大师生在发扬交大传统和提高教学质量方面的思考与探索,为我国社会主义高等教育事业的发展积累了经验。

第二节 全面提高教学质量

一、修订教学计划

教学计划和教学大纲是教学工作的主要依据,是教学质量的重要保证。"高教六十条"明确规定:"专业设置、教学方案、教学计划、教学大纲和教材要力求稳定,不要轻易变动。"历来,交大在教学计划制定中注重贯彻理论联系实际的原则,同时强调要加强基础理论和基本知识课程的教学。在基础课程的教学中,应首先把本门课程的基础理论学好,不要过分强调

① 《党委扩大会议记录》(1963 年 11 月 21 日)。上交档:永-398。

② 《高教部工作组对我校教学工作的几点意见》(1964 年 6 月 27 日)。上交档:长-1345。

结合专业和勉强联系当前实际。但是，1958 年的“教育革命”以后，教学计划和大纲经常变动，使教学工作难以适从，给师生们带来不少困惑。1960 年春，“反右倾”运动后的“双革”运动再次给正常的教学工作带来影响。在“左”的思想干扰下，又出现了政治运动干扰教学活动，片面强调实践环节、尤其是生产劳动的作用，削弱基础课教学，打乱原有的教学秩序等状况。在处理基础课与专业课的关系时，一度提出基础课要“结合”专业课进行教学，专业课需要什么，基础课就讲什么，于是出现了“船制俄语”“机制俄语”“冶金俄语”等五花八门的俄语课；数学、物理也是这样。其结果是，外语课削弱了最基本的语法和通用词汇的掌握，数学、物理等基础课也打破本身严密的系统性，从而难以达到使学生具有宽广、深厚的基础理论、基本训练、基本技能的教学要求。还有一种倾向是理论教学和实践教学的分散安排，削弱了某些专业教学理论与实际的联系，试图以生产劳动完全代替生产实习，科学研究代替设计实践等，完全打乱原来的教学计划。在学习贯彻“高教六十条”过程中，有教师指出，不是某一个科学研究项目上有了一点成就，就可以代表学科的新体系；那些在教改中形成的所谓“新体系”，仅把某门课程的章节作了次序上的调整，或简单地把一门课分成两门课、两门课合成一门课等，其实根本不能称作“体系”的改革。对于这种混乱状态，大多数教师都认为，“教学计划应该科学地体现一个专业的知识结构和教学次序，在自然科学和技术科学课程内容上的任何根本性的改革，都应该是万分慎重的，应该根据自然科学和技术科学本身的规律来研究和对待”。①

此外，教学计划在执行过程中也比较混乱。船舶动力机械系曾于 1961 年分析了该系三年级、五年级两个班学生的学习情况。三年级是 1958 年入学的，当时入学两年半共 5 个学期，所执行教学计划的情况是：理论教学 72 周，占 56％；考试 9.5 周，占 7.4％；劳动 30 周，占 28.5％；技术革命 5 周，占 4％；假期 11.5 周，占 9.1％；共计 128 周；其中劳动时间若加上未统计在内的分散劳动 5 周、技术革命 5 周，总共即为 40 周，达到平均每年 16 周，近 4 个月。由于劳动时间过多，挤掉了部分理论教学时间，两年半内总的理论教学及考试时间实际上只有 73 周，平均每年 29.2 周。该班的“化学”“金属工艺学”和“金属学”等课程，只听课不复习；“金属学”考试时，学生无从复习，最后教师只好划定范围供学生复习。由此可见，该班的基础理论课和基础技术课在教学上问题很大。五年级这个班是 1956 年入学的，自入校以来执行教学计划的情况是：理论教学 101 周，占 68％；考试 8.5 周，占 5.8％；劳动 18.5 周，占 12.6％；技术革命、技术革新与科研 6.5 周，占 4.4％；假期 13.5 周，占 9.2％。总的情况比三

① 《关于提高教学质量的三个问题》(1961 年 6 月 22 日)。上交档：长- 868。

年级要好,实际的教学和考试时间有99周,平均每年33周。但是,后来在"大跃进"中一再改变计划,该年级的讲课时数也被随意缩减,如"内燃机扭转震动"由56学时减至42学时,"内燃机结构设计"由70学时减至50学时,"内燃机制造工艺学"由59学时减至48学时,"内燃机电器设备"28学时全部去掉不学了。[①] 以这两个班级的教学为例,说明教学计划执行不坚决、教学大纲修改存在混乱的现象在当时是比较普遍的。

针对出现的这些情况,在贯彻"高教六十条"时,学校一方面通过教学工作调查研究发现教学计划中存在的问题,一方面着手修订教学计划,严格监管计划的执行,全面稳定教学秩序。

1961年11月,学校发出《关于修订教学计划的通知》。通知指出:"修订教学计划是一项复杂而细致的工作,各系、各专业教研组在进行这一工作时应组织教师深入进行讨论,注意总结过去教学工作中的成功经验,坚决纠正和克服已经发现的缺点和问题,同时要按我校的基本任务和教育部规定中关于培养目标的要求,研究确定各专业的具体培养目标和业务范围,使我校培养出来的学生政治质量好,业务质量也好。"在教学计划的安排中,"要切实保证学生的业务质量,加强基础理论课程的教育和基本技能的训练,使学生学好基础课、练好基本功。为了切实保证和提高教学质量,除了对各专业公共课、基础课和共同的基础技术课的教学时数以及一年级的安排已有教务处提出统一意见外,各系应对所属专业的其他共同课程与二、三年级的安排作出统一规定"。[②] 学校希望这次教学计划修订后,应保持相对的稳定,以便集中精力进一步改进教学工作,不断提高教学质量。

随通知同时下发了由教务处编制的《关于修订教学计划的几项规定(草案)》。《规定》对培养目标、时间的安排、课程设置、实习与劳动、科学研究几个方面都提出了基本原则,成为各专业在修订教学计划时的依据。《规定》在人才的培养目标上提出:各专业的基本任务是培养又红又专、身体健康的国防科学研究和国防工业的高级技术人才,完成工程师的基本训练,具有比较深广而巩固的基础理论知识和为深入掌握本专业所必需的专业知识和基本技能,掌握一定的操作技能和组织管理生产的知识;至少掌握一门外国语,达到比较熟练地阅读专业书刊的程度;能独立地解决本专业范围内的一般工程技术问题;具有初步的科学研究能力。《规定》同时要求在各专业教学计划的说明书中需明确规定本专业的业务范围(一般

---

① 《交大三反整风运动情况简报(十八)》(1961年7月3日)。上交档:长-702。

② 校务委员会常委扩大会:《关于修订教学计划的几项规定(草案)》(1961年11月10日)。上交档:永-336。

包括在设计、工艺、运行等方面的具体要求)。[①]

在教学工作的时间安排上,学校统一规定各专业计划共安排5年256周左右,教学总学时安排在3 300学时以内,其中理论教学不少于145周,占总周数的56.6%;考试一般18周左右,占7.0%;实习和劳动30周,占11.7%;毕业设计(毕业论文)一般为20周,占7.8%;假期34周,占13.3%;机动9周(基本每学期1周),占3.5%。在课程设置方面,要求"妥善安排各门课程、各个教学环节及教学时间,是保证实现培养目标的关键。在课程设置上应该以加强基础理论、保证基本技能训练和使学生获得必要的专业知识为原则。对于以产品设计与制造为对象的专业课程设置应以设计为主,但是注意保证一定的工艺知识。在课程安排上,应该根据循序渐进的原则,保持课程之间的科学系统性和联系性"。[②]

在《规定》的指导下,经过一年多的努力,全校35份(专业和专门组)教学计划制定完成,编印成册,经学校审定后于1963年9月起正式实施。在此摘引《水面船舶设计与制造专业教学计划》以为代表。

水面船舶设计与制造专业教学计划(1963年9月修订)[③]

Ⅰ.教学日历(略)

Ⅱ.周数分配总表(周)

学年	理论教学	考试	教学实习	生产实习	毕业设计及答辩	农业生产劳动	公益劳动	校内经常劳动	假期	毕业鉴定	共计
一	36	4					3	(1)	9		52
二	32	4	4			3		(1)	9		52
三	34	4		3		2		(1)	9		52
四	31	4		4		2	2	(1)	9		52
五	17	2		6	18			(1)	3	2	48
计	150	18	4	13	18	7	5	(5)	39	2	256

① 校务委员会常委扩大会:《关于修订教学计划的几项规定(草案)》(1961年11月10日)。上交档:永-336。

② 校务委员会常委扩大会:《关于修订教学计划的几项规定(草案)》(1961年11月10日)。上交档:永-336。

③ 教学研究科:《上海交通大学1963年教学计划合订本》。上交档:永-1524。

Ⅲ. 教学进程计划(其中,"学年分配"一栏中的具体分配内容略)

序号	课程	按学期分配			教学时数					学年分配
		考试(学期)	考查(学期)	课程设计	共计	课程讲解	现场教学	实验	课堂实习讨论练习	
1	马克思列宁主义基础理论	4、6、8	3、5、7		190	160			30	第二、三、四学年
2	思想政治教育报告				160	160				每学年
3	体育		1—4		130				130	一上—二下
4	外国语	2	1、3、4		240				240	一上—三下
5	高等数学(基础)	1、2、3			290	180			110	一上—二上
6	高等数学(结合专业)	4			80	60			20	二下
7	普通物理学	2、3			230	120		80	30	一下—二上
8	普通化学	1			90	60		30		一上
9	画法几何及机械制图	1	2		120	43			77	第一学年
10	理论力学	3、4			145	92			53	第二学年
11	材料力学	4、5			150	90	2	19	39	二下—三上
12	机械原理及零件	7	6	7	90	74		6	10	三下—四上
13	金属工艺学		4		40		40			二下
14	电工学及工业电子学	6	7		130	94		30	6	三下—四上
15	流体力学	5			95	80		8	7	三上
16	材料学(含金属学)		5		60	52		8		三上
17	船舶制图		3		65				65	二上
18	船舶构造		6	6	45	45				三下
19	船舶结构力学	6、7			130	93		8	29	三下—四上
20	船舶振动	8			45	34		5	6	四下
21	船舶强度与结构设计	9		9	70	62			8	五上
22	船舶原理	5—8		5—8	230	210		15	5	第三、四学年
23	船舶装置与系统	9		9	60	60				五上
24	船舶动力装置		7、8		100	87		9	4	第四学年

（续表）

序号	课程	按学期分配			教学时数					学年分配
		考试（学期）	考查（学期）	课程设计	共计	课程讲解	现场教学	实验	课堂实习讨论练习	
25	船舶电气设备		8		40	36		4		四下
26	船舶工艺学（含焊接学）		8		85	80		5		四下
27	海军常识		9		30	30				五上
28	船舶设计原理	9		9	60	54			6	五上
29	造船企业经济组织与计划		9		30	30				五上
30	保安与防火技术		8		15		15			四下
31	校内经常劳动		9							每学年
统计	总学时数				3 245	2 086	57	227	875	
	课程设计及课程作业			9						
	考试次数	29								
	考查次数		24							

Ⅳ.专门化课程（略）

Ⅴ.生产实习

序号	生产实习名称	内容	场所	学期	周数
1	教学实习	基本工种实习	校内实习工厂	二下	4
2	认知实习	着重了解船舶总概貌及结构与装置系统	校外造船厂或修造船厂	三下	3
3	专业生产实习	了解船舶建造工艺技术要求、船厂组织生产过程	校外专业造船厂	四下	4
4	航海实习与毕业实习	熟悉船舶航海性能总布置设计、搜集毕业设计资料	船舶上、有关设计室	第五学年	6

Ⅵ.专业生产劳动

序号	专业生产劳动内容	场所	学期	周数
1	金工劳动	校外实习工厂	二下	3
2	第一次专业生产劳动	校外造船厂或修造船厂	三下	2
3	第二次专业生产劳动	校外专业造船厂	四下	2

Ⅶ.选修课

序号	课程名称	学期	学时
1	自然辩证法讲座	五上	30
2	第二外国语	四下—五上	100
3	船舶结构力学讲座	四下	40
4	船舶原理讲座	五上	40

Ⅷ.课程设计及课程作业

序号	课程设计及课程作业名称	学期	学时数	课程名称
1	机械零件设计	四上	100	机械原理与机械零件
2	应用造船规范设计(船体舯剖图)	三下	60	船舶构造
3	制定舯剖面图及强度计算	五上	80	船舶强度与结构设计
4	静水力曲线的设计及制图	三上	100	船舶原理
5	推进器设计			船舶原理
6	浸湿性曲线机制图,舵的主要尺寸选择,船舶操纵性计算	四下	30	船舶原理
7	锚、舵、喷淋等设计	五上	30	船舶装置与系统
8	船舶制造原则、工艺拟定	四下	25	船舶工艺学
9	确定船舶排水量主要尺寸与形状参数,船舶性能检验及制定总布置草图	五上	90	船舶设计原理

在修订教学计划的同时,公共课、基础课、基础技术课的教研组还修订了共 42 门课程的教学大纲(草案),许多专业教研组也修订了大部分专业课程的教学大纲,如"普通物理""热工学""起重机""铸造车间设备""机车内燃机制造工艺"等专业课程等。[①] 这些工作使日常教学的管理逐步规范,教学工作走向制度化、规范化。

二、加强基础课和注重实践教学

在多年办学实践中,"基础厚"是交大最悠久的教学传统之一。加强基础,体现在教学中就是加强"三基",即"基础理论、基本知识、基本训练"。[②] 新中国成立后,交大学习苏联的教学管理经验,曾设立基础部;后又改设一年级教学部,统管一年级学生的教学与生活。1961 年 9 月"高教六十条"颁布,强调要加强基础理论和基本知识课程的教学。学校在贯彻"高教

① 教务处:《关于教学工作的情况报告》(1964 年 1 月)。上交档:长- 1232。

② 《上海交通大学纪事(1896—2005)》(上卷),第 537 页。

六十条”中，更加强了基础课教学。1963 年，国防科委批复同意上海交大恢复基础课教学部，负责全校数学、物理、化学、工程画图、外语及体育等课的教学。当年，学校成立基础部部务委员会，成员有金悫、王诚豪、于骏民、胡占奎、陆鑫隆、孙增光、程守洙、唐济楫、杨祖贻、蔡有常、凌渭民、葛儞康、殷良等。[①] 学校要求教师加强基础课教学，讲解时要突出重点；注意启发引导，培养学生较强的独立钻研能力；增加习题实验，注重对学生平时的基本训练。除此之外，许多教师还有意识地将理论联系实际原则贯彻到各个教学环节，加强教学、实验、实习内容与生产技术的联系；将思想政治工作融汇到教学活动之中，培养德、智、体全面发展的高质量专门人才。

物理学家周铭撰文强调大学生要加强基础训练

文匯報

WEN-HUI BAO

做學問貴在一點不苟

老教授周銘談青年學生的基本訓練

日内瓦会議全体会議延期举行

美国在日内瓦会議中已处于被告地位

陈毅外交部长拜会湮·刁龙外交大臣

选出主任委員等負責人

捐献家藏珍貴文物

吳詩銘、孙熤鲦

万丈高楼平

为了加强基础课教学，教授们发表了真知灼见，如杨槱教授曾撰文提出：“基础课使我们能系统地、全面地了解自然科学的一般规律，而专业课则使我们能确实地掌握某一专业科学技术的特殊规律。……只有我们对事物发展的一般规律有了较深的认识，同时又对某一科学技术部门的特殊规律能够确实掌握，才能深入某一事物，正确地进行调查研究，探讨事物的内在联系，找到主要矛盾，从而解决这个矛盾，推动事物的进一步发展。……基础课应该使学生对广泛应用的基本部分学深学透，对基本理论要‘牢固掌握、深刻理解’，对基本训练要‘熟练运用、正确计算’，这对于同一类型的各专业要求应该是统一的。……还要进一步加强基础课与专业课、大学与中学、学校与生产单位的联系……只有对上下左右的情况都做到心中有数，才能使基础课的教学很好地适应客观实际，促进教学质量的全面提高。”[②]

加强基础课，需要从一年级学生开始。所以，交大在一年级学生的管理方面，积累了许多丰富的经验。由于学生从中学进入大学后，学习方法和要求都

---

① 校办：《第二次校务委员会会议纪要》(1963 年 4 月 18 日)。上交档：永-411。

② 杨槱：《对工科大学基础课几个问题的一些看法》，《文汇报》1961 年 5 月 17 日第二版。

不一样,面临着学习和生活环境的转换,学校有针对性地开展工作,保证入校学生能够顺利度过这个转换期,为后面的专业学习打下坚实基础。一年级教学部每年都要前往挂钩中学进行调研,了解新生不适应大学生活的主要原因。通过调查和分析,学校进一步加强了对一年级学生的培养教育工作。[①]

同时,交大还通过新闻媒体向中学生介绍大、中学生学习的不同特点,使那些即将进入大学深造的高中学生增加一些感性认识,做好心理准备。金悫是交大著名的力学教授,长期担任基础课教学,曾任学校基础课委员会副主任、基础部主任等。他在《文汇报》上发表谈话,从"系统、扼要记笔记"和"善于支配学习时间"两个方面详细地说明了大学学习的方法、特点与"窍门"。他说:"中学学习是大学学习的基础,只是大学课程的科学内容比中学的要深入一些。"他指导学生,"系统地、扼要地记好笔记,是大学学习的起码要求,也是很重要的训练。……习题、制图、实验、作业,就品种、数量和要求来说,大学比中学多得多。这一点,中学毕业生刚进大学也不一定能马上适应。有的学生贪图快,没有掌握解题方法,不复习好课堂教学内容就做作业,结果走了弯路,反而慢。有的同学课堂上听得不仔细,下课后只能从头到尾死记书本,有的学生复习不及时,这些情况都会使教师讲的内容'飞'了"。金悫说:"中学生的学习,有较多的教师指导,而大学则比较注重学生独立工作能力的培养。中学生在校由教师帮助他们安排得很具体,什么时间做什么,大致都有规定,有的在家还有父母帮助安排。大学除了上课外,大部分时间都由学生自由支配;学生一般都过集体生活,要自己料理生活。善于自由支配学习和生活时间,是大学学习成功的重要因素。"金悫以自己多年的教学经验告诫学生:"中学毕业生开始进入大学学习,可能会不适应大学学习生活,摸不着大学学习规律,在学习上碰到许多困难。但是,只要坚持不懈地学习,掌握正确的学习方法,

力学教授金悫

① 《交大基础课教学部环绕学习开展思想政治教育工作》,《文汇报》1961 年 11 月 23 日第一版。

这些困难是可以逐步克服的。”[①]

交大每年都要召开由数学、物理、化学、外语、画法几何及工程画等基础课、专业课教师以及部分中学教师参加的基础课教学座谈会，对基础课在培养工程技术人才中的作用与地位、基础课的教学内容和教学质量、基础课与专业课的关系、各门基础课的相互关系等问题进行深入交流和讨论。教务部门要求各门基础课应较好地处理与中学教材的衔接，做到承上启下。在安排教学任务时，绝大部分基础课都由老教师和富有经验的教师担任主讲。教师课堂讲授的速度、内容等方面尽量照顾新生的接受能力，讲课内容一般都要求当堂消化，注意从中学生学过的知识和概念出发，从浅入深、从具体到抽象、从现象到本质，逐步加快速度、加深内容。例如，“高等数学”中的“台劳公式”是较抽象的章节，数学教研组就组织教师重点备课，先由经验丰富的老教师在教研组内做示范教学，大家一起探讨多种讲解方法，反复比较，选择有效的讲解方法进行讲授。又如“普通化学”中“电化学”一章，理论性强，教材内容过于简单，学生普遍反映较难接受。化学教研组除了加强个别辅导外，讲课教师针对该章中的重点难点部分，着重讲透它们的基本概念及其相互联系。

课后的辅导答疑是巩固课堂知识的重要环节，基础部各教研组都加强了辅导课和习题课的教学。在辅导课上，由教师先结合习题复述有关的定义和定理，再结合原理讲解学生在做习题中容易产生的错误，以便学生巩固课堂知识、掌握解题技巧。由于学生在复习中遇到问题较多，数学教研组就在教学大楼内设了“答疑值班室”，除固定答疑时间以外，每天自修时间内都有教师值班，解答学生提出的各种问题。物理、化学教研组专门成立了由一位讲师负责的实验核心小组，负责指导学生实验。教师在课前预做实验，以发现可能发生的问题，及时提醒学生注意；同时在实验前指导学生预习，以辅导答问方式帮助学生搞清楚实验原理，获得实验的准确性。物理教研组还在课外组织学生结合教学展开小型的科技活动、读书报告活动，提高学习质量。一些课程的教师还分别编写了“习题集”“习题指导”“作业指导”和“实验指导书”等参考辅助教材，更好地帮助学生预习和复习。[②]

被称为“霸王课”的物理课，这一时期的学科带头人程守洙是一位理论核物理学家。程守洙于美国田纳西大学获博士学位后，被推荐到华盛顿大学工作。当他得悉新中国已经成

① 《中学毕业生如何如适应大学学习生活》。《文汇报》1962 年 9 月 12 日第一版。

② 以上内容均见：《上海交大切实加强基础课教学（新华社讯）》，《文汇报》1961 年 4 月 18 日第一版；《交大基础课教学部环绕学习开展思想政治教育工作》，《文汇报》1961 年 11 月 23 日第一版；《交大帮助新生学好基础理论课》，《解放日报》1962 年 1 月 4 日第二版。

物理学教授
程守洙

立,便未前往就职,反而于1951年夏搭乘因新中国成立而最后一班驶往中国的美国航轮,毅然回国。程守洙先后在华东纺织工学院、南京大学和华东师范大学任教,讲授理论物理等课程。1959年调入上海交大,任物理教研室主任。程守洙来交大后,非常关心青年教师业务水平的提高。他亲自为青年教师开设了四大力学、"量子场论""基本粒子""群论"等课程,并邀请了复旦大学的谢希德、华东师范大学的微波专家陈涵奎等一批著名的科学家来校讲课。他还亲自组织文献讨论会,由青年教师轮流作学术报告,开展讨论。为了训练青年教师的外语能力,程守洙要求他们翻译外语书籍,并亲自予以校正。青年教师上课前,必须试讲,获得通过后才能上课;还要安排有经验的老教师随堂听课,课后进行点评,共同切磋。教研组还定期组织教学活动,集体备课,讨论大课、辅导课、习题课的教学。教研室还在教学手段上进行了改革,开展电化教学,经常在课堂上放映国内外教学电影。一些难以讲清楚的物理现象经过电影直观演示,效果十分明显。除了承担大量的普通物理学教学外,物理教研室还开设了一系列物理学领域的其他课程。随着青年教师陈英礼、吴锡龙、屠树中等的教学水平的提高,原来由程守洙讲授的许多课程逐步改由他们主讲。①

注重实践教学也是交大教学工作的一个特色。"高教六十条"强调要加强技能训练,学校把实验教学贯穿于基础教学到专业教学全过程。据统计,为适应学校专业的调整与建设,1960—1962年三年间,基础课、基础技术课、专业课的教学实验室从33个增至52个,新建了潜艇、船舶燃气及蒸汽涡轮、船舶内燃机、无线电导航、无线电通讯、高温合金、金相、电子计算机等实验室。与此配套,仪器设备总值从9百万元增至2千多万元。学校还调配大批专业教师充实实验室的教学工作,据1964年的统计,该学年指导设计、实验、辅导等教师共339人,占教师总人数的27.81%,其中,教授10人、副教授10人、讲师41人。如材料力学教研组抽调优秀教师到实验室工作,购置了万能机、扭转机、疲劳机等大批实验设备,开设的教学实验从1957年的7个增加到1963年的16个,而且大部分实验都能让学生独立操作,实

---

① 朱美华:《上海交大百年物理》,上海交通大学出版社2006年版,第42—43页。

验质量有了较大提高。[①] 他们曾将实验教学与华东电力设计院建造 60 吨桅杆式起重机应力测试任务相结合，把在校的起重机专业学生带到吴泾热电厂施工现场进行教学。通过这些活动，使学生学到了理论和实践知识，还了解到我国电力事业及专业的发展状况。[②] 在上好实验课的基础上，他们还加强实验室规范化管理，建立实验室岗位责任制，规定了实验管理人员的四项责任和两项权利，制定了仪器设备操作规程，建立健全了实验设备技术档案和资料。[③]

交大成为国防工业大学以后，在国防科委和海军的支持下，配置了一批军品作为实验设施。海军还为学校多次调配退役装备。1965 年 4 月，海军将一艘 C 型 112 号潜水艇连同部分艇上操作人员一并划归交大，停靠吴淞海军码头；[④]1966 年 1 月，又调拨一艘 123 勃型快艇供交大教学使用。有了这些条件，相关专业的学生可以就近上艇参加专业实习。

船舶动力系师生参加 2 000 匹马力船用柴油机的设计

为了加强学生生产实习的管理，1961 年 11 月，校务委员会通过了《学生生产实习暂行条例(草案)》。《暂行条例》强调：“生产实习是教学过程的一个有机部分，是使学生获得生产知识、巩固所学理论知识、培养独立工作能力的重要环节。生产实习时间、场所可以与生产劳动结合安排，但生产实习的内容和要求与生产劳动有所不同，不应该以生产劳动代替生产实习。”[⑤]

贯彻“高教六十条”，各系、各专业对于学生的毕业设计(论文)更加重视。在 1963 年上半年的毕业设计准备工作中，针对应届毕业生数量多、程度不一的实际情况，各系

---

① 《1963—1964 年教学工作会议情况报告》(1964 年 3 月 30 日)。上交档：长-1347。

② 夏有为：《求实、进取——回忆固体力学实验室的一些往事》(2008 年 11 月 8 日)。《上海交通大学工程力学系建系五十周年纪念册》，第 19 页。

③ 上海交通大学 1701 实验室：《突出政治，努力实现实验室革命化》。国防科委：《教学简报》第 31 期，1965 年 7 月 5 日。

④ 《上海交通大学纪事(1896—2005)》(上卷)，第 551 页。

⑤ 《上海交通大学学生生产实习暂行条例(草案)》(1961 年 11 月 10 日)。上交档：长-1000。

专门成立了指导小组，投入大量精力，做好毕业设计的安排和实施。船舶涡轮机教研组担任设计指导的10名教师提前半年开始准备，分别到校内外实习单位联系，落实课题，准备设计大纲、任务书、指导书、参考资料汇编等有关资料。船舶陀螺、钢铁冶炼等专业都派出教师事先到外地有关工厂搜集专业资料，先将设计试做一遍，以掌握难易度。船舶结构力学专业注意因材施教，针对学生的不同程度分类指导，分别提出论文、试验研究、结构设计等不同要求；电机专业也分别提出了做“大专题”“小专题”的不同目标，进行分类指导。对那些在学习上相对困难的学生，许多专业都集中了一两位经验丰富的教师担任指导工作，帮助他们能够顺利完成学业。① 起重运输机教研组重视学生毕业设计环节，从学生毕业设计的选题开始，注意在满足教学要求的前提下紧密结合生产实际组织教学，使学生既接触了国家经济建设的生产实际，又能够得到专业技术方面的实际锻炼。学生在校内导师和企业工程技术人员的共同指导下，独立设计，运用所学的专业知识参与生产技术的实践活动。起重运输机教研组平时就已经和国内有关工厂、设计单位，如上海起重运输机械厂、上海港口机械厂、上海水工机械厂、六机部第九设计院等单位长期挂钩，建立了协作关系，了解生产技术的发展状况。在为学生确定毕业设计的选题时，他们选择那些与企业、设计单位近期或远期生产任务紧密结合的课题，其中还有国家科学技术规划的项目。他们成功进行了“三角形桥架”“桥式起重机偏轨桥架”等选题的毕业设计，受到企业的好评，学生也反映收获很大。

三、坚持提高教学质量的改革措施

“高教六十条”的实行，对于稳定教育秩序、提高教学质量提供有力的保证。1961—1966年上半年，教师教学干劲足，学生学习热情高，大家努力克服严重的经济困难，校园中涌现出良好的治学精神和学术气氛。

学校为加快完成从多科性高等工业院校向国防工业高等学校的转变，完成“加速培养政治质量好、技术专业好、身体健康的高质量的国防工程技术干部”的任务，制定了“教学为主、质量第一”的教学工作原则，“稳定教学秩序，提高教学质量，调整了教学工作、科学研究、生产劳动和社会活动的相互关系，保证每学年有8个月以上的时间用于教学；修订教学计划，重订教学大纲，大力进行教材建设；加强基础课、基础技术课和基本技能的训练；主要教师加强

① 《关于应届毕业设计(论文)准备工作情况的报告》(1963年2月1日)。上交档：永-411。

教学第一线，进一步培养了教师认真教、学生刻苦学的良好学风"。[①] 为了保证课堂教学质量，学校强调教授、讲师(除少数年老体弱者外)必须全部上讲台，承担教学任务。据1964年9月的统计，全校共开设课程650门，在承担理论课授课和指导实践课任务的教师中，教授、副教授有62人，占教授、副教授总人数的70%；讲师有228人，占讲师总人数的84.8%。[②]

学生在图书馆阅览室自修

1964年2月13日，正值农历甲辰年春节，毛泽东主持召开教育工作座谈会，后此会被称为"春节座谈会"。毛泽东在座谈会上说："教育的方针路线是正确的，但是办法不对，我看教育要改变，现在这样还不行……学制、课程、教学方法、考试方法都要改。"他认为，"学制可以缩短"，"课程多，害死人，使中小学生、大学生天天处于紧张状态"，"课程可以砍掉一半，学生成天看书，并不好。可以参加一些劳动和社会活动"。他还说："现在的考试，用对付敌人的办法，搞突然袭击。出一些怪题、偏题，整学生。这是一种考八股文的办法，我不赞成，要完全改变。"[③]1964年3月，毛泽东就教育工作再次作出批示，提出减轻学生

① 《中共上海交通大学委员会在第二次代表大会上的工作总结报告》(1962年12月28日)。上交档：永-359。
② 教务处：《上海交通大学1964—1965学年第一学期开出课程及开课教师人数统计表》。上交档：长-1345。
③ 《中华人民共和国教育史》(上卷)，第325—326页。

的学习负担等意见。

1964年4月1日,学校召开会议,邓旭初、苏宁先后传达了毛泽东的春节座谈会谈话和有关文件,组织干部和教师进行学习。在4月下旬召开的交大第三次党代会上,党委就贯彻毛泽东的春节讲话作动员报告。对于如何在高等学校中贯彻毛泽东的指示,高等教育部提出了“思想要积极、行动要稳妥”的原则,并于1964年9月就如何进行“教学改革”发出文件。为了防止“大跃进”时期大搞“教育革命”的教训重演,高教部一再强调:“一切改革都必须经过试点,并在总结经验以后,再逐步推广。在进行试验以前,应当通过教师充分的酝酿和讨论,使他们自觉和自愿地进行试验。”①

学校按照高教部文件精神,确立了本校以“小改”为主的教改原则。制订了《进一步贯彻执行毛主席对教育工作的指示与进行教学改革的几项措施》并颁发试行,提出狠抓教学内容“少而精”、深入学习“郭兴福教学法”进行启发式教育、继续改革考试方法等十项措施。文件强调,注意维护教学秩序的稳定,教学方法的改进要讲究实效,立足于提高教学质量,要求广大教师认真学习领会毛泽东的指示精神,结合自身的专业特点和教学传统,以“革命化、少而精、启发式、理论联系实际”②为重点,推进教学质量进一步提高。

各系、各教研组都注意贯彻“少而精”原则,联系教学工作进行分析和改进。副校长朱物华指出,“‘少而精’原则不能仅仅理解为‘浓缩’,理解为简单的按比例精简内容,而应根据各个专业培养目标与业务范围的要求,分清课程与内容的主次,使其‘突出重点、抓住精华’。因此在处理上,对于‘重点’‘精华’之处,也就是最基本的共同性、普遍性、规律性的内容,必须要讲深讲透,使学生能牢固掌握,灵活运用;在时间和内容上,有的可能还要增加一些,同时将一些次要的内容进行必要的删减”。③ 许多教师从实际出发,进一步精选教学内容,在讲课内容、习题课、实验课、生产实习和毕业设计等教学环节中努力贯彻“少而精”。物理教研组根据高教部制订教学大纲,拟出“各章教材的各类要求”,明确各章教材的讲授目的和要求,依教学内容不同分为四类:第一类是基本内容,要反复讲解,要求学生能牢固掌握;第二类是非基本内容,但学生必须掌握的,这些内容有的学生已有一定基础,有的可在实践性教学环节加以巩固,有的可在后续课程中深入学习,因此不必让学生花更多时间;第三类是一般内容,只要求学生有一般了解,不必详加分析与推导;第四类可有可无,一般是不讲,也可

---

① 高等教育部:《关于直属高等工业学校积极进行教学改革的几点意见(初稿)》(1964年9月8日)。《中华人民共和国重要教育文献(1949—1975)》,第1315页。

② 交大:《关于进一步贯彻执行主席对教育工作的指示与进行教学改革的几项措施(试行草案)》(1964年9月)。上交档:长-1345。

③ 朱物华:《在校务委员会扩大会议上的总结发言》(1963年1月15日)。上交档:永-411。

让学生自学。数学的“微分方程”课程精选了内容，收效很大。材料力学、电工学、金属工艺学等课程针对教学实践环节的实际情况，在习题课、实验课、生产实习和毕业设计等教学环节中也贯彻了“少而精”原则。如“理论力学”精选习题、突出中心内容、抓住最基本的方法反复练习；“材料力学”实验课内容突出重点、抓住中心，收到了较好的效果。船舶内燃机教研组在指导毕业设计方面，普遍删减了次要的计算，改变了面面俱到的讲授，压缩了设计说明书，精简了内容，突出了关键部分，从而减轻了学生负担，也提高了设计质量；在教学实习方面，该教研组也认真研究实习内容，突出主要工种，抓住关键工作，效果较好。船舶动力装置教研组“轴系与传动系统设备”课程的教师5次修改讲稿，精选教学内容。

在改进教学效果、提高教学质量中，教师们运用启发式教学方法，提高教学效果。学校以船舶动力系为教学改革试点，由校、系领导亲自把关，深入基层，进行具体指导。同时，学校又在400多门课程中，选择了31名业务素质较强的教师，在各个教学环节中运用郭兴福教学法、进行启发式教授法的试验，树立样板。在试验初步取得经验后，举行现场观摩会、经验交流会，予以推广。1964年，全校选择讲课、习题集、实验、教学实习、生产实习、毕业设计等6个教学环节进行试点，先后举行了17次经验交流会。学校总结启发式教授法的经验是：①用辩证唯物主义的观点分析课程内容，明确要求，精选内容，突出重点，充分备课；②调查研究学生的学习情况，从学生的实际情况出发，带着任务、带着问题教，对重点、难点讲深讲透；③加强直观教学和课堂演示，帮助学生理解，加深印象；在各个教学环节中适当运用提问议论、归纳总结等方法，把发挥教师在教学中的主导作用和发挥学生在学习中的主动性结合起来；④由浅入深，由简到繁，正误对比，启发诱导，循序渐进；⑤教师言教与身教结合，苦练基本功，严格要求自己，严格要求学生；⑥因人施教，对不同学生提出不同要求，使学生在学习时

20世纪60年代的船舶动力涡轮机实验室

始终精神饱满,兴趣浓厚。[①]

在教学中贯彻理论联系实际方面,教师们作了普遍的改进。课堂教学注意教学内容与生产实际联系,坚持运用实物、模型、挂图等直观教具,或深入车间、实验室进行教学。船舶涡轮机教研室傅志芳在讲授、复习"涡轮机结构及零件强度计算"课程时,带领学生到实验室的机器旁边一边讲解,一边提出问题,启发学生。理论力学教研室吴镇在习题课中实行了"以练为主,边练边议边讲"的做法。在实习中,船舶内燃机、发电厂电力网及电力系统、金属物理等教研室的教师经常带领学生深入车间,虚心向生产实际学习。在毕业设计中也增加了部分面向生产、为生产服务的课题,使学生通过毕业设计密切联系生产实际,受到更多的锻炼。[②]

在考试方法上进行改革。全校1964年上半年有23门课程试行了开卷考试,希望通过开卷考试的探索,启发学生独立思考,发挥学生的学习主动性。采取开卷考试的有专业课、基础技术课、基础课和政治课等不同类型的课程。考试时大部分是当堂发题,允许学生翻阅书籍和笔记。有的专业,考前就把试题发给学生,开放实验室,组织学生讨论,考试以口试与实验相结合的方式进行。许多教研组试行开卷考试前都作了充分的准备。考前,教师们反复分析和总结教学实际情况,并且多次向学生讲清开卷考试的目的和方法,积极辅导学生复习功课,消除了学生们对这种新考试方法的紧张心理。对怎样出好考题,许多教研组进行了慎重的研究,使题目具有一定的思考性,是基本知识的初步活用,又是工程技术上具有实用意义的问题。考试结束后,许多教研组的教师和部分班级的学生举行了座谈会,交流考试体会。[③] 例如焊接专业四年级试行开卷考试的是"焊接过程理论基础"课程,共考3个题目。这些试题比较全面地涵盖了学生已经学过的焊接冶金、焊剂、焊接金相等主要章节的内容,但在书本或笔记上难以找到现成答案。其中有,如果利用普通低碳钢钢丝代替"标准焊丝"做焊芯制造焊条,可能会发生什么问题,以及怎样选择焊条涂料等。它是一个既包括了焊接冶金的基本理论,又是在工厂中可能遇到的具有实际意义的问题。学生们应试时不仅翻阅了讲义和笔记,还到图书馆去借阅了有关的参考书,并且对"最可能会发生什么问题"展开了热烈的讨论。还有一个题目是在实验室进行的,要求学生实地制作金相试片,在显微镜下判别显微组织,并且用所学的理论解释各个区的显微

① 《上海交通大学关于教育改革工作的初步总结》,国防科委:《教学简报》第6期,1964年9月30日。上交档:长-1463。

② 余仁:《关于三个月来教学工作的基本总结和今后意见》(1964年7月17日)。上交档:永-433;《上海交通大学关于教育改革工作的初步总结》,国防科委:《教学简报》第6期,1964年9月30日。上交档:长-1463。

③ 《试行考试新方法,发挥学生主动性——交大部分专业上半年试行后取得一定成效》,《解放日报》1964年9月10日。

组织特点。这种考试方法，既抓住了焊接金相的主要部分，又能锻炼学生理论和基本实验能力相结合的基本功。

在教材编写方面，学校组织部分教师投入编写教材的工作并参加了全国性的教材编写委员会。1961 年 3 月，教育部发出《关于解决高等学校理科各专业全部课程及工科各类专业基础课和共同的基础技术课程的教材问题的计划》。文件指出，“教材建设是提高教学质量的关键之一”，“当前必须抓紧教材工作，把合适的教材作为通用教材定下来”。[①] 文中还要求各有关高校，“由于任务重，时间急迫，各校遴选的人必须是业务水平较高和具有一定编写教材的经验”的专家，请他们立即开展工作。

据 1961 年学校统计，各级教育主管部门分配上海交大主持的教材编写任务有船舶设计与制造等 9 个专业的全套专业教材共 177 门，电力机车等 4 个专业的专业课程 13 门，其中，造船类全套教材编写为交大的重点任务。学校还参加其他高校主编的教材 10 余门。[②] 物理教研组教授程守洙担任了教育部高等工业学校工科物理教材编审委员会主任委员，参与审订全国统编教材《普通物理学》的教学大纲，编制了 1962—1964 年编写工作规划。程守洙和江之永[③]两人牵头编写新的统编教材。他们以上海市高等工业学校物理学编写组编写的教材为基础，按 1962 年审订的试用大纲进行改编，对基础理论作了加强，对旧版中某些要求过高或偏重具体技术应用的部分作了压缩或删减。全书的篇幅较旧版缩减了三分之一。《普通物理学（第二版）》经教材编审委员会全体会议审阅通过，于 1964 年 2 月由人民教育出版社分三册出版，在全国高等工业学校普遍使用。这套教材是国内使用时间最长、使用范围最广的大学物理教材之一。高教界评论，这套教材是“我国建国以来第一本切合我国国情、具有独特风格的自编通用教材，对稳定教学秩序起了重要作用”，是一本“影响面广、质量高的理工科物理教材，成为全国最畅销的科技图书之一”。同时，交大物理教研组还着手编写物理实验教材，于 1962 年出版。[④]

船舶制造系的教师也陆续编写出版了一批专业教材，有盛振邦主编的《流体力学》与《船舶推进》；陈铁云等主编的《杆及杆系的弯曲与稳定性》《开口薄壁杆件的弯曲、扭转与稳定性》和《船舶振动》；潘伟文主编的《船舶制图与习题集》；李学道等编写的《弹性力学》；杨櫆主

---

① 《关于解决高等学校理科各专业全部课程及工科各类专业基础课和共同的基础技术课程的教材问题的计划》(1961 年 3 月 22 日)。《中华人民共和国重要教育文献(1949—1975)》，第 1031—1032 页。

② 《上海交通大学纪事(1896—2005)》(上卷)，第 527 页。

③ 江之永为同济大学教授，教育部高校工科物理教材编审委员会委员。

④ 《上海交大百年物理》，第 42—43 页。

编的《船舶静力学》等。当时归造船系领导的几个力学教研室也编写了各自的教材,如吴镇主编的《理论力学》、黄静安等编写的《材料力学》。[①] 其他各系教师也都编写出版了大批有特色的教材。

学校还加强电化教育为教学服务,及时更新和普及电化教育技术,电化教室数量增加、设备更新。基础课、专业课教师充分利用电化手段丰富教学内容,改进教学,取得成效。如工程画教研组配合教学放映《立体相贯》等影片,帮助学生形象地认识和理解空间概念,达到了预习、复习作用。

在外语教学方面,学校历来强调把外语作为一名工科大学生必须掌握的基本工具,要求学生能够比较熟练地掌握、运用一到两门外语,顺利阅读外国专业文献。1961 年,交大共开设了俄、英、德、法、日 5 种外语课,每个专业各安排第一、第二外语共 300 余学时,占总学时数的 10%左右。外语学习不仅仅安排在基础课阶段来完成,还贯穿在学生在校学习的整个过程,做到“细水长流”。外语教研组为了做好教学工作,专门成立了教学法研究组,经常总结教学经验和教训,他们组织了“如何精讲多练”“如何搞好二年级的讲读课”等专题讨论,集体切磋教学方法。教师们从多年的教学经验中总结出,在教学中一定要打好语言基础,学生要在掌握好外语的一般语法规律和通用词汇后,再结合专业适当学习有关的专业词汇和阅读文章,这样,运用外语的能力就会更强。学生到了四、五年级,在阅读外语专业书籍时还会遇到困难,外语教研组就及时开展课外辅导工作。为了帮助高年级学生巩固外语能力和水平,他们根据外语阅读中的一般性问题,及时举办“外语翻译讲座”,深受学生们的欢迎。每逢讲座时,可容纳数百人的大教室里挤满了学生,有时同一讲座要连开数次才能满足要求。外语组还设立了“外国语答疑

校园里学生自发组织的学习小组

① 《从船舶到海洋工程》,第 93—94 页。

箱”，编选结合专业的课外读物，组织放映外语电影，使用电化设备帮助学生做发音和听力的训练等，辅导学生自学。[①]

为了提高教学质量，师生们组织了各种形式的课外学习辅导活动，把学生的注意力和积极性吸引到学习上来。学校举办“学生作业展览会”，随时交流学生的学习经验，为广大学生掌握良好的学习方法提供样板和借鉴。1962 年春，学校征集了比较优秀的学生作业 200 余件，在校内举办展览会。展品中有笔记、习题、制图、实验报告、外语练习、生产实习报告、课程设计和毕业设计（毕业论文）等。每件作业还附有指导教师的评价，指出优点和进一步努力的方向。展出的学生课堂笔记中不仅有记载比较全面、认真的笔记，还有补充了自己学习体会的笔记、小结式的笔记、个人钻研心得的笔记等。例如，发电专业四年级学生秦书勤的“热力发电厂”课程笔记，不仅把教师的主要内容记得较全面、准确，而且还通过课后复习，从有关杂志、参考书上摘录对同一问题的不同解说、方法和自己的心得体会。冶金系二年级学生施姣钰的“高等数学（基础部分）”的 6 本习题簿中，有 420 多个习题，教师给予好评：“计算正确简洁，层次分明，作图正确美观，书写端正。”学校通过这些展览，促进学生重视基础理论的学习与基本训练，提倡作业要条理分明、结论正确、分析深入、文理通顺、书写整洁。[②] 1965 年 6 月，学校又结合教学工作会议，举行教具、讲稿、实验基本功、劳动实习、教学改革、科研成果等 6 个教学展览会。上海市高教局组织上海市高校、中专学校的负责人专门来校参观。[③] 许多教研组加强学术黑板报的出版工作，每期都针对学生学习情况刊登“错误分析”“题目征解”等专栏，还配合教学进度刊登教师撰写的学习指导文章，启发学生的思路，帮助消化课堂知识。通过这些措施，学生们可有更多的时间复习功课，巩固课堂知识，对基础理论中难点的理解也更加深刻。外语教研组出版“外语学习”黑板报，每周一期，摆放在校园里的显著位置，吸引众多学生观看。黑板报经常刊登一些教师和学生撰写的文章，畅谈在外语教与学方面的体会，每期都开设“习题错误分析”“同义词区别”“前置词、形动词举例”和“翻译示例”等栏目，还不时刊登科技新闻、主题会话、学生来稿等外语短文。[④] 校团委和学生会出版的黑板报则报道学生回顾、小结大学生活的体会，介绍和交流学习经验，特别着重介绍如何听好课、正确处理复习与作业的关系以及科学地支配时间等方面的经验，以帮助更多的学生适应大学学习生活，提高学习质量。由于黑板报密切结合课

---

① 《上海交大加强外国语教学》，《文汇报》1961 年 7 月 5 日第一版。

② 《交大举办作业展览会》，《文汇报》1962 年 1 月 13 日第二版。

③ 《上海交通大学纪事（1896—2005）》（上卷），第 553—554 页。

④ 《交大“外语学习”黑板报受欢迎》，《解放日报》1962 年 3 月 17 日第二版。

堂教学,内容丰富,对帮助学生巩固和提高学习成绩很有帮助,因而一到课余时间,黑板报前常常挤满了人,成为最受学生欢迎的地方。

四、研究生培养

上海交大的研究生培养工作起步较早,自20世纪40年代设在重庆办学的交大开始招收研究生后,基本延续下来。学校在研究生培养方面逐步形成了管理机制与教学传统。20世纪50年代末,为了加强对研究生培养工作的管理,学校设立了负责研究生教育日常管理的机构——研究生科,设在科研管理部门中。学校还制定了有关研究生教育和教学工作的规章制度。学校于1959年7月招收的研究生有船舶制造系5人,船舶动力机械系、冶金系、电机系、机械系各2人,共13人。1960年后,船舶结构力学、船舶动力装置两个专业首次参加招生。

1966届船舶流体力学专业研究生陈明义的毕业文凭

毕业文凭

学生陈明义 系福建省福州市人,一九四〇年八月十三日生,于一九六二年九月 日进入本校船舶制造系船舶流体力学(研究生)专业(三年制)至一九六六年十一月 日学习期满,准予毕业。

上海交通大学

校长 刘述周

一九六六年十一月

文凭登记上字第 007 号

1961年颁布的“高教六十条”中,进一步明确了高校的研究生培养工作:“高等学校应该重视培养研究生的工作,根据教师条件和科学研究的基础,招收研究生,培养科学研究人才和高等学校师资。培养研究生,必须选拔优秀人才,严格保证质量,宁缺毋滥。”[①]学校贯彻“高教六十条”,对研究生招收严格把关,招收的人数逐年增加。1961年已有在校研究生108人,船舶制造系共19人:船舶结构力学9人、船舶流体力学7人、船舶制造与设计3人;船舶动力系共22人:船舶内燃机10人、船舶动力装置6人、船舶涡轮机3人、船舶锅炉3人;电机系共12人:发电厂配电网及电力系统2人、船舶电气4人、电机原理3人、电器3人;冶金系共12人:金属学4人、钢铁冶炼6人、轧钢2人;机械系共17人:

① 《中共中央关于讨论和实行教育部直属高等学校暂行工作条例(草案)的指示》(1961年9月15日)。《中华人民共和国重要教育文献(1949—1975)》,第1061页。

机械制造 7 人、起重机 9 人、精密仪器 1 人；机车系共 26 人：热力机车 15 人、车辆 8 人、电力机车 3 人。[①]

为了保证研究生培养质量，学校遴选优秀教师作为导师。例如周志宏从 1959 年开始招收研究生，在他的指导下先后有 4 名研究生从事氧气炼钢课题。教研室把科学研究、实验室建设与研究生的培养工作三方面有机地结合起来，周志宏于 1963 年抽调 2 名青年教师、2 名技工和 2 名研究生一起组成科研小组，开始筹建氧气炼钢模拟实验室。这是教研室第一个科研小组。为了使研究工作紧密联系生产实际，科研小组选择“中磷生铁冶炼”“马鞍山含矾高磷生铁冶炼”“液态金属温度的连续测量”及“氧气炼钢熔池水力学”等四个课题作为第一阶段的研究内容，其中前两个课题作为研究生的论文课题。第一个课题直接针对上钢一厂的需要，所得结果逐步在半工业性试验中加以采纳应用；第二个课题研究结果对解决马鞍山地区铁矿资源的综合利用具有很大意义。同时，科研小组通过厂校协作，吸收了现场试验的某些现象与结论，从而丰富了原有毕业论文的内容与质量，开阔了研究生的眼界。由于研究生培养纳入教研室的工作，科研中坚持了理论联系实际与三结合的原则，使研究生的培养更有了起色。[②]

张钟俊早在 1943 年就在交大创办了电信研究所，开始指导研究生。新中国成立后，他的专业领域又拓展到电力系统、自动控制等领域。20 世纪 60 年代，他在这些专业都招收了研究生。张钟俊培养研究生讲究“实、严、新”三个字。“实”就是基础扎实，他要求学生必须有严格的数学基础，具备扎实的抽象思维能力和分析能力，为独立从事研究工作创造条件；“严”是指推理严格，他在指导学生论文时都要经过再三推敲，仔细审查其中的逻辑性，对其中出现的“显然可得”这些容易忽视之处特别慎重；“新”是指选题要新，要敢于接触那些前沿课题，他指导的学生论文都以国内外学术前沿问题作为研究对象。张钟俊在讲课时从不照本宣科，给研究生上课不用教本，总能把世界上最前沿的科学技术作为授课的重点。他所讲授的内容，往往与国外科技界的研究进展是同步的，能及时向学生介绍专业领域最新、最前沿的理论和方法。[③]

杨槱于 1963 年起指导研究生。当时，杨槱正在进行船的稳性和摇摆研究，在有风浪的海面上，摇摆对船的安全性和船上人员的舒适性都有密切的关系。虽然那时海洋不规则波理论与船舶的适航性是造船界的热门话题，但是杨槱选择了实用性更强的“被动式减摇水

① 《高等学校研究生报表》(1961 年 10 月 12 日)。上交档：长-884。

② 760 教研室：《研究生培养工作的几点体会》，《交大教改情况简报(第 137 期)》1965 年 9 月 2 日。

③ 郑茂：《张钟俊——中国系统工程创始人》。王宗光：《老交大名师》，上海交通大学出版社 2008 年版，第 199—200 页。

舱”作为研究方向。他的第一个研究生作出了创造性的工作,在研究中设计、监制部件并装配了我国第一个减摇水舱摇摆试验台。试验台结构简单,费用低,使用方便,可以代替船模在造波试验水池中进行减摇水舱的模型试验,曾用来进行了大量的试验研究。该研究生于1965年完成了论文《被动式减摇水舱的模型试验及其在水中的应用》,成为船舶设计单位开发被动式减摇水舱有价值的参考资料。[①]

五、“半工半读”和夜大学

1964年5月,中央肯定了刘少奇提出的“两种劳动制度和两种教育制度”的建议,即全日制的劳动制度和教育制度、半工半读或半农半读的劳动制度和教育制度。不久,刘少奇指出:“要把两种劳动制度、两种教育制度作为正规的劳动制度和教育制度,每个省、每个大中城市,都来着手试办。从当前讲,这个办法可以普及教育,减轻国家和家庭的负担,从长远讲,可以逐步消灭脑力劳动与体力劳动的差别。”[②]于是,高教部及上海市均开始在各级各类学校推行半工(农)半读教育的试点。

1964年9月,上海交大试办半工半读教育,与江南造船厂合办水面船舶设计与制造专业,在学校附属工厂开办机械制造工艺专业。水面船舶设计与制造专业以江南造船厂为工读的生产劳动基地,主要劳动工种为焊接工和钳工;教育方式是半天上课、半天参加生产劳动,把理论教育和生产劳动结合得更为紧密。[③] 机械制造工艺专业以交大附属工厂为工读的生产劳动基地,主要劳动工种为车工和钳工。该专业共安排了6名教师和11名工人指导学生,采取“集中教、分散教、参观自学”三结合的方法,指导教师采取领导、教师、工人三结合,着重培养学生的实践能力。[④] 两个专业的学制均为三年(专科),劳动时间与教学时间比例约为4∶6,工读采用隔周轮换的方式进行,最后一个学期学生应参加结合技术革命、技术革新的毕业设计。[⑤] 该两个专业在1964年各招生30余人,1965年各招生60余人,两个年级在校就读学生共190人。这种教育形式开办不到两年,由于“文化大革命”爆发,学生亦未能完成预定的教学计划,在1968、1969年先后毕业分配。

交大开办的夜大学也为社会培养了一批高级专业人才。夜大学由交大夜校部统一管

① 杨槱:《一个造船者的自述》,上海交通大学出版社,1997年版,第101—102页。

② 中共中央文献研究室编:《刘少奇年谱(1898—1969)》,中央文献出版社1996年版,第589页。

③《上海交大与江南造船厂联合试办半工半读》,《文汇报》1966年3月1日第一版。

④《上海交通大学纪事(1986—2005)》(上卷),第551页。

⑤ 交大:《关于半工半读几点情况说明》。上交档:永-468。

理。夜大学学员均来自上海市有关工厂、企业、研究所、机关和学校在职的工人、技术干部和教师，一般学制为6年半；入学者应具备中专毕业程度或相当于高中毕业程度，经过一定的考试合格，完成学业后授予大学本科文凭。夜大学重视理论基础的教学，也重视联系实际的实践环节，培养学生解决实际问题的独立工作能力。20世纪60年代起，夜大学又陆续增设了动力装置、无线电、轧钢等专业。根据中央调整方针，1962年后夜大学陆续停办各分校，学员并入总校。[①] 1961—1965年，上海交大夜大学毕业了四届学生共718人。

第三节　开展科学研究

一、开展学术活动

“高教六十条”颁布前，学校工作主要以教学为主，学校强调通过开展学术活动来提高教学质量。1959年10月，学校常委扩大会议专门研究科学研究工作。科学研究部负责人李士敏报告全校的科研状况，要求进一步活跃学术空气，总结科研成果，认真开好科学报告会；还要各教研组做好科研工作的规划、科研成果的鉴定与推广。副校长陈石英总结科研成果时提出，要“着重总结通过科研提高教学质量的经验，总结与生产结合方面的经验，总结师生对破除迷信的思想转变的情况”。校长谢邦治强调，“高等学校开展科学研究工作，是贯彻党的教育方针问题，活跃学术空气，提高学术水平，对于高等学校来说是非常重要的，与教学质量的提高有极大关系”。这次会议后，全校的学术活动广泛举办，各系纷纷召开科学报告会，许多年级也召开了学生科学报告会。谢邦治亲自参加电机系、船舶动力机械系等系的科学报告会，并在会上发言。青年教师何友声撰写《论学术风气》一文，指出：“展开广泛的学术研究和讨论还能加深和扩大对事物的认识，这特别对培养青年一代都有重要的作用，使他们认识到学术既不是绣花，也不是机械，而是运动着和发展着的东西，光懂一些书本上的结论是没有用的。”[②]1960年2月，上海市委召开文教工作会议，交大科学研究部的代表在会上发言，总结了1959年的科技情况：全校共召开大小科学报告会数十次，提出报告论文270余篇；对低合金高强度钢、高温轴承钢、铁—钨—硅耐热钢等进行了较为系统的研究，对长江三峡电力系统和超高压输电线也进行了研究；试制了电力系统动态模拟、交流计算台、内过电压模拟计算台等

---

① 《上海交通大学志》，第351—352页。

② 以上所引资料均见《交大》1959年第219、222、223各期。

科研设备，进行了15 000吨柴油机自卸式运煤船的设计及船舶稳性、船用燃气轮机、低速大马力柴油机等研究工作；在原子能科学方面，试制了探测仪器及初步调整2台静电加速器等。[①]

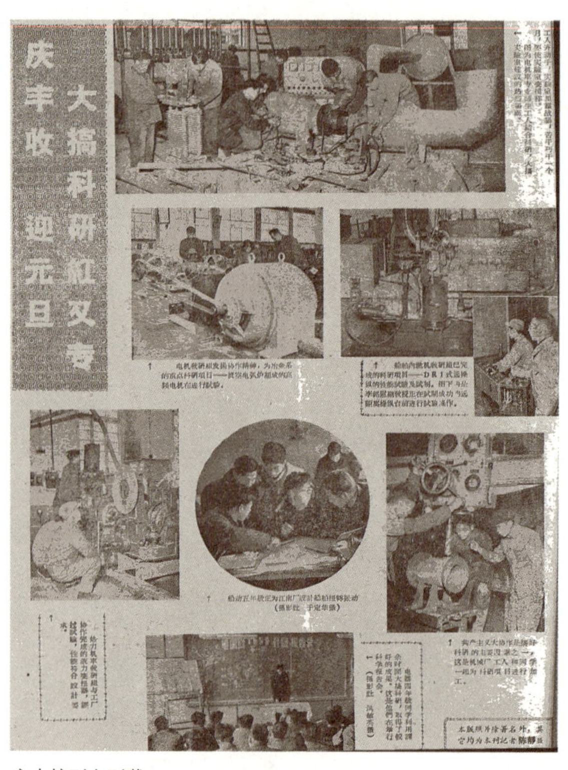

大搞科研 紅又专
庆丰收 迎元旦

电机教研组发扬协作精神，为冶金系的重点科研项目——真空电弧炉制成的高频电机在进行试验。

船动五年级正为江南厂设计船舶扭转振动
（摄影社 于定华摄）

本版照片除署名外，其它均为本刊记者陈静摄

交大校刊上刊载师生们开展的多项科技活动

1961年上半年，学校举办了90余次学术报告。教师们更加自觉地查阅国内外文献资料，总结科研工作中的实际经验。冶金系教师结合教学任务，做了轧制生产的新技术和铸铁石墨球化理论等学术报告。起重机专业教师结合课程和教材建设，连续举行了6次学术报告。有些教研组结合提高教学质量，进行理论探讨或教学法活动，对培养、提高师资的作用更为明显。电器专业有一门“磁性元件”课程，其中“理想磁放大”理论国内外看法不一致，学生难以掌握。电磁教研组为了提高讲授“磁性元件”课程的质量，将全组教师分为4个小组，分别钻研了苏、英、美等国有关理想磁性放大器的理论，研究了各方面的观点，终于找出一种被学生容易理解的授课方案。大多教研组都结合备课、教材建设、毕业设计、毕业论文、教学法研究及实验室建设等来开展各种学术活动，如船舶动力机械系的“新型双机身发动机”“高增压柴油机”等课题都取得了很好效果。在开展校内学术活动的同时，各专业还注意加强与校外有关学会的联系，如在上海市造船学会、上海市力学学会、上海市机械工程学会召开的年会上，交大均有有关专业师生参加，先后提交30余篇论文报告。一些老教授带头作学术报告，物理教研组70多岁的老教授周铭作《标准钟》的学术报告，冶金系周志宏作《氧气炼钢金属相变理论》的学术报告，船舶原理教研组王公衡、车辆教研组程鸿炳等也都带头作学术报告。材料力学教研组黄静安提交的《铸钢高压容器》的论文报告不但引起校内的关注，在上海市机械工

① 科学研究部：《高举毛泽东思想红旗，坚持不断革命精神，迅速攀登科学高峰》。上交档：长-614。

程学会的年会上引发了热烈讨论。学术活动有利于学生学习质量的提高，如起重机专业学生在教师指导下，结合毕业设计，围绕“门座起重机计算理论”研究课题举行了几次学术讨论，学生们掌握了新旧计算方法，并就某些理论问题进行探讨。[①]

“高教六十条”颁布后，学校学术讨论的风气有所深入和扩展。截至1962年10月底，全校共举行230余次学术活动，提交科学论文报告172篇，其中提交各自然科学专门学会学术会议的论文报告共73篇，在全国性和上海市公开出版的学术刊物上发表的论文报告共51篇。在提交各学会学术会议的论文报告中，周志宏的《碱性氧气转炉炼钢的评价》、杨槱的《中国造船发展简史》、罗祖道与青年教师合作撰写的《弹性圆柱薄壳的一般稳定性》等报告引起各方面的重视。在中国造船学会年会上，交大所提交的18篇论文报告中，许多是青年教师撰写的，也引起了与会代表的注意。

1962年，学校的学术活动制度建立后，大部分教研组都能够自觉执行。每星期二下午安排学术活动，都能积极参与。船舶制造系、船舶动力系、电机工程系、机车系等大部分教研组做到每月组织不少于一次全体参加的学术活动；船舶动力系大多数教师每学期都撰写一篇论文报告。此外，邀请校外专家、学者来校作学术报告的次数也有所增加，如机械制造系邀请西安交大史维祥来校主讲《液压随动系统》讲座，受到专业教师的欢迎，船舶动力系也有不少中老年教师前往听讲；南京航空学院彭成一的《利用涡轮喷气发动机作气源的问题》、上海市自然辩证法研究会李宝恒的《自然科学和哲学的关系》、铁道部株洲电力机车研究所总工程师蒋云骧的《各国电力机车技术述评》等学术报告都颇受欢迎。[②] 1962年11月，学校举行第五届科学报告讨论会，在两个月内推出54场学术报告，由各系依次连续举办。1962年9月和1963年1月，国防科委、上海市委先后批复同意《上海交通大学学报》复刊。国防科委的批文称：“为了推动学校科学研究工作的开展，活跃学术空气，以提高师生学术水平和教学质量，同意你们恢复学报刊物。纸张有困难，则可压缩发行数目，注意质量。”[③]这些学术活动大大活跃了校内的学术气氛。

1963年全校共举行学术活动492次，共提交科学论文报告255篇，其中提交各学会年会及专题学术会议的论文报告共72篇，在各种公开出版的学术刊物上发表的论文报告共49篇。在全国第一届热处理学术年会上，周志宏提交的《略谈热处理的发展概况及今后展望》是唯一一篇大会报告的学术论文，大会当即翻印了600份，讨论非常热烈，评价很高；徐祖耀的《高速

---

① 《上海交通大学关于开展学术活动的情况报告》(1961年6月)。

② 朱物华：《我校学术活动情况及今后半年的打算》(1962年11月13日)。上交档：长-1007。

③ 国防科委：《关于(上海交通大学)学报复刊的批复》(1962年9月27日)。上交档：永-366。

钢回火的新工艺》论文,也得到很高评价。在武汉全国画法几何制图的科学报告会上,工程画教研组莫善祥提出《小圆角的处理——渐灭线与过度线》一文得到好评,被认为有实用价值。

1963年12月10日—31日,"日本工业展览会"在上海展出。在展会上,教师们参加了与日方的技术交流项目27项,专业参观项目18项。例如,在"高温金相显微镜"项目的交流中,教师们与日方开展了13次业务交流活动,对新一代金相显微镜的发展趋势作了探讨。

二、科学研究成果

1958年以前,科研活动只限于少数专家、学者参与,项目不多。"大跃进"期间,学校参与科研的师生猛增至数千人,参与项目也有400余项,科研经费一度上升到一二百万元。其中,有相当数量的项目是合作参与工厂企业的新型产品设计研制,如设计当时最大15 000吨自卸运煤船、设计2 000匹马力低速重型柴油机、设计制造探空火箭项目等。还有师生参与了国庆十周年首都"十大建筑"中北京火车站自动扶梯的设计项目,当参与设计的师生亲见周恩来等中央领导乘上了自动扶梯时备感自豪。

进入20世纪60年代,上海交大的科学研究工作进展明显。由交大教师为主开展的科研项目主要在两个方面:一是国防工程技术方面,围绕造船、原子能技术、火箭技术等方面的科学研究工作共计34项,进行了造船原理、舰船结构、舰用燃气轮机和内燃机、舰用电气、加速器技术及理论、稀有金属、计算机技术、电子技术等方面的研究,试制成功2百万电子伏可移动式静电加速器,0.4和0.2百万电子伏高压倍加器也完成了设计和大部分试制工作。二是民用工程技术方面,所参加的重大科研共计10项,有新型船舶、特种船舶、新型内燃机、蒸汽燃气联合装置、高温材料、程序控制自动线、特种轻合金铸造、新型仪表、新型电力设备、低温物理及编写《辞海》相关篇章等工作,还结合学生的专业设计进行了万吨自动装卸矿石船、远洋考察船的设计等,在国家评比中获得好评。学校与上海有关工厂协作,进行了自由活塞、回转式内燃机、QDY新型机车的设计研制工作等。

1960年初春,学校曾抽调部分教师和四年级学生100多人,集中进行设计并试制水上气垫船。5月初,"JT号"气垫船研制成功,船体重4吨多,气垫船悬浮高度4—5厘米,前进速度达40码。试验成功后,气垫船模型送到上海市科技馆,在上海市举办的"四新成果展览会"展出。1960年5月27日,毛泽东在上海参观了光缆技术展览和工业展览,[①]又观看了上海交大参展的气垫船模型。毛泽东向在场的在校预备教师徐福连仔细询问气垫船的各种性能,

① 逄先知、金冲及:《毛泽东传(1949—1976)》,中央文献出版社2003年版,第1079页。

并打着手势说：“你们的气垫船很好，但能不能飞得更高一些？能不能齐胸高，超过小树、矮房子？”[①]徐福连均作了回答和解释。

1958年，在钱学森的直接指导下，上海筹建了从事尖端科学技术研究的“上海机电研究院”。上海交大船舶动力机械系副主任王希季[②]受命担任该院的总工程师，交大毕业生潘先觉[③]任首枚探空火箭的主任工程师，研究院还从交大应届毕业生中选拔了一批专业骨干参加研制。1960年2月19日，新中国自行设计、制造的第一枚探空火箭在上海南汇的滨海地带发射成功。试验的成功，引起中央高度重视。4月18日，钱学森陪同聂荣臻、张劲夫[④]、裴丽生[⑤]等冒雨来到设在江湾的简易火箭试车台参观，视察火箭主发动机、热试车。这次喷气推进试验很顺利，受到聂帅赞扬。钱学森即席发表感想：“中国人不比美

1960年5月28日，毛泽东在上海参观我国首枚探空火箭实体，听取交大毕业生潘先觉(右2)的介绍

① 何友声：《关于伟大领袖毛主席观看我校研制的气垫船模型情况的回忆》(1978年1月14日)。上交档：长-702。

② 王希季，云南大理人，中国科学院院士，曾就读于西南联合大学、美国弗吉尼亚理工学院，任职大连工学院、上海交通大学、上海科技大学、上海机电设计院、七机部、中国空间技术研究院等。我国著名航天技术专家，获“两弹一星功勋奖章”等。

③ 潘先觉，浙江绍兴人，曾就读交通大学，参加清华大学力学研究班学习；任职上海机电研究院等。航天动力学专家。

④ 张劲夫：时任中国科学院党组书记、副院长。

⑤ 裴丽生：时任中国科学院副院长。

国人差,我们在美国初期干的时候,也和这次差不多。中国人不必自卑。"①

1960年5月28日晚,毛泽东在杨尚昆、柯庆施等人陪同下参观一个陈列高端科技成果的展厅,其中就有第一枚探空火箭的实体模型。他听取了潘先觉的汇报,详细了解了火箭的设计、研制经过、技术性能、各部组件名称及功用,并与潘先觉交谈。当他得知潘先觉毕业于交通大学,在校学的是机器制造专业时,毛泽东风趣地说道:"你回答得很好,实践已使你们学习到火箭专业的全部知识,你们能把这枚火箭自力更生发射成功,也就是火箭大学研究院毕业。"②

当晚,毛泽东还参观了由上海交大研制的移动式静电加速器展品。

中央颁布的"高教六十条"中明确规定,"高等学校应该积极地开展科学研究工作,以促进教学质量和学术水平的提高……高等学校的科学研究工作,应该根据国家当前和长远的需要,以及学校的具体情况来确定。……高等学校应该把教科书和教学参考书的编著,当做一项重要的科学研究工作……高等学校开展科学研究的主要力量是教师"。③ 此后,上海交大的科学研究开始纳入学校的经常性工作。

1961年9月,学校制订研究工作条例。1962年2月,学校把科研处改为科研生产处,负责校内的科研和生产活动的管理。管理机构和管理制度的建立,保证了学术活动和科研工作的有序进行。划归国防科委领导后,学校根据国家有关要求编制了十年科学研究规划,强调把国防建设和生产建设中的重大课题及科学技术的理论研究放在重要地位。④

与20世纪50年代相比,学校的科研经费即使在国家经济困难的时期,也基本上保持了相对稳定的趋势,如1962年280万元,1963年200万元,1964年340万元,1965年267.5万元,1966年上半年220万元。⑤

1961年,因贯彻中央调整方针,全校重大科研项目从原来109项调整为25项,其中,国家科委和国防科委重大科研项目6项,教育部重大科研项目4项,上海市科委重大科研项目9项,地方企业、人民公社的重大科研项目3项,学校自选重大科研项目3项。⑥ 项目主要有农业机械化电气化研究、新型金属材料、海洋调查船、地面效应飞行船、快速沿海客货轮设计

---

① 郑成良、张现民:《钱学森年谱》(上),中央文献出版社2015年版,第221页。

② 潘先觉:《难忘的一小时》。《毛泽东在上海》,中共党史出版社1993年版,第207页。

③《中共中央关于讨论和实行教育部直属高等学校暂行工作条例(草案)的指示》(1961年9月15日)。《中华人民共和国重要教育文献(1949—1975)》,第1061页。

④《上海交通大学1962—1963年度第二学期工作要点(草案)》(1963年2月26日)。上交档:永-409。

⑤《上海交通大学志》,第602—603页。

⑥《上海交通大学概况》(1961年3月10日)。上交档:永-345。

等。[①] 1962 年以后，学校的科研任务不断加大。如 1963 年，承担研究项目 37 项，其中国家十年规划任务 14 项、国家项目 17 项、地方项目 2 项、协作项目 2 项、自选课题 2 项；按研究性质分，属国防工业的 15 项、属国民经济的 14 项、属基础理论研究的 8 项。1964 年承担研究项目 27 项，其中国家十年规划任务 16 项、国家项目 11 项；按研究性质分，属国防工业的 13 项、属国民经济的 10 项、属基础理论研究的 4 项。除了国家下达的科研计划项目以外，交大还与 42 个研究单位、51 个工厂企业建立了协作关系，签订了 58 项业务合作协议书，承担了大量国防和地方企业委托的研究任务。例如，受国防企业委托，对我国自行设计试制的新型登陆艇的船体强度、发动机的扭矩与推力及摇摆振幅和周期进行不同负荷下的登陆与退滩试验，初步了解了发动机在推车、倒车时推力变化的规律等；参与了某舰艇测试主机轴扭矩与推力、船体强度、火炮后坐力、振动、摇摆等实船试验。1964 年还接受国防系统企业的研究任务 15 项、地方企业的任务 37 项。[②]

1961 年以后，上海交大的科研活动取得许多成果。在冶炼技术方面，进行了氧气炼钢的研究与推广。其中，周志宏根据国际氧气炼钢动向，较全面地进行了国内外资料的收集分析，撰写《碱性氧气转炉炼钢的评价》等 4 篇论文和报告，与有关专家一道提出了我国发展氧气炼钢的建议。他与上海黑色冶金设计院、上钢一厂等单位合作进行了有关氧气炼钢车间的设计，于 1963 年自行设计、试制了实验室用纯氧顶吹转炉设备，并进行了模拟试验。在真空冶炼的研究方面，学校教师参加了上海电炉厂真空感应炉及真空电弧炉的设计和产品的调整验收。在新型舰船的设计与试验研究方面，学校教师进行了 8 800 匹马力船用柴油机等项目的研究，有些研究成果在生产单位得到应用，如 2 200 匹马力柴油机于 1960 年投产后，成为乙型 3 000 吨客货轮及沿海客货轮的主机。在精密电测仪器的研究试制方面，学校教师设计、试制的“61 型电阻应变仪”获得成功，仪器部分指标接近国外同类先进产品，1963 年投入批量生产；还设计、试制了晶体管五线动态电阻应变仪、无接触式测振仪、高绝缘电阻测试仪等。在小模数齿轮精密加工仪器的设计方面，学校教师与上海量刃具厂合作研制的“小模数齿轮周节累积误差半自动检查仪”试制成功；与上海航海仪器厂等单位协作研制的“y35－1 滚齿机”的精度检验与机床改装，经上海计量局进行齿轮鉴定，精度达 6 级以上。在农业机械方面，学校教师与诚孚动力机械厂协作试制了手扶拖拉机用 7 匹马力柴油机等。[③] 这些成

① 《关于上海交通大学 1961 年事业发展规划》(1961 年初)。上交档：永- 318。

② 《上海交通大学志》，第 380—381 页。

③ 《鼓足革命干劲，在教学为主的前提下，积极开展科学研究》(1964 年 4 月)，《1964 年科学研究工作会议文件汇编》。上交档：长- 1362。

果在生产应用中都取得很好的效果。

材料力学教研组共有教师28人,多年来先后开设“材料力学”“弹塑性力学”“试验应力分析”“板壳理论”等6门全校性的基础技术课及有关的专业课,培养了两届固体力学专业毕业生;从1962年开始招收固体力学专业的研究生。教师平均每学期面对学生约1 300余人。教学任务虽然很重,他们仍能在保证教学质量的前提下,挤出人力为上海市有关单位解决技术问题。他们先后参加了高压容器的研究工作,与华东电子仪器厂协作研究、试制了电阻应变仪,参加了当时我国最大的万吨水压机的全面应力测定实验,研究了无轨电车传动轴的疲劳强度、高强度钢的力学性能等项目;并先后与20多个生产单位及科学研究部门进行协作,解决各种技术问题30多个,撰写学术论文和总结报告等52篇,其中在全国发表的8篇,在省、市学术会议及学术刊物上发表的12篇。[①]

工程力学系的教师在结合生产实践从事科研和教学方面做出成绩。例如罗祖道为自行车轮箍建模,按弹性基础梁求解,解决了工程问题。他还拓展了双金属壳和波纹管稳定性的研究领域。黄静安结合生产进行机械强度理论计算,追讨回了进口设备过程中应由德方赔付的大笔资金。胡善荣开发了电子应变仪的系列产品,陈凤初在古典动力学的诠释方面竭尽心力取得成果,刘应中、汤福坤、李康先、杨文雄、夏有为等都在各自领域的研究中取得了成绩。[②]

电机工程系从事的研究工作也取得成绩,如电力专业在高压输电线换位对电信线的影响、同步电机再整步问题的研究上取得了成果;高电压专业除进行电力系统防雷过电压保护和绝缘配合研究外,还和上海电机厂、上海电瓷厂和西安变压器厂协作,解决生产中的高电压理论与实际应用问题,形成了良好的厂校协作关系;船电专业研制成功电磁感应发送器操舵仪;消磁专业建成了军舰消磁站。[③]

1964年1月,在北京举办的“全国新产品展览会”,上海交大选送的展品共8项,有“高温扭转蠕变试验机”“高温金相显微镜”“氧气炼钢”“SY-1型晶体管五线动态电阻应变仪”“YJD-1型电阻应变仪”“JD-21型扫描示波器”“三角形桥架起重机”“双层客车”等。同年10月,交大又参加上海市“四新”技术交流展览会,共展出科研成果21项。

---

① 《鼓足革命干劲,在教学为主的前提下,积极开展科学研究》(1964年4月),《1964年科学研究工作会议文件汇编》。上交档:长-1362。

② 何友声、刘桦:《工程力学系的前四年和后三十年》(2008年11月8日)。《上海交通大学工程力学系建系五十周年纪念册》,第4页。

③ 《上海交通大学电气工程系志》编纂委员会:《上海交通大学电气工程系志》,上海交通大学出版社2008年版,第69页。

1964 年，交大教师参加改装安-2型水上飞机

上海交大的校办工厂自20世纪50年代创办以来，一直为学校的教学科研服务，还承担了大量生产任务，许多由专业教师新研制出的成果都是通过校办工厂试制定型成为产品的。20世纪50年代末，交大校办工厂设有机械厂、总修厂、仪器厂、电工厂、冶金厂、船模工场等，还有机械系附属工厂、元件厂等。1961年，学校对校办工厂进行整顿合并，设有设备工厂、冶金厂、实习工厂、船模工场等。校办工厂的主要任务是，对校内大学生进行基本工种训练。在保证科研加工和教学设备制造配套工作的前提下，根据需要和可能为国家生产部分精尖产品，逐步定型，投入生产。这一时期，在各系专业教师的协助参与下，校办工厂自行设计、试制设备和仪器的能力大大加强，生产出高温扭转蠕变机、高温真空蠕变机、高温金相观察装置、机车震动仪、示波器、船池用阻力仪和车床、刨床、钻床、电动机等等，大部分产品都列入国家计划生产项目，很受用户欢迎。①

① 《关于上海交通大学1961年事业发展规划》。上交档：永-318。

第三章
师资队伍建设与学生学习生活

第一节　师资队伍建设

一、调整知识分子政策

1961年，中央在实行国民经济调整方针的同时，逐步调整党的知识分子政策。周恩来、陈毅、聂荣臻等党和国家领导人先后就党的知识分子政策发表重要讲话，多次重申和强调在社会主义建设过程中正确执行知识分子政策的重要性。1961年9月颁布的“高教六十条”，对于教师队伍的使用和培养等方面做出许多具体的规定，表现出党中央对于知识分子的关心和爱护。上海交大从政治上、工作上、生活上关心广大知识分子，尤其注意保护高级知识分子的政治地位和学术活动。1961年5月，学校成立学习领导小组，小组成员有陈石英、程孝刚、杨櫆、苏宁、薛绍清、周志宏、程福秀、许应期、李泰云、李永庆、李铭慰、金悫、朱麟五、王公衡、朱公谨、周志诚、程守洙、罗祖道、贝季瑶、林宏铨、张钟俊、李渤仲、顾锦城、郑家俊、周铭；程孝刚任组长，杨櫆、苏宁任副组长，[①]集中进行学习，定期通报上级的文件精神和学校的重大活动。1961年底，学校召开有各民主党派成员参加的“神仙会”，每两周一次，形成制

---

①《校务委员会常委会记录》(1961年5月17日)。上交档:永-334。

度。当时校内有中国国民党革命委员会、中国民主同盟、中国民主促进会、中国农工民主党、九三学社、台湾民主自治同盟等6个民主党派。参加“神仙会”的有各党派成员和无党派人士共113人，先后举行大小会议20余次。会议实行“三自”和“三不”，[①]发动与会者放开思想，畅所欲言，解决政治思想方面存在的问题。通过参加“神仙会”，许多知识分子解除顾虑，心平气和地交流思想。例如有一位老教师表示，前些年知识分子是“打破了边的锣——敲不响，摔碎了的锅——补不上，掉在地上的豆腐——拿不起”，总觉得政治上抬不起头来，所以也没有积极性；而在“神仙会”上，看到大家都发了言，感到又能讲话了，往日的尊严又回来了。学校还分别召开系主任、教研组主任、老年教师、青年教师等不同类型的小会，在认真听取和研究大家提出的意见后，采取新的措施。例如建立健全校务委员会、系务委员会和教研组等行政组织的会议制度；对于个别业务工作安排不当的教师调换了岗位；为知识分子解决了不少工作、生活方面的困难和问题等。

1962年5月，数学教研组全体教师的合影

① “三自”和“三不”：“三自”，即自己提出问题、自己分析问题、自己解决问题；“三不”，即不打棍子、不戴帽子、不抓辫子。见当代中国研究所：《中华人民共和国史稿·第二卷（1956—1966）》，人民出版社、当代中国出版社2012年版，第166页。

1962 年 3 月,周恩来在广州召开的国家科委科学工作会议上发表《论知识分子问题》的讲话,再一次深刻地分析了我国知识分子的地位和现状。他指出:“知识分子不是独立的阶级,而是由脑力劳动者构成的社会阶层。……不论是解放前还是解放后,共产党历来都把知识分子放在革命联盟内,算在人民队伍当中。……广大知识分子都热爱祖国。这是中国知识分子的骄傲!”[①]陈毅征得周恩来同意,提出要给知识分子“脱帽加冕”,就是脱掉“资产阶级知识分子”之帽,加上“劳动人民知识分子”之冕。[②] 上海市以刘述周为团长、舒同为副团长多人出席会议,交大张华也是与会代表。

广州会议结束后,张华在校内传达了会议精神。不久,副市长刘述周亲自来校传达周恩来、陈毅的讲话精神。刘述周强调,学校应以教学为主,质量第一,稳定教学秩序,反对政治活动多、生产劳动多、突击性的科技活动多的“三多现象”。[③] 报告会后,他还与教师一起座谈交流学习体会。

1962 年 4 月,党中央发出《关于加速进行党员、干部甄别工作的通知》,要求“凡是 1958 年以来在拔白旗、整风补课、反右倾、整风整社、民主革命补课等运动中批判、处理完全错了和基本错了的”,应“采取简便的方法,认真地、迅速地加以甄别平反”;[④]“1958 年以来,文教卫生、科学研究等部门批判资产阶级个人主义、大搞教学改革、大搞科学研究等运动中,批判错、处理错了的非党干部和知识分子,也应该加以甄别”。[⑤] 上海市委也发出通知,要求加速进行党员、干部的甄别工作,提出要“采取一揽子解决、不留尾巴、‘一风吹’的办法,迅速地加以平反”。[⑥] 1962 年 7 月,中央又发文要求实事求是地做好对学生的甄别平反工作。根据这些精神,学校迅速成立专门的领导小组,制订甄别工作计划。自 1958 年以来,学校在历次政治运动中一共批判、处理了党员干部 18 人、非党员干部 50 人、学生 215 人。自 1962 年起,先党内、后党外,先教工、后学生,分期进行甄别平反工作。到 1962 年底,甄别工作基本结束,其中“教职工 37 人予以平反或改正处理意见,占教职工受批判处理总数的54.4%”;[⑦]“学生 147 人取消处分,占受批判处理的 68.4%”。[⑧] 通过这次甄别平反工作,绝大部分因所谓“白专道路”“个人主义”问题而被错误批判的均予以平反;但是,由于“左”的指导思想未能根本

---

① 周恩来:《论知识分子问题》。《周恩来选集》(下卷),人民出版社 1984 年版,第 353 页。

② 《中华人民共和国教育史》(上卷),第 291 页。

③ 《上海交通大学纪事(1896—2005)》(上卷),第 530 页。

④ 《高等教育史》,第 213—214 页。

⑤ 上海市委监委:《关于近几年来批判和处分党员、干部的情况和甄别意见的报告》(1961 年 11 月 9 日)。上交档:长-932。

⑥ 上海市委:《关于加速进行党员、干部甄别工作的通知》(1962 年 6 月 16 日)。上交档:长-932。

⑦ 党委:《关于我校教职工甄别工作总结》(1962 年 12 月 10 日)。上交档:永-364。

⑧ 甄别工作办公室:《关于在学生甄别工作中贯彻“一风吹”的情况简报》(1962 年 7 月 18 日)。上交档:永-364。

改变，这次甄别工作是不彻底的，许多所谓“政治问题”的结论到了20世纪80年代才被全部纠正。

随着知识分子政策落实，调动了广大教师的积极性。如船舶制造系王公衡是一位二级教授，在1958年受到不公正的批判。甄别时，纠正了对他的错误批判，校党委领导和党总支书记亲自向他道歉，并批准他参加涉密的教学科研工作，使他非常感动。当问他还有什么意见时，他说：“周总理在广州会议上已经把话讲到底了，我们还有什么好讲的呢?”他表示，现在是“头轻，就是摘掉了资产阶级知识分子的帽子；肩重，就是责任重了；腰硬，就是有党的支持腰杆更硬了”，“要认真学好‘六十条’，把事业搞好，愿在船池干一辈子”。[①]

20世纪60年代初期，是国家经济严重困难的时期，市场主副食品供应短缺，广大人民群众包括知识分子的生活水平普遍下降。上海市制定了为高级知识分子提供生活保障的有关政策，学校也根据自身的条件作出相应规定，对一级、二级教授，每月补贴供应猪肉3斤、鸡蛋2斤；五级以上的教授、副教授，每月补贴供应猪肉1斤。校内受惠的高级知识分子达百余人。同时，学校还千方百计为高级知识分子排忧解难，从各方面关心他们。例如，帮助一位教授解决了其女儿的外地户口迁沪问题，以照顾他们老夫妇的生活。另一位教授家中比较寒冷，总务处专门帮他家安装了火炉。除此之外，学校通过住房安置、生活补助、粮食补贴、衣被添置、患病探望等形式尽量改善广大教职工的生活条件，为他们送温暖。[②] 在教职工用膳方面，学校后勤部门发放“照顾卡”，照顾高级知识分子和年老体弱的教职工，解决吃饭排队问题，让他们可以在校内食堂优先买饭菜。各系也主动与高级知识分子联系，了解和解决他们的生活问题。这些实际问题的解决，使得大家非常满意。

广大知识分子全身心地投入教学、科研工作。许多教师认真教学、授业解惑，尤其是一批德高望重的老教师严谨治学，继承和发扬“老交大传统”，给在校就读的学生们留下深刻印象。如校友叶连松[③]至今在回忆中仍然对当年的任课教师留下深刻印象。他讲到：王希季重视讲授“机翼理论”，因为“不论是飞机，汽轮机、蒸汽轮机、燃气轮机所以能高度旋转，就是靠机翼理论”；船舶内燃机教研室的李渤仲教授，讲“内燃机设计”，“教学水平也挺高，那时候他是内燃机方面的权威”；“还有一位是夏安世，船舶辅机及设备教研室的主任，早年在德国留学，是德国制冷博士”。[④]

---

① 党委：《关于我校教职工甄别工作总结》(1962年12月10日)。上交档：永-364。

②《交大三反整风运动情况简报(五)——关于全面关心群众生活的工作情况》(1961年1月8日)。上交档：长-762。

③ 叶连松，山东莱阳人，曾任中共中央委员、全国政协常委。1960年上海交通大学船舶内燃机及动力装置专业毕业。1998—2000年任中共河北省省委书记。

④《访问叶连松校友纪录》(2003年7月23日)，上海交大党史校史办录音资料-052。

1960年5月,上海交通大学社会主义建设先进单位代表和先进工作者大会留影

又如校友陈明义[①]一直不能忘怀导师江可宗等人，他说："这批教师的学问、人品都是一流的！"[②]他回忆道，由于所从事的船舶流体力学专业是门新学科，当时国内还没有这方面的论著，参考书全是国外的，从英国做访问学者归来的盛振邦等一批老师站在学科前沿，开创了我国船舶流体力学的新领域。王公衡、杨槱、何友声、盛振邦、张寿、刘应中、黄祥鹿、陶尧森等一批教师严谨治学、民主开放的学风，为学生树立了榜样，令大家终生难忘。

为了提高知识分子的社会地位，学校与各级政府陆续授予优秀知识分子各种表彰和荣誉称号。1960年5月，学校召开社会主义建设先进单位和先进工作者表彰大会。同时，上海市教育和文化、卫生、体育、新闻方面社会主义建设先进单位和先进工作者代表大会召开。上海交大的蒋公惠、王希季、葛衢康、严金坤、孙璧媃、张吉峰、樊启泰、张正如、许大宝等9人获上海市先进工作者称号，起重运输机械专业、船舶制造系、工程物理系、船舶电气设备教研组、船舶涡轮机教研组、附设幼儿园等6个单位获上海市先进集体称号。在全国文教群英会上，起重运输机械专业被授予先进单位，周志宏是会议的特邀代表。[③] 1964年9月10日，朱物华、周志宏当选为第三届全国人民代表大会代表；12月13日，陈石英、程孝刚当选为第四届全国政协委员。

通过落实知识分子政策，调动了知识分子积极性，出现了很多中老年教师要求入党的可喜现象，其中就有冶金系化冶教研室主任、讲师孙璧媃，机车系电力机车教研室副主任、讲师王祖泽，体育教研室副主任、教员葛衢康等人。自新中国成立以来，他们一直兢兢业业、埋头苦干，为社会主义教育、科技事业而努力工作并在教学和科研中取得成绩。虽然他们都是在旧中国的大学或西方国家接受大学教育，有的有一些海外的社会关系，交大党委依据党的知识分子政策，经过全面考察，决定批准他们为中国共产党党员，进一步壮大了党的力量。

二、提高师资水平

1962年，教育部连续两次召开关于重点高校师资队伍建设问题的座谈会，会上提出培养师资必须坚持又红又专的方向，既要热情地帮助教师提高思想觉悟和政治理论水平，又要不懈地提高教师的业务能力和学术水平。[④] 经过交大"西迁"和专业调整，学校教师队伍发生

---

① 陈明义，福建福州人，曾任中共中央委员、全国政协常委。1962年上海交大船舶制造系毕业，1966年同校船舶流体力学专业研究生毕业。1996—2000年任中共福建省省委书记，2003—2006年任福建省政协主席。

② 毛杏云：《母校传统铭记心田》。《思源湖——上海交通大学百年故事撷英》，上海交通大学出版社2006年版，第253—254页。

③《市群英大会胜利闭幕》，《交大》1960年5月27日第275期。

④《中华人民共和国教育史》（上卷），第312页。

很大变化,在一些新设置的专业中,大批留校毕业生加入教师队伍,致使青年教师比重过大,师资结构状况难以满足专业建设的需要。

表 3-1 20 世纪 60 年代前期专任教师情况统计表[①]

年份	专任教师总数	教授人数	副教授人数	讲师人数	教员人数	助教人数
1960	868	57	25	94	44	648
1961	1 122	53	24	214	32	799
1962	1 209	51	42	198	27	891
1963	1 227	50	43	201	27	906
1964	1 172	48	41	269	18	796
1965	1 190	38	40	265	19	828

这一状况,影响和制约上海交大的进一步发展。为此,连续多年,学校都将师资队伍的建设作为重要任务。1963 年 5 月,学校制定《上海交通大学关于师资培养进修与管理的几点规定(试行草案)》(简称《规定》),对于全校师资队伍的建设提出具体要求:

> 师资培养的目的,是为了在不长的时间内,使我校的公共课、基础课、基础技术课和专业课的教师队伍更快地成长起来;同时要尽速形成一批具有社会主义觉悟、有较高学术水平、业务成熟、身体健康的又红又专的教师骨干。①继续贯彻党的教育方针,进一步加强教师的政治思想工作。②进一步提高教师外国语、基础理论、实验研究能力和设计制图能力的水平。基础课、基础技术课和老专业的教师,在提高学术水平的同时,应进一步提高教学效果。新专业的教师,要求尽速熟练地掌握本专业的课程和各个教学环节,并编出有一定水平的有关教材。③形成一支具有较高水平的稳定的公共课、基础课、基础技术课与专业课的教学队伍。对各重点专业、学科的教研组,要求尽速形成一个既有业务领导人,又有中层骨干和助手的集体,保证有较高的教学质量、有稳定的科学研究方向、能经常出科学研究成果、发表论文、写出有一定学术水平的著作。④根据专业和学科的发展,培养出一支精通有关实验原理、实验方法和实验技能的实验专门人才队伍,以不断提高实验的科学水平。⑤增加教授、副教授、讲师在整个教师队伍中的比重。在 5 年内,使现有大部分助教达到相当于研究生毕业的水平。并在这个基础上,进一步发掘和培养出一

① 据各年度《高等学校学年初报表》。上交档有关各卷。

批优秀的教学骨干。[①]

按照规定，各系、各教研组纷纷行动起来，确定每位教师个人的业务发展方向，教师本人也结合总的发展方向，制定出三年“个人进修计划”。学校还对各级不同职务的教师提出了不同的业务进修要求，明确提出，教师进修有在职进修、脱产进修、外出进修等几种形式，大多数人应以在职进修为主，并因地制宜、因人制宜，采取多种多样方式进行。各教研组也根据教学任务，妥善安排教师工作，使每年均有部分教师有较集中的时间从事进修。脱产进修应以校内为主；新建专业或学科，若校内进修条件不具备，可外出进修。

“高教六十条”强调搞好老年教师和青年教师关系的问题，对老年、青年教师均提出不同的要求，“必须充分发挥老教师的作用。要团结他们，热情地帮助他们进步，发挥他们的专长，鼓励他们在学术上做出成绩”；“必须有计划地培养和提高青年教师。对那些有特殊才能的、做出较大成绩的讲师和助教，采取重点培养的方法，为他们创造各种条件，帮助他们迅速成长”。[②]学校在日常工作中注意做到老年教师和青年教师各得其所、各展所长，他们之间的关系也很和谐。1962 年 4 月，学校召开老教师座谈会，王公衡、杨仁杰、范恂如、罗祖道、蒋公惠等教授参加，就如何培养青年教师提出许多宝贵经验和意见。他们认为，青年教师一定要到实际中去学习，因为工科的专业理论与实践的关系比较密切，因此工科教师应多接触一些实际工作；另外，通过实验培养青年教师是一种好办法，有些青年教师不重视实验，有些还怕做实验，对此应积极引导。[③]

电器教研组教授蒋公惠为青年教师讲课

① 《上海交通大学关于师资培养进修与管理的几点规定(试行草案)》(1963 年 5 月 10 日)。上交档:长-1372。

② 《中共中央关于讨论和实行教育部直属高等学校暂行工作条例(草案)的指示》(1961 年 9 月 15 日)。《中华人民共和国重要教育文献(1949—1975)》,第 1063 页。

③ 《交大老教师谈如何培养青年教师》。《解放日报》1962 年 5 月 3 日。

各系、各教研组青老教师经常开展学术活动,定期举行报告会或讨论会。教师们还积极参加校外有关专业学会的学术活动。在教师进修活动中,学校还实行了青年教师的"指导人制度"。一般助教的指导人由讲师、副教授或教授担任;讲师的指导人由副教授或教授担任。学校规定了指导人的职责,主要是根据教研组的任务,帮助助教或讲师确定进修方向,制定进修计划;检查和督促计划的执行,并对完成情况进行考核;对进修中遇到的问题给予指导和帮助。如起重运输机械教研组根据教学、科研的需要,组成了金属结构与结构力学、起重机机械、传动3个学科小组,根据每位青老教师的学术方向分别编入各学科小组,发挥各自专长以开展对青年教师的培养工作。在学科小组中,鼓励老教师开课讲学、著书立说,指导青年教师;青年教师则参与教学、科研和编写教材的任务,充实基础理论和专业知识,自学有关课程和外语,不断提高自己。①

与此同时,学校先后确定重点培养的骨干教师,1962年5月公布第一批培养名单,有青年教师52人:秦士元、杨代盛、林杰人、高志希、张寿、陈维连、陆鑫森、张光曜、王本立、吴善勤、何友声、盛振邦、刘应中、吴连元、胡善荣、陈凤初、吴镇、翁史烈、邱树林、朱树文、谢广祥、葛玉龙、毕浩然、戚正文、吴健中、施颂椒、林宗琦、王祖佑、徐纪良、陈铁年、颜国民、黄家裕、雷新陶、张和康、林争辉、陈舜揆、徐佐仁、胡庚祥、陈湛清、林益耀、范祖尧、张炳钰、夏建新、王祖泽、邵旦华、朱泳春、胡盘新、陈英礼、程极泰、杨翠莲(女)、朱宁康、励志扬。② 他们都是学校的中青年骨干,其中共产党员31人、共青团员1人,共占总数的61.5%;从年龄上看,平均年龄为34.4岁,其中29岁以下的9人,占总数的17.3%,30—39岁的35人,占67.3%,40岁以上的8人,占15.4%;从职称上看,副教授9人,占17.3%,讲师38人,占73.1%,助教5人,占9.6%;从专业看,既有各专业领域的教师,也有基础课、公共课教师。1963年10月,学校又确定了一批通过在职研究生培养的青年助教名单,共15人:朱继懋、韩祖舜、勾厚瑜、徐济鋆、姜正发、叶曼华(女)、徐良贤、潘志恒、刘治元、胡树章、蔡雪祥、王怡之、袁济、陈贤芬(女)、吕忆城。这批教师年龄多在30岁以下,绝大多数是党、团员,全部都是在上海交大毕业不久的专业教师。其间,学校还公布了一批经验丰富、学有专长的,作为对中青年进行业务指导的老教授名单,共20名:王公衡、杨仁杰、杨槱、李渤仲、夏安世、朱物华、张钟俊、罗祖道、程福秀、曾继铎、蒋公惠、林海明、周志宏、楼鸿棣、赵介文、贝季瑶、许应期、程守洙、孙增光、葛衢康。这批老教师中年龄最长的是64岁的周志宏,最年轻的是44岁的罗祖

---

①《青老教师各得其所各展所长》。《文汇报》1961年4月28日第二版。

②《上海交通大学纪事(1896—2005)》,第530页。

道；平均年龄为54.1岁。他们所从事的专业基本涵盖了学校主要专业领域和部分基础课程。

工程画教研组教授蔡有常在授课

对于重点培养的教师，除了要求他们参加必要的政治活动和劳动锻炼以外，学校还下决心减免他们的行政、教学与社会工作，保证他们每周有三分之一的工作日，即每周至少有2天用于进修；并在图书资料、实验设备等方面为他们提供更多的便利条件。凡属全校共同性的基础理论课，则根据青年教师的需要由科学研究处、教务处统一安排进修课程与授课时间；各系、各教研室也定期举办学术讲座，达到既能提高又能相互交流的目的。

1964年起，学校着手制定《上海交通大学培养师资十年规划(初稿)》。规划的重点放在基层，规定每个教研组、每个教师都应有各自的业务培养和发展规划，再汇总成为系、校的师资规划。学校曾对全校56个教研组师资的业务情况进行摸底调查，按教研室的业务水平、能力及状态的稳定性来分析。全校教研组大体有三种类型。第一种：近年来业务方向变动较少，教学、科研和教师队伍比较稳定，业务上有指导人；教学水平基本过关，教学质量较好，教学文件能满足教学上的需要；科研方向比较明确，实验室基本上能满足教学及科研的需要。这样的教研组有18个，占全校教研组总数的32%。第二种：近年来专业方向变动较多，师资队伍不够整齐，教学水平已初步过关，但教学质量还有欠缺。有的教学文件还不齐全，有的科研方向还不明确，有的实验室还不能满足教学、科研需要。这样的教研组有27个，占总数的48%。第三种：大部是新建的教研组，青年教师比例较大，而且多数是由其他专业调来。教学上基本未过关，开课质量还不稳定，部分教学环节仍存在较多问题，教学文件还很缺乏；实验室建设还存在一定困难，缺乏业务上的指导力量。这样的教研组有11个，占总数的20%。在调查研究基础上，学校制定了《师资十年规划》。

《师资十年规划》对教研组的要求是：①加强教研组的政治思想工作。教研组支部应充分发挥战斗堡垒作用。②业务上，要求第一、第二种类型的教研组于5年内在教学水平上全面过关。所开的各门课程达到较高的水平，具有一套完整的、质量较高的教学文件，基本上完成专业实验室的建设，能按照教学大纲的要求，较高质量地开出全部教学实验；并能基本适应科学研究的需要。有稳定的科学研究方向，有带路人，能经常出科学研究成果，发表论文。其中第一种类型的教研组，争取在教学、科研上达到国内先进水平。要求第三种类型的教研组，在5年内能根据教学大纲开出所有的课程，并达到一定的水平；教学文件能满足教学需要；基本上能开出全部教学实验，科学研究能初步开展起来。

《师资十年规划》要求教师（主要指中、青年教师）要认真学习，建立无产阶级感情，做一个坚定不移的革命者，做无产阶级的接班人；增加教授、副教授、讲师在整个教师队伍中的比重。

学校有关师资培养的《规定》和《十年规划》的颁布，在全校引起很大反响。各系和各教研组都据此制定规划，采取措施贯彻执行。

船舶设计专家杨槱，此时已是二级教授，在造船界颇有名气。但是，他还通过进修活动不断提高自己的专业基础理论水平。他回忆当时的情况说：

> 1964年我国高等学校开始实行教师轮休制度。我多年忙于教学行政和教学工作，没有休假机会。这时学校同意我休假一年，利用这段时间充实一点数学和力学基础知识，并安排了孙薇荣、江秋涛和柳康宁3位青年教师帮助我学习。我要求他们把我当学生看待，他们分别给我讲授高等数学、理论力学和流体力学的基础理论。我则用心听讲，阅读参考书，并作了规定分量的作业，例如高等数学就做了1 000多道题。讲课的内容基本上是我过去学过的，但我感到温故而知新，加深了理解，也就提高了阅读理论性强的科技文献的能力。我也学到一些过去未学过的知识，例如线性代数和概率论，对我后来从事工程项目的技术与经济分析工作很有帮助。①

选拔尖子学生重点培养，毕业后留校作为重点专业的师资后备力量，也是师资建设中的重要方法。例如，学校在筹建应用物理系时，就从各系抽调优秀高年级学生20多人，作为预备教师充实物理教研组的师资队伍。一部分参加物理课辅导工作，另一部分参加应用物理专业筹建。同时，学校还与复旦大学物理系合作，共同研究“制氧低温技术”；从在校

---

①《一个造船者的自述》，第103页。

生中选派学生到复旦大学物理系插班学习。他们于1964年毕业后仍回到交大工作，充实了交大物理教研组的力量。[1] 其他各系也都采取了选拔优秀学生的办法。

实践证明，上海交大的师资培养工作对于学校事业的发展具有深远影响。岁月磨砺，当年重点培养的绝大部分教师，后来在各自的专业领域颇多建树，成为上海交大及校外有关单位的行政、技术方面的领导与骨干，为我国的教育、科技事业做出了重要贡献。

三、加强师资管理

在教师队伍的管理方面，学校认真贯彻执行中央有关规定，贯彻党的知识分子政策，加强规范化、制度化建设，充分调动广大知识分子的积极性，保证了学校教学、科研等工作的顺利进行。

1960年2月，国务院通过并颁布了《关于高等学校教师职务名称及其确定与提升办法的暂行规定》。规定中把高等学校教师职称确定为教授、副教授、讲师、助教4种，还指出高等学校教师职称名称的确定与提升应该以思想政治条件、学识水平和业务工作能力为主要依据，对资历和教龄也必须加以照顾。[2]

按照国务院规定，到1963年，学校先后3次进行教师职称的确定与提升工作，确定与提升职称248人，其中副教授17人、讲师231人，还为一大批刚刚参加工作的青年教师确定了助教职务。

定期的教师职称评审制度极大地调动了教师的积极性，保证了教学、科学研究工作的顺利进行。在确定与提升的教师中有220人直接从事教学第一线的工作，占248人的88.7%，其中有三分之二是教学效果很好的。如理论力学教研组1962年提升为副教授的吴镇，他的教学受到师生的普遍欢迎。几年来，他不仅自己积极钻研教学法，努力提高教学质量，而且经常给青年教师举办教学法的讲座，使教研组总体水平提高。在确定与提升的教师中有136人参加了科学研究工作，占248人的54.8%，有的已经做出显著成绩，为工厂、设计部门解决不少问题。有的教师在实验室对学生指导实验方面也做出成绩。如1962年提升副教授的潘介人，工作积极负责，暑假中放弃休息时间，参加实验室的建设，并亲自制订计划、绘制图纸。由于他与大家的努力，使船舶工程力学实验室由原来的"慢、空、乱"变为"既有长远规划，又有具体计划；既有组织领导，又有措施落实"的集体，在一个学期的时间内，新

---

① 《上海交大百年物理》，第44页。

② 国务院：《关于高等学校教师职务名称及其确定与提升办法的暂行规定》。《中华人民共和国重要教育文献(1949—1975)》，第956页。

开出4个教学实验。在新提升的教师中还有不少人成为系、教研组、实验室的领导骨干,担任系副主任的11人,教研组正副主任的49人,实验室正副主任的25人,共85人,占248人的34.3%。[①]政治课、公共课的一批教师也先后获得晋升,如体育教研组李熠南具有较系统的体育理论知识和实际指导能力,是国家一级体操裁判,于1962年9月由讲师提升为副教授。[②]

学校十分注重教师的合理安排与使用,保证他们中的绝大多数人都能够在教学、科研等岗位上人尽其才。1961年,在中央调整方针和"高教六十条"的指导下,学校总结、分析知识分子和教师队伍的状况。当时,教师中有从事教学工作数十年的老教师,也有刚毕业的新教师,有的专长某一项技术而不善于另一项技术等,因此在实际工作必须注意到各种不同情况,准确地了解、掌握广大知识分子的思想状况和业务水平,根据他们的实际状况和能力发挥作用,使他们在工作上各有所长、各得其所。学校深入研究,专门下发文件,要求在安排教学工作时,要爱护教师,尤其要尊重老教师,以调动广大教师的积极性。文件指出:

> 为了调动各类教师的积极性使他们创造性地从事工作,除了必须正确贯彻团结、改造、教育的知识分子政策外,还需要注意下面几个方面:①(业务工作)安排好。要使每个教师的工作任务明确落实,都有一定的工作,都有一定的责任,教师的教学工作任务都有一个相当的稳定,不宜变化过快、过多,这样才能使他们在某一方面专下去;②要发挥教师在教学工作中的主导作用,在教学大纲和教学秩序规定范围以内,教师有权创造性地进行教学,对于教学中的问题,学生可以也应该反映意见,要师生结合,但是不要干涉教师的教学活动,要教育学生尊敬师长;③对于有特长的教师或只宜担任某一方面工作的教师都应该加以调整,以适应他们的特点。[③]

为了合理安排教师的工作,贯彻教学为主的原则,教育部于1963年下发《教育部直属学校实行工作量的计算办法(草案)》。学校根据教育部文件的精神,并参考了有关高校的试点经验,先在校内选择了6个教研组对1963—1964学年第一学期工作量进行测算,据此拟定出交大的《教师工作量暂行计算办法》。该办法于1963年12月25日提交第十五次校务委员会讨论并获通过,决定于1963—1964学年第二学期起实行。会议要求,新学期开始后,各

---

① 《上报我校1960—1963教师提升职务名称的工作总结》(1963年12月28日)。上交档:长-1249。

② 《上海高校又一批教师升职》。《文汇报》1962年9月4日第一版。

③ 教务处:《关于提高教学质量的三个问题》(1961年6月22日)。上交档:长-868。

教研组应按《计算办法》的规定对教师的日常工作重新予以调整和安排，应根据"以教学为主，积极安排科研"的原则综合平衡，注意劳逸结合，尽量使教师的业务工作和业务进修都得到保证。根据初步测算，实行该办法后，全校教师担任教学工作量占总量的48.23%，科研工作量占13.84%，实验室工作量占12.41%，党政工作量占10.14%，教师进修工作量占5.34%，因病减免工作量占3.48%，还有一些其他的工作。

实行教师工作量《计算办法》使教师工作初步发生一些变化。这一制度对于合理安排教学任务和提高教师工作效率起到一定的作用，有的教师过去只担任一个大班课，实行该《计算办法》后一般都主动要求安排两班课，担任习题课、实验课的班次也比实行工作量以前增加了。教研组基本上能够做到合理安排工作，除教学外，科研、实验室等工作也有专人负责，许多任务都容易落实了。教研组对于每个教师业务工作的安排尽量做到大致平衡，除极少数特殊情况的教师外，一般教师的工作量都接近定额或超过定额，初步计算超过工作量的教师人数占总人数的27%。对于一些工作量不足的教师，则要求他们承担一部分科研工作、实验室工作或社会工作等。实行教师工作量制度后，大多教师基本上可以做到六分之五的时间用于业务工作，这样既保证教师提高教学质量，又使各级行政组织精简会议、提高会议和活动的质量。①

第二节　学生学习生活与毕业分配

一、爱国情怀与艰苦奋斗

20世纪60年代前期，上海交大的教学工作主要是针对本科生和研究生的培养。在本科生教育方面，1960年的在校生近8 000人；之后，由于中央调整方针的施行，全校招生人数和在校生人数均呈下降趋势。

表3-2　上海交通大学1960—1965年本科生招生和在校生人数统计表②

年份	1960年	1961年	1962年	1963年	1964年	1965年
招生人数	1 771	1 043	899	1 041	1 388	1 393
在校生人数	7 925	6 945	7 345	7 697	6 295	5 846

① 《关于实行教师工作量情况的简报》(1964年5月22日)。上交档：长-1351。

② 《上海交通大学志》，第249页；历年《高等学校学年初报表》，上交档有关各卷。

面对20世纪60年代国民经济严重困难的局面,交大学子克勤克俭,团结互助,把战胜困难、建设祖国作为刻苦学习的强大动力。

20世纪60年代的交大学子

学校十分重视学生的政治思想工作,各系都建立了由党总支副书记、分团委书记、马列主义教研室教师"三位一体"的学生工作队伍,通过课堂教学、课余辅导、互帮互学、自我管理等多种形式,加强专业理论基础和实践技能的培养,树立爱国主义、集体主义和革命英雄主义的精神。学生们都以班级为单位进行统一的教学安排和日常管理,开展各类活动。各个班级由班主任、政治辅导员负责联系学生,日常学习生活中,主要依靠学生组织进行自我管理。每个班级设团支部委员会和班委会,团支委由书记、组织委员、宣传委员3人组成;班委会由班长、学习委员、生活委员、文体委员等组成。在学生干部和全班学生的共同努力下,学习生活有声有色。

学校定期组织评比,表彰德智体全面发展的优秀学生和优秀班级集体。从1963年起,27091班、91093班、13001班、71011班等先后被评为上海市的先进集体;还有一批学生被评为上海市的学生标兵。

船舶动力系核反应堆工程专业的27091班自1959年入校以后多次被学校评为先进集体。全班26名学生,其中党员3名,团员19名。由于学习目的明确,全班同学坚持刻苦的求学精神,学习成绩在校内一直名列前茅。全班同学历年各门课程的优良率都在80%以上,五年级时达到了92.3%。他们的教室悬挂着一副对联:"踏实勤奋,刻苦钻研,倡导好学风;奋发图强,自力更生,立志填空白。"他们以雷锋为榜样,争相阅读《可爱的中国》《把一切献给党》《钢铁是怎样炼成的》《牛虻》等宣传革命人生观的书籍。全班学生都有各自的时间分配表，除了课余的文体活动以外，把零星时间都用在学习上。许多人的衣袋里揣着一个小本本，记录外语单词、参考书目录、疑难公式等，随时可以拿出来翻阅。有一名学生的外语基础较差，发音不准，原来总怨自己天资太差。他从《王若飞在狱中》一书受到教育，每天坚持用三四个小时苦练发音，他的外语终于

解放日报　1964年1月28日

把雄心壮志和踏踏实实的学习精神結合起来

交通大学二系五年級六班树立好学风

全班学生分秒必爭刻苦学习基础知識，百分之八十以上成績优良

提高政治觉悟　端正学习目的

严肃认真　理論实际相結合

实現雄心壮志　还須今朝努力

沪东工人文化宫等組織工人和居民

1964 年 1 月，《解放日报》对上海市先进集体 27091 班的报道

和其他课程一样获得了优良。还有一名调干学生，由安徽科学院选送来交大学习。由于没有系统学习过高中课程，一年级考试出现了不及格。在同学们的关心下，他连续两年寒暑假不回家，在学校补习功课，到二年级下学期所学课程全部及格。像这样严格要求自己而刻苦学习的实例很多，一次物理课上，教师给出一道计算题，需要大量计算、画出曲线并讨论曲线的物理意义等，难度很大。为便于解题，教师要求分五人一组合作完成这道题，每人只计算一个点，五个点构成一条曲线。虽然作业完成了，可是大家并不甘心，每个人又利用课余时间自己计算出了全部五个点的数据，各自把题目完整地做了一遍。

中共上海市委机关报《解放日报》为该班的事迹专门发表“本报评论员”文章《实现雄心壮志，还需今朝努力》。[①]《文汇报》两次发表长篇专题报道，把该班的基本特点总结为政治思想好、业务学习好、劳动锻炼好、团结风气好、课余生活好。[②]《光明日报》为此发表了长篇通讯《为无产阶级革命事业而勤奋学习》。交大党委于 1964 年 4 月 3 日发出通知，要求全校广大师生广泛开展学习 27091 班先进经验的活动。

20 世纪 50 年代末入校的船舶制造干部专修班，是由全国各大造船厂在职骨干选拔组成的学习班。30 多人中，担任党委书记、厂长、总工程师的就有 8 人，其余的也都是车间主任、处长、科长等。他们当中绝大多数人是老革命、老

① 《实现雄心壮志，还需今朝努力》。《解放日报》1964 年 1 月 28 日第一版。

② 《坚持四个第一，培养革命化班风》。《文汇报》1964 年 4 月 4 日第一版。

战士、老工人,存在着文化程度低、年龄大、学习方法差等问题,教与学的难度都很大。在教师的耐心教学和其他班同学的帮助下,逐渐找到学习的窍门。他们充分利用自习时间,先复习课堂笔记,预习新课内容;上课时,集中注意力,尽量把老师讲的内容加以消化;做习题时,先搞清例题,再联系实际做好作业。有的同学总结为"集中精神,预习听课,抓住重点,讨论尖端"。来自芜湖船厂的一位学员,是经历过战争的老干部,面对学习上的困难,他表示:"战争年代困难不困难?建国初期,我们一穷二白搞工业,困难不困难?和那时比起来,今天学习上的这点困难简直不算什么,一定要发扬革命年代的优良传统,战胜学习上的困难。"广州造船厂的一位学员学习数学有困难,他抓紧时间演算,几个星期不出校门,终于赶上了教学进度。[①] 来自上海的一位学员从小进工厂做童工,后来参加了新四军。这次被保送到交大学习后,遇到许多困难。由于多年不学习了,连"趴桌子"都不习惯。经过刻苦的努力,他逐渐找到了学习的规律,赶上了学习进度。[②] 学生们刻苦的学习精神感动了教师,曾担任该班教学的教师著文回忆道,班里的这些"老干部对待教师布置的作业、实验等任务,从来都是保质保量地按期完成的。我们教师有时顾虑重重:怕题目难了,怕时间不够……可是,班级党支书总是爽朗地说:只要老师布置下来的作业,我们一定按期完成。事实上,不仅是按期,而且是踏踏实实地完成。这种严格要求自己、一丝不苟、认真踏实的学风,表现在学习的各个方面"。[③] 这个班级原定学习三年,后根据委托办学的一机部的要求,减少了寒暑假,将学习压缩为两年两个月。到 1960 年 8 月,这批学生一共学习了 28 门课程,大多数课程都获得优良的成绩,学校向 30 多名学生颁发了船舶制造专业专修科毕业证书。他们刻苦学习、勇攀科技高峰的精神在校园里一直被大家传颂。《文汇报》曾为此专门发表社论,赞扬了"依靠伟大的理想所赋予的动力,克服学习道路上的重重困难"[④]的这种精神。

27091 班和船舶制造干部专修班不过是上海交大学生刻苦努力、潜心求学的代表,在交大,像这样忘我学习的典型很多。学校常用革命英烈的事迹教育大家,要求学生树立坚定的做革命事业接班人的信念。如邀请穆汉祥和史霄雯烈士当年的同学和战友回校讲述革命斗争故事。每年 5 月,恰逢烈士牺牲纪念日,学校组织"读革命书、唱革命歌曲、讲革命故事、看传统电影"的活动。学生们把两位烈士的事迹编写成特刊、画刊、诗刊在校园中张贴流传。许多年级、班级都举行纪念活动,以讲故事、诗歌朗诵、小话剧、活报剧等形式重现英雄的形象,弘扬英雄的精神。

---

① 《交大干部班顽强攻破科学关》。《文汇报》1960 年 2 月 3 日第一版。

② 张自强:《无坚不摧——访上海交通大学老干部班学员冯正祥》。《文汇报》1960 年 8 月 12 日。

③ 马志良、秦同沂:《是教师,又是学生》。《文汇报》1960 年 8 月 12 日。

④ 《培养人才也必须高速度》。《文汇报》1960 年 2 月 3 日第一、二版。

1965 年暑假，交大学生赴井冈山革命根据地学习考察

考入交大的学生中有相当一部分家境较困难，他们衣着简朴，生活勤俭节约。学校住宿紧张，一年级住法华路基础部的学生，有的是二十几个人住一间大房间，二年级搬到本部，即使人数少的也是八人一间。20 世纪 60 年代初，由于国家物资匮乏，粮食和副食品供应短缺，每人每月仅供应 15.5 公斤成品粮，副食品也有限。学校食堂里每人每周供应荤菜两次，其余均为素菜。每顿用膳凭粮票和菜卡。但同学间团结友爱，女学生省下粮票送给个子高、运动量大、胃口好的男同学，上海同学支援外地同学。

为了学习人民解放军的优良传统和作风，交大党委自 1964 年起，组织在校三、四年级学生和部分青年教师下连当兵。当年暑假，有 700 多名师生深入海军某部连队当兵一个月，受到一次深刻的教育和锻炼。有的学生还到海军舰艇上当兵，出海执行军事任务。他们经常会遇到五六级、七八级大风，舰艇倾斜 20 多度，绝大多数学生呕吐了，但还是在大风大浪中坚持执勤。① 回校以后，校党委及时召开了“下连当兵经验交流大会”，各系也以班级、教研室为单位举行座谈会，由下连当兵的师生介绍个人的心得体会。学习了解放军的好作风，师生们精神面貌发生很大变化。13001 班当兵的学生回校后，带动全班同学学习第二外国语，他们说，“只有专业技术过得硬，将来才能更好地为社会主义建设贡献力量”。有的学生把连队战士缝制的二百多个针线包带回来分

---

①《京沪部分大学生到部队短期当兵经受锻炼》。《文汇报》1964 年 10 月 7 日第二版。

发给同学们,一些学生学会了自己缝补衣服,形成艰苦朴素风气。42101 班有 21 个学生下连当兵,回校后班风大变,组织性纪律性加强了,人人都制定了学习规划,抓紧时间投入到学习之中。下连当兵的青年教师中有一部分是学生政治指导员,他们回校后运用连队思想工作的经验,使思想政治工作开展得更加活跃。有的教师从教工集体宿舍搬到了学生宿舍,与学生同吃、同住、同学习、同娱乐,师生们的感情更加密切了。①

二、发扬优良学风

交大严谨治学,勤奋刻苦优良的学风,在不同年代薪火相传。

20 世纪 60 年代,面对各种困难,学生中出现了很多感人事迹。据校友回忆,有的同学利用假期捡拾废旧物品,搜集了许多旧报纸、废牙膏皮等,开学后卖掉废品,换来几块钱,用 5 元 2 角买了一本《英华大辞典》,放在教室里供大家使用。这种勤俭美德一时传为佳话。

学校重视发现业务拔尖的学生,着力培养那些智力超群的优秀学生。据 1961 年的调查,有相当一部分学生一贯刻苦学习、成绩优良,其中大约有 100—150 名左右的学生学习成绩特别优异,他们往往在班级里被同学们当作学习的榜样,有"小先生""权威""活字典""小教授""一只鼎"等美誉。

1961 年 6 月,学校在一次教学调查中发现几名品学兼优的学生。如四年级工程力学系学生钱在棣,除二年级时曾有两门课获得 4 分外,其余课程均为 5 分。"流体力学"考试时,他的试卷答案"不是问答式而是论文式",得到任课教师江可宗的好评,并在他的试卷上写下评语:"这本试卷虽然也有个别不妥,甚至不对的地方,但已显露出这个学生的卓越才华。考题是极普通的,可是他的答题在不越出题旨的范围内不时表现出他学习中的创造性见解,概括力很强,思想又十分活跃,我教书快 20 年,这样的考卷不能不说是罕见的。"钱在棣的其他各科也学得很好,他还在每周安排了 3—4 个单元课余时间自学"波浪理论"等非本专业的课程。四年级船舶制造系学生黄根余,各门课程的学习成绩都在 4 分、5 分,并已掌握了俄、英、法、德、日 5 国外文,其中俄语、英语已能会话和阅读专业参考书籍及小说等,德语、法语能看专业参考书、小说,日语能阅读参考书。平时,同学们向他请教外语时,他一般不用查字典就能回答。他还为班上同学补习外语,承担班级的科技情报工作,翻译科学资料,同学们称他为"活字典"。三年级机械系学生姚辉淙是班上的"小老师",他学得很好,能牢固地掌握知识。他经常为同学上辅导课,讲课时不局限于书本上所讲的内容,常有自己独到的见解和体会。同学们反映他

① 《上海交大师生下连当兵受到锻炼,带回了解放军革命思想革命作风》。《文汇报》1964 年 10 月 30 日第一版。

的辅导课“说理性强，易于接受”，外班的学生虽不知他姓名，也常常向他请教。[①]

即使是在这样良好的学习环境中，学生们深知要想取得优异成绩还要靠自身的刻苦努力。56级机车系学生周炳荣来自江苏无锡郊区，他立志要为中国人自己能够设计、制造出机车而发奋学习。从大学一年级到五年级，周炳荣的记分册上几乎全是5分。一次，“机械零件”课程考试特别难，老师要求考卷中的4道题目只要答对了3道就已经掌握了这门课程的最基本的内容，可以得5分。而周炳荣却把4道题目全部做了出来，并完全正确，所以老师给了他“6分”。[②] 58级机械制造工艺专业学生杨学贤是车床工人出身，从工农速成中学毕业后进入交大读书。由于来自工厂，最了解生产第一线急需的技术问题，在毕业设计中，他选定了“135式柴油机气缸套加工流水线工艺规程制订及工艺装备设计”作为设计题目。他查阅了英、俄、德、意等多国文献，还走访了上海柴油机厂、大中华汽车器材厂等单位，经过反复研究和多项试验，终于把握了气缸套的加工关键在于研磨工艺，并根据这一结论设计了“双轴研磨机”。在论文答辩会上，评委们一致给予他优秀的成绩。[③]

上海市三好学生标兵华怡

著名气垫船专家华怡是59级船舶制造系流体力学专业学生，1964年毕业，又考上了该系的研究生，1965年在校加入中国共产党。华怡的父亲曾在远洋轮工作，有强烈的爱国心，为改变我国造船事业落后的局面，决心送华怡攻读造船专业。大学期间，她与同学们一起到江南造船厂参观，看到船台上屹立着我国第一艘自行设计制造的万吨轮“东风号”，因为主机不过关难以下水。她下了决心，“要做居里夫人”，“要造万吨轮。”“流体力学”这门课是该专业最重要的课程之一，学习难度很大，常常被学生们称为“留级力学”。华怡废寝忘食努力学习，每天最早离开寝室，教室熄灯后才摸黑离开，最晚回到寝室。她在本科五年学习中，全都取得了优异成绩。她还是系田径队、篮球队队员。1964年本科毕业后，华怡考上了该系教授王公衡的研

---

① 交大教学情况调查小组：《关于对学习有益学生因材施教情况的初步调查（教学调查情况之四）》（1961年6月1日）。上交档：长-868。

② 张自强：《屹立在困难面前》。《文汇报》1961年3月22日第二版。

③ 张自强：《五年的总结》。《文汇报》1963年7月26日第二版。

究生,指导教师是何友声。她的毕业论文课题“潜艇导流罩实验研究”。在半年多作论文期间,她几乎整天扑在实验室里,查资料、设计、绘图、制作实验装置,趴在船池的拖车上观察水流状态。她的毕业论文获得了优异的成绩,并作为技术参考资料永久保存。华怡毕业后分配到708研究所工作,承担和参加了十多项有关气垫船的设计研究,参加了我国第一条全垫升式气垫船的设计。曾获得“市三八红旗手”“所优秀党员”“所先进工作者”等荣誉称号。由于长期超负荷工作使她积劳成疾,于1985年7月因患癌症不幸去世,终年43岁。8月,中共上海市委追认她为优秀共产党员,还在全市开展了向华怡同志学习的活动。[①]

三、校园文化和体育活动

交大学生的文体生活有着悠久的传统。自学校创办以来,学生中群众性的文化体育活动非常活跃,在江南地区乃至全国高校中都有一定影响。20世纪60年代的交大学生继承和发扬了这一优良传统,课余时间的文体活动丰富多彩,取得不少成绩。

20世纪60年代,上海交大重组学生艺术团,取名为“火箭艺术团”。“火箭艺术团”陆续成立了合唱队、舞蹈队、管乐队、民乐队、口琴队、话剧队、京剧队等,最多时有160余名成员。为了便于活动和管理,参加艺术团的学生集中住宿。上课时回到自己班里,下课以后所有的活动都是在艺术团。[②]

“火箭艺术团”不仅在校内很活跃,还经常参加上海市的文艺演出活动,并多次获奖。1959年10月1日之夜,艺术团成员和全校3 000多名学生一起,参加了在人民广场举行的庆祝建国十周年的联欢活动。10月3日,艺术团前往海军俱乐部,为海军战士们演出。4日,艺术团在全市群众文艺汇演开幕式上演出了第一个节目《祖国大合唱》,获得全场喝彩。[③]1960年上半年,艺术团深入上钢五厂、上钢三厂、戚墅堰机车制造厂、上海船舶修造厂、上海起重机厂、先锋电机厂、机修总厂、上海冶炼厂等十余个工厂进行慰问演出20多场,观众达3万余人;还为外事接待演出2场,为市群英会代表演出1场。在全市中等以上学校“红五月”音乐舞蹈汇演中,艺术团的铜管乐《上海民兵进行曲》,混声表演唱《打擂台》,舞蹈《红旗》《野渡》《英雄的民兵》等获得5个一等奖。[④] 1963年,艺术团又排练了舞蹈《人民的勤务

① 毛杏云:《扬起理想的风帆》。《上海交大党史校史资料(第七期)》,1996年11月20日。

② 《聂雪友访谈记录》(2012年6月26日),上海交大党史校史研究室资料。

③ 《学生艺术团节目演出频繁》《教工业余艺术团于国庆节首次演出》《我校三千余同学参加人民广场的狂欢之夜》,均见《交大》1959年10月15日第四版。

④ 《学生艺术团参加市中专以上学校汇演获得五个一等奖》。《交大》1960年7月6日第四版。

员》，再现了好战士雷锋的感人事迹；《飞夺泸定桥》以高难度的舞姿表现了红军战士在长征途中战胜千难万险，飞夺铁索泸定桥的英雄气概。这些节目在上海市中等以上学校学生文艺交流演出中获得好评。[①] 学校的教工业余艺术团也很活跃，经常有佳作上演。1964 年，他们排演了话剧《三人行》，在上海演出，颇有影响。

1965 年，交大教工艺术团演出的话剧《三人行》

学校还注重各系、各班级文化生活的开展和基层文艺骨干的培训。每年，学校都举办全校性的文艺节目汇演。冶金系、机车系、船舶制造系、电机系的节目水平比较高，1959 年的汇演中一共颁发了 44 个奖项，上述 4 个系获奖节目就占了四分之三。[②] 为了搞好文化普及，学生会还举办了一些专业培训班，如 1960 年上半年，举办了舞台美术、舞蹈、作曲、指挥、民乐、铜管乐、小提琴等 8 个培训班，还组织了许多兴趣小组，专门邀请戏剧学院、音乐学院的老师授课，以提高学生的艺术能力和欣赏水平。[③]

除了校文工团的演出之外，国防科委统一安排了解放军总政、空军、海军等部队文工团来校演出，使师生们欣赏到高水平的文化艺术节目。

学校广播台是及时传达党和国家的重大方针、政策，交流学校情况，活跃文化生活的重要场所。广播台由党委宣传部领导，日常工作都是学生自主管

---

① 《上海大学生自编自演不少好节目》。《文汇报》1963 年 6 月 10 日第二版。

② 《各系获奖节目一览》。《交大》1960 年 1 月 6 日第三版。

③ 《培养文艺新生力量》。《交大》1960 年 3 月 19 日第四版。

理。广播台设台长、副台长,另有编辑、播音、记者、机务四个组,由各系选拔出来的学生组成,最多时有 80 余人。为了提高自身的专业水平,他们还经常组织业务培训,曾邀请上海人民广播电台的著名播音员陈淳等人来校做业务指导。[①]

交大的体育运动源远流长,学校一直把体育教育和训练作为培养合格的专业技术人才的必要手段,在上海市乃至全国有一定影响。在 1959 年 9 月举行的第一届全国运动会上,上海交大有 12 名运动员入选上海市体育代表队,排球:祝嘉铭(船舶动力系)、李家振(船舶制造系)、邹持(船舶动力系);棒球:张国伟、陈其信(均为电机系)、黎冠雄(冶金系);垒球:浦绿琛(女,船舶制造系)、张洁(女,机械制造系);赛艇:吴怀益(冶金系);航海:陆晓芳(女,电机系)、赵信华(女,船舶动力系);摩托车:原立金(女,船舶制造系)。其中祝嘉铭、李家振、邹持、张国伟、陈其信、黎冠雄、浦绿琛、张洁都是国家一级以上运动员;后来,祝嘉铭入选了国家队,是我国著名的排球运动员。[②] 1959 年全运会的赛艇比赛提前在湖北武汉举行。8 月 25 日,吴怀益和他人组成的上海队在双人单桨有舵手赛艇 2 000 米项目上超过奥运会纪录,取得决赛冠军,为上海夺得了一枚全运会金牌。在上海市的赛场上,交大的马拉松、短跑、游泳、举重、体操、摩托艇、摩托车和一些球类项目,都有拔尖的运动员,经常名列前茅。[③]

《文汇报》对于交大学生开展体育活动的报道

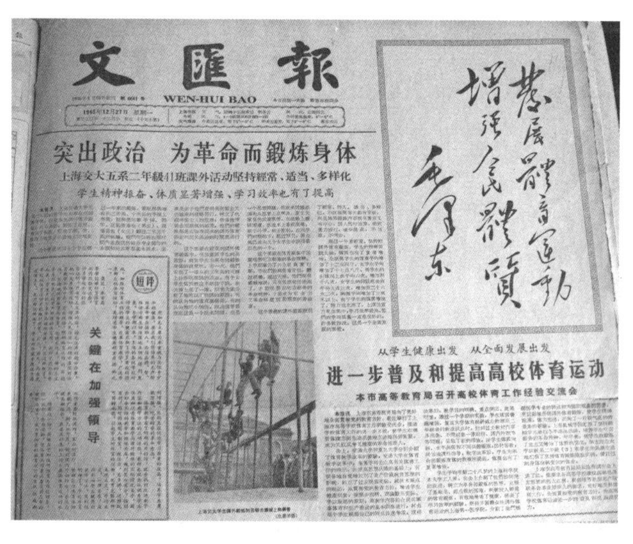

文匯報
WEN-HUI BAO

突出政治 为革命而鍛炼身体
上海交大五系二年級1班课外活动堅持經常、适当、多样化
学生精神振奋、体质显著增强、学习效率也有了提高

发展体育运动 增强人民体质
毛泽东

短评
关键在加强领导

从学生健康出发 从全面发展出发
进一步普及和提高高校体育运动
本市高等教育局召开高校体育工作经验交流会

篮球运动是交大的一个传统特色项目,有着广泛的群众基础。1959 年,交大男篮一队在市运会上夺魁,交大男篮二队在全市大学联赛中蝉联冠军;女队也有不俗的表现。1960 年 1 月 22 日,上海市教卫部批转《高教局关于高校开展文体活动的报告》,提出“把分散在各校的水平较高的大学生运动员,转校集中在一所学校,以利集中管理、集中训练,确立传统重点项目布

① 朱积川:《有关校史的回忆》(2011 年 3 月 21 日),上海交大党史校史研究室资料。
② 《本校 12 名运动员将参加全运会》。《交大》1959 年 6 月 24 日第一版。
③ 顾圣益、华爵:《勤学苦练,为校争光,交大体育运动飞跃向前》。《交大》1959 年 9 月 28 日第五版。

局”，[①]其中规定上海交大的重点项目为篮球。此后，交大的篮球运动更为普及，班有班队，系有系队，光校队就有二个队，分别参加上海市、高校和区级的比赛。两支校队比赛频繁，每队每年平均都有30场左右的正式比赛。学校年年都要举办系际篮球联赛。不久，上海市体委决定，将交大男女篮球队作为重点项目支持，以交大男女篮球一队为核心组成上海二队，时称上海蓝队，并于1961年参加全国篮球甲级联赛。上海市又决定，以交大男女篮球二队作为上海市高校代表队，参加全国高校篮球比赛。于是，上海交大就有两支篮球队同时代表上海市对外比赛，其运动水平可见一斑。

由于当时正值物质生活困难时期，上海市和市体委的领导全力支持交大篮球队，将上海二队的油粮、肉鱼类副食供应指标下放给交大，让交大篮球队享受专业运动员的伙食供应，保证了训练运动量。[②] 1960年，上海交大男子篮球队参加全国乙级联赛，先后战胜福建、河南省队和八一青年队，获合肥赛区第一名。1961年，交大男子篮球队在湖北赛区战胜湖北、河北、贵州等省队，又取得好成绩。在与省级专业队的比赛中，交大队员的身高、身体素质、篮球技术虽不如专业队员，但是他们文化知识高，比较灵活、细腻、准确，因此颇受球迷的喜爱。1963年，交大发起举办了北京、上海、天津、南京、杭州五大城市的大学生篮球友谊赛；1964年和1965年，友谊赛又分别在北京、天津举行。这几次比赛的冠军之战均在清华大学与上海交大之间，两校互有胜负。[③] 1965年暑假，交大参加在天津举行的“十城市大学生足篮球比赛”，又获得了足球、男女篮球的全部冠军。那时，每当交大篮球队在上海市体育场馆比赛时，总是人头攒动，校内外球迷们将比赛场馆围得水泄不通。这种热烈情景，令交大师生激动不已，难以忘怀。篮球队员的学习生活不脱离各自班级，他们从师生中得到了各种支持、帮助和鼓励。缺了课，同学们帮助补习功课，抄写笔记；老师也帮助补课复习。所以说，交大篮球队是一支来自基层、扎根于群众的球队，从交大广大师生的支持中获取了无穷的力量！[④] 时任交大男子篮球队队长的李家钟回忆道：“从篮球比赛中，学到胜不骄、败不馁的精神，铸成胜败乃兵家常事、坚持下去就是胜利、集体配合是基本功等人生道路上取得成功的重要品质。母校赋予篮球队员的这些特别恩惠，使我在毕业后的50年中受惠无穷。每克服一个障碍，每取得一个胜利，都蕴含着从篮球运动中吸取的品德精粹。”[⑤]

---

① 《中共上海市高等教育系统党史大事记(1949年5月—1989年12月)》(1994年10月)，第92页。

② 丁永宣：《学好功课，打好篮球》。《思源湖》，第172页。

③ 何晋璋：《交大篮球队的故事》。《思源湖》，第405页。

④ 徐维新：《可爱的交大篮球队》。《思源湖》，第180页。

⑤ 李家钟：《悠悠一生篮球心，绵绵一世母校情》。《思源湖》，第177页。

除了专业体育项目以外，交大的群众体育运动也开展得有声有色。学校从贯彻党的教育方针、增进学生健康出发，将体育课教学内容结合民兵军事体育和生产劳动的基本训练来进行，并由学生个人根据自己的特点自选专项。改进后的体育教学目的明确、重点突出、效果明显，学生的体质普遍增强。这一经验还在 1965 年 12 月举行的上海市高等学校体育工作经验交流会上作了介绍。[①] 64 级自动控制系 41 班是一个体育活动的先进集体。全班 40 名学生经过入校一年多的锻炼，都能够熟练地在约 3 米高、10 米长的平梯上奔跑，能够悬空攀平梯、爬杆，男同学背着枪、女同学背着包翻越 2.5 米高的板墙。他们取得这些成绩都是利用每周 4 次的课余训练时间完成的，基本做到每天有项目、每周有重点，还做到因人因事而异，量力而行，逐步提高。经过大家的共同努力，该班学生的体质明显提高，体重也有增加；男生引体向上由平均 6 次增加到 18 次，女生仰卧起坐由平均 9.3 次增加到26.2次。

20 世纪 60 年代举办的校田径运动会

上海交大于 1958 年成立民兵师，组建了 11 个民兵团。1959 年 10 月 1 日，学校的 1 200 名民兵参加了在人民广场举行的上海市人民庆祝中华人民共和国成立十周年典礼，接受检阅。1960 年 3 月，在交大礼堂举行了徐汇区冬季民兵大练武活动闭幕式，交大民兵师被评为全优单位，有 6 人被授予“步枪实弹射

① 《进一步普及和提高高校体育运动》。《文汇报》1965 年 12 月 27 日第一版。

击优秀射手”称号。[①]

学校对于民兵训练十分重视，把它列入工作计划，紧密围绕学校的中心任务进行统一安排。校领导还亲自为民兵讲授政治课。师生们在完成教学、科研任务的同时，积极参加民兵训练活动。民兵活动采取了小型、分散、多样的形式，如在体育课内适当安排军事科目，一、二年级的学生都接受了“队列”“投弹”“兵器”“射击原理”等训练。学校还结合专业教育，进行技术兵训练，开展了小口径步枪、跳伞、摩托车、无线电测向、船模等7个项目的训练活动。到1964年，全校有6 200余人达到了小口径步枪普通射击手的水平，2 000余人掌握了两轮摩托车驾驶技术。在重大节日活动时，学校还举办军事体育运动会、民兵检阅、军事项目竞赛等，提高师生的军事素养。训练时，学生们不畏困难、刻苦锻炼，不论是在中午火热的太阳底下，还是在蒙蒙细雨的傍晚照常坚持训练。通过民兵训练，学生们的组织性、纪律性加强了，集体主义精神发扬了，对学校各项规章制度的遵守也更自觉了。

每年暑假，交大都要举办军事夏令营活动，每期约一周时间。学生在夏令营中既学习军事知识，又接受了由解放军战士直接指导的军事训练。1961—1965年，有2 500人参加了夏令营。夏令营向学生们进行国防观念教育，邀请部队干部宣讲军事形势，观看军事影片，组织学生讨论“如何认识国内外形势”“怎样处理人和武器的关系”等专题。每次夏令营的军事训练，都有步兵的基本军事知识、人民防空及海军技术训练等项目，通过讲、看、练的密切结合，使学生们初步掌握有关兵种的基本操作技能。[②] 在夏令营中，学生们与解放军战士朝夕相处，学习解放军的优秀品质，受到深刻教育。通过活动，学生们主动检查自己在学习目的、学习动力、学习刻苦性等方面不足，表示要好好学习解放军优良品质和作风。

四、毕业生为国防建设和各项事业服务

新中国成立后，大学生毕业实行国家统一分配的制度。20世纪60年代前半期，随着国家经济的恢复与迅速发展，各行各业都迫切需要大批新一代知识分子。1961—1965年，上海交大每年都有千名左右毕业生学成离校，他们响应国家号召，服从国家需要，实现了“好儿女志在四方”的志向。当时，在毕业生中流传着一句响亮的口号“到农村去，到边疆去，到祖

---

① 《徐汇区民兵冬季大练武结束》。《交大》1960年3月11日第一版。

② 《培养能文能武的革命接班人》。《文汇报》1964年7月11日第一版。

国最需要的地方去”。

20 世纪 60 年代,交大学生深入工厂,听取工人师傅讲授生产实践课

船舶制造系流体力学专业 14081 班共有 39 名同学,祖国蓝色的海洋深深地吸引着他们,在校学习期间他们常说:“海洋是我们的,我们要做海洋的主人。”1963 年大学毕业时,每个学生的《毕业生志愿表》都填上了“国家需要就是我的第一志愿”。大家表示:“只要是党的需要,我们就会在工作的地方深深地扎下根,希望党把我们分配到最艰苦的地方去!”[①]58 级学生入校后,学校抽调各系学生组建了一个新专业——船舶结构力学专业。该专业课程理论性强,大家称它是“结棍力学”,“结棍”是上海方言,意为“非常厉害”。刚开始学习时,有的学生学习成绩不够理想,有的人还想打“退堂鼓”。经过系领导和老师的反复教育,大家逐步认识到这个专业是船舶设计与制造的支柱,为自己能够成为这个领域的第一批专业人才感到骄傲。他们互相鼓励,互相帮助,克服自卑心理,主动攻克难关。经过全班共同努力,他们的学习成绩一次次地提高,87.1%的学生达到优良。毕业前夕,他们都表示坚决服从祖国挑选,到祖国最需要的地方去。[②]

---

① 张自强:《海洋是他们的》。《文汇报》1963 年 3 月 13 日第二版。

② 《为革命勤学苦练,向红专迈步前进》。《文汇报》1963 年 5 月 8 日第二版。

1964年6月24日，上海市委书记处书记石西民专门为毕业生作报告，介绍国家经济建设与发展的基本形势，要求毕业生响应党和国家的召唤，到祖国最需要的地方去。学校专门筹办了一个毕业生分配教育展览会，展示历届毕业分配过程中的感人故事。全校的毕业生纷纷表示个人的远大志愿，船舶制造系的全体毕业生说：我们要争取到最艰苦的地方去，到最边远的地方去，做最艰苦的工作。73091班毕业生说："要使荒凉的沙漠变成绿洲，寂静的原野响彻共产主义乐章，要改造革命先辈用鲜血和生命换来的山河，哪里不需要我们的艰苦奋斗、英勇劳动？"几位华侨学生说："祖国是我们的靠山，革命需要是我们的志愿，请不要照顾我们，我们无条件地服从祖国的分配！"①

1965年毕业前夕，交大除了日常的毕业教育，还召开毕业生家长座谈会。与会的许多家长鼓励子女到祖国最需要、最艰苦的地方去锻炼，立志为人民服务。②

当时，毕业生们还面临服从"三线"③建设需要的选择。交大毕业生响应国家的号召，奔赴荒僻的"三线"企业，奔赴国家的大西南、大西北，奔赴最艰苦的地方，为祖国的建设添砖加瓦。

表3-3 1961—1965年分配至国防工业部门工作的毕业生统计表④

年份	毕业分配总数	分配至国防工业部门人数	占总人数百分比/%
1961	1 509	492	32.6
1962	1 086	656	60.4
1963	1 959	1 133	57.8
1964	1 619	938	57.9
1965	1 522	1 145	75.2

1961年以后，交大划归国防科委领导，随即有大批毕业生进入了国防工业部门，投入到

① 以上资料分别来自：《服从国家分配，服从革命需要》，《解放日报》1964年6月24日第一版；《饮水思源不忘党的教诲，献身革命哪怕万水千山》，《文汇报》1964年6月30日第一版；《全新的革命家书，火热的革命感情》，《文汇报》，1964年7月1日第一版；张自强：《时代的毕业歌》，《文汇报》1964年7月18日第二版。

②《鼓励子女到革命最需要最尖刻的地方去，继承革命传统作坚强的无产阶级接班人》。《文汇报》，1965年7月31日第一版。

③ 三线：中央于1963年开始着手国家第三个五年计划的制定和实施。在第三个五年计划期间，为要解决工业布局不平衡的问题，党中央提出要搞一、二、三线的战略布局。所谓"三线"建设，就是在西南、西北及沿海地区腹地建设若干大型基础工业和国防工业基地。"三五"计划的制定和"三线"建设的展开，"是加快四个现代化进程的重要步骤，对于改善我国国民经济布局、推进中西部落后地区的经济社会发展有较大作用"。1964年起，中央确立了300多个"三线"项目，其中就有航空、航天、造船、电子、冶金等领域的工矿企业。这些项目急需大量专业技术人才。

④《上海交通大学志》，第252页。

我国的海军舰船、潜艇、技术装备和航空、航天等领域,置身于国防科技研究、生产单位的各类工作岗位,有的人还直接参加了"两弹一星"的研制与生产。他们在极其艰苦的条件下艰苦创业,默默奉献,为国防工业和国防科技事业的建设做出了开创性工作,为四个现代化献出了宝贵青春,取得了许多重大的学术成就和科技成果,许多人成为各个专业领域的业务骨干和领军人物。

上海交大自动控制专业1963年毕业生龙乐豪

龙乐豪(1938.7—),湖北汉阳人,中国工程院院士。龙乐豪于1958年考入交大电机与电气专业;1962年,他转入新设立的自动控制专业。这个专业主要是学习导弹,包括各式导弹的控制、制导、稳定、回落等方面的理论知识。交大许多教师深厚的理论底蕴给他留下了深刻印象。龙乐豪出身一个农民家庭,经过自己的刻苦努力,从华中师大附中毕业被保送至上海交大,深感学习机会来之不易。他一再表示:"没有共产党就没有我的今天,我一个穷学生的五年大学生活靠的就是(国家的)助学金。"多年以后他还记得,"那时我学的是保密专业,各方面都很严格的。每个人都有一个文件包,每天上自习和上课结束,班上的学习委员要将我们的资料收走,交到保密室,上课时要在规定时间来拿,上课都要提着包"。虽然生活比较艰苦,可同学之间充满了团结友爱、互相帮助的风气,交大学生都"比较朴实,非常刻苦,整个校风都是这样的"。龙乐豪进校后,先是在民晏路校区的基础教学部担任学生分会主席,回到校本部以后,在学生会改选中又被选为校学生会主席。所以,他除了完成学业以外,社会活动也很繁忙,但他感到很充实,他说:"我们非常珍惜学习的机会,力求要继承和发扬交大的优良传统。"①

1963年毕业后,龙乐豪分配到国防部第五研究院,曾担任长征三号火箭总体主任设计师,先后任长征三号甲、乙、丙火箭总设计师与总指挥;数十年来,参加、主持、领导了七种导弹与运载火箭型号的研制工作,是我国长征三号甲系列大型运载火箭的倡导者和主要实践人之一。他提出并确定火箭总体技术

① 《龙乐豪访谈记录》(2010年7月23日),上海交大党史校史研究室资料。

方案及51项新技术课题，主持攻克8项重大关键技术和三种型号火箭的研制，倡导了通用化、系列化、组合化设计原则，研制成功长征三号甲系列运载火箭。龙乐豪担任当时我国运载能力最大的“长三乙”火箭总设计师时，该型号1996年2月首飞试验失败，星箭俱毁。他承受了巨大的压力，经受了痛苦的煎熬。他直面各种质疑和压力，带领研制团队卧薪尝胆，经过连续三个月的不懈努力，终于找出事故原因，以坚强意志和不懈的奋斗换来该型号火箭重上太空。[①]在谈到这些经历的时候，龙乐豪一再强调要坚持刻苦求学的好传统，他说：“在学校打下了坚实的基础，要勤奋好学，因为我们学的专业面都很窄，参加工作以后，尤其是走上这样的工作岗位，专业面要求非常宽，怎么办呢？我就得向实践学，向老同志学，向工人师傅学，向一切有知识的人学。”如今，他仍在为我国的运载火箭发展规划和航天、探月等工程出谋划策。他曾有诗云：“人近花甲心未老，为创名牌自奋蹄。”[②]

上海交大工程力学系1962年毕业生王礼恒

王礼恒（1938. 12—　），江苏镇江人，中国工程院院士。王礼恒于1957年考入交大船舶制造系工程管理专业，后转入工程力学系，就读火箭发动机专业。王礼恒考入交大那一年，正值苏联成功地把世界上第一颗人造卫星送上太空。过去，他曾听取关于宇宙的科普报告，被蓝色的太空、神秘的宇宙所吸引，这次，他又为人类探索太空的奇迹所震撼，内心涌现出强烈的探索欲望。这些都为他后来从事的航天事业打下了重要的基础。在学期间，他师从航天技术前辈王希季等教授，受益匪浅。在校期间，他还担任校学生会秘书长，与龙乐豪搭档组织了许多丰富多彩的学生活动。他在工作中注重对自身能力的培养，“严于律己，宽以待人”是他从大学起就秉承的人生信条，在复杂的社会工作中锻炼自己的组织能力，学会了“办事要认真，善于待人，要能吃得起亏”。他认为，在交大学习的重要收获就是学会了要用科

① 龙乐豪简介见中国航天科技集团科技委提供的资料（2013年2月），存上海交大党史校史研究室。
② 《龙乐豪：豪情万丈排云天》，http://www.spacechina.com/qywh_htrw_Details.shtml? recno=36656。

学、辩证的认识论和方法论去认识事物的规律,并在实践中去总结、提高。他在回忆这段生活时曾说:“我们在老师们的教育呵护下茁壮成长,在母校文化的熏陶下逐渐感悟,在同学们的相处中培育了手足之情。五年交大的学习生活使我们既学到了基础知识与进入社会的能力,更重要的是,学到了学习与工作的方法以及如何做人,这是我们人生植根时期最重要的收获。”①他一直以此指导着自己的工作。

1962 年大学毕业,王礼恒分配到国防部第五研究院,参加火箭发动机的研制工作。他先后从事了液体火箭发动机、冲压发动机的预先研究以及海防导弹发动机的研制,并首次将固体火箭发动机成功用于海防导弹。1988 年后,王礼恒担任航空航天工业部总工程师、副部长,中国航天工业总公司常务副总经理,中国航天科技集团公司总经理、党组书记等职。他领导与组织了重大航天工程、重点武器型号的立项、研制和试验工作;担任我国载人航天工程副总指挥、高新工程集团公司第一责任人,在神舟飞船的研制、发射、回收,运载火箭及人造卫星和导弹武器装备的研制方面均取得良好成绩。在实践中,他还进一步推进管理创新,提出“人是航天发展的第一要素、质量是航天发展的生命、整体优化是航天发展的基础、创新是航天发展的灵魂”的工作思路。②

上海交大船舶制造系 1966 年毕业研究生朱英富

朱英富(1941. 7—),浙江宁波人,中国工程院院士。他于 1958 年考入交大船舶制造系;本科毕业后,又考取了交大研究生,1966 年研究生毕业。朱英富从小在海边长大,祖父一家就住在船上,为此他的愿望是做一名船长。父母到上海谋生后,生活并不宽裕,但省吃俭用,送朱英富上了高中。此后,他又如愿考上了交大,学习造船。他读研究生的导师是杨槱教授,指导他开展“减摇器对船舶性能的影响”研究课题。八年的学习经历,使他感受最深的就是交大严谨扎实的学风和重视基础

① 王礼恒:《致母校 116 周年校庆的贺信》。《思源》2012 年夏刊(总第 8 期),第 25 页。

② 《生命的蓝色畅想——记王礼恒教授》,http://me.sjtu.edu.cn/xyfc_15.asp。

理论的教学模式。他回忆道，那时造船系的基础课“学了高等数学以后还学工程数学，物理里面还学理论力学、材料力学、弹性力学，结构力学还要分杆系、板壳”。他说：“基础课学得很多啊，我们当时还觉得有没有必要学那么多啊，现在看来这些基础还是有用的。虽然有些基础知识不一定马上能用，但是有了这些根底，以后在工作中碰到新的问题、学习新的知识就很容易接受。”他称赞老交大传统，“好就好在不是教条式说理，而是让你在这个环境的熏陶中很自觉地学习”。[①] 在交大的学生时代，朱英富品学兼优，还喜爱音乐，尤其是古典音乐，是交大管乐队的一名号手，专司小号。

朱英富毕业后，分配到第六机械工业部 701 研究所，曾任 701 所的所长、研究员。1982—1984 年赴美国加州大学伯克利分校做访问学者，从事船舶流体动力学方面的研究工作。回国后，一直从事水面舰艇的研究设计工作，成功地研发了多种先进的大型水面舰艇，先后担任 F25T 型护卫舰、052B 型驱逐舰、052C 型驱逐舰等军用舰船的总设计师。他主持研制的新一代驱逐舰隐身性外形具有鲜明技术特征、信息化程度高、平台设计优化，是我国最先进的驱逐舰，被海内外誉为“中华神盾”。[②] 进入 21 世纪，朱英富又担任我国第一艘航空母舰的总设计师。他一直认为，没有航空母舰的海军不是强大的海军。面对资料、图纸、规范、经验等一无所有的情况，他说，就是硬着头皮也要上。在利用某国废置的航母船体基础上，经过八年的艰辛研制，我国第一艘航空母舰“辽宁舰”终于在 2012 年 9 月正式交接入列，改变了我国海军没有航空母舰的历史。朱英富感慨地说：“搞武器装备的研究靠别人是靠不住的，只能靠自己，只能自力更生。通过第一艘航空母舰的研制，使我们走过了一个完整的实践过程，取得了许多宝贵经验，培养了一支技术队伍，建立了一套研制程序，制定了一套管理方法，形成了国内配套体系。到了今天，我们可以自豪地说，中国已经具备了自主研制国产航空母舰的能力。”

据不完全统计，这段时期毕业的校友在各自领域中有一定知名度的还有闻雪友、刘友梅、曾恒一、陈亚珠、叶连松、王禹、万学远、张圣坤、赵成昆、陈明义、全文甫、严隽琪、张广钦、范有年、杨国勋、段瑞春、李栋垣、吴忠泽、陈小津、王金祥、王建明、耿广生、赵永甫、陈伟根、孙汉虹等。他们为我国国防工业和各项科技事业创造了一项又一项的光辉业绩，他们都是交大学子的榜样与骄傲。

---

① 《朱英富访谈记录》(2012 年 7 月 3 日)，上海交大党史校史研究室资料。

② 以上资料见：http://cjmp.cnhan.com/cjrb/html/2011-12/09/content_4932327.htm；http://news.163.com/11/1209/07/7KQIROQM00014AED.html；http://baike.baidu.com/view/6606135.htm。

第四章
“文化大革命”的艰难岁月

第一节 “全面夺权”与“天下大乱”

一、“停课闹革命”

1966年，“文化大革命”爆发，中断了学校的正常发展。“文化大革命”的发生绝不是偶然的，有其深刻的国际背景与国内背景。“实际上，它根本不是任何意义上的革命或社会进步，而只是一场由领导者错误发动，被反革命集团利用，给党、国家和各族人民带来严重灾难的内乱，使党、国家和人民遭到新中国成立以来最严重的挫折和损失，使全国人民艰苦创建的社会主义事业遭到前所未有的浩劫”。[①]

1965年11月《文汇报》发表的《评新编历史剧〈海瑞罢官〉》，是“文化大革命”的导火线。[②] 1966年5月召开的中央政治局扩大会议是“文化大革命”正式发动的标志。这次会议通过的《中国共产党中央委员会通知》(即“五一六通知”)，成为发动“文化大革命”的纲领性文件。[③]

---

① 《中国共产党历史·第二卷(1949—1978)》，第752页。

② 《中国共产党历史·第二卷(1949—1978)》，第753页。

③ 《中国共产党历史·第二卷(1949—1978)》，第762页。

面对这场突如其来的"文化大革命",交大党委毫无思想准备,学校的日常工作依然按部就班地进行。5月下旬,学校传达了中央政治局扩大会议精神和"五一六通知"。但是,党委对于如何在全校贯彻通知精神,"工科学校的文化大革命究竟怎样搞法,是不是要开展群众运动?群众运动什么时候开展,在多大规模上开展?思想上是很不明确的"。[①] 当时,上海市委根据"五一六通知"精神,将部分以文科为主的高校作为"文化革命"的试点。[②] 因此,交大党委一直在等待上级对于工科高校的具体指示。5月28日,党委给全校师生作动员报告,要求师生们参加"以文化大革命为中心的突出政治大讨论",其主题仍然是"正确处理政治和业务关系"。[③]

6月1日,《人民日报》发表社论《横扫一切牛鬼蛇神》,文中提出"横扫盘踞在思想文化阵地上的大量牛鬼蛇神",把所谓"资产阶级'专家'、'学者'、'权威'、'祖师爷'打得落花流水,使他们威风扫地"。当晚,中央人民广播电台全文广播北京大学哲学系聂元梓等7人贴出的大字报,大字报的矛头直接指向北京大学党委和北京市委。这份大字报在交大引起强烈反响,平静的校园一下子激起巨大波澜。此后,中央各媒体连续推出社论、文章鼓动"造反有理",其激烈的言词使青年学生头脑发热起来。师生们虽然并未搞清楚为什么要搞"文化大革命""革谁的命",但是出于朴素的感情和对领袖的崇拜,纷纷参与了这场运动。

6月2日,交大一教研组在校园贴出了第一张大字报《坚决支持北大师生的革命行动》;有一个班贴出第一张质问学校党委的大字报《我校党委究竟站在什么立场上,以什么态度对待文化大革命》。当天下午,交大党委举行全校师生集会,声讨"三家村"[④]罪行,支持北京大学的"革命行动"。会上,党委宣布全校临时停课,开展"文化大革命"。正在工厂、农村参加"社教运动"和毕业设计、生产实践活动的师生们也随即先后返校。当天校园里的大字报已达5 000多张。学校在中院、新上院南侧,总办公厅北侧等马路沿线陆续设置大字报栏,不多日亦刷满了层层叠叠的大字报。5日,党委在总支书记会上传达了当天上午上海市召开的会议精神,要求重点批判几个"资产阶级反动学术权威",并提出揭批本单位所谓"资产阶级代表人物"。6日,校党委决定并经市委批准,以莫须有的罪名对外语系教授凌渭民、船舶制

---

① 张华:《代表党委在全校革命师生员工大会上的检查》(1966年10月26日)。上交档:长-1551。

② 中共上海市教育卫生工作委员会党史资料征集委员会办公室:《中共上海市教育卫生体育系统党史大事记(1949—1989)》,上海交通大学出版社1993年版,第206页。

③ 张华:《代表党委在全校革命师生员工大会上的检查》(1966年10月26日)。上交档:长-1551。

④ "三家村":1961年以后,吴晗曾与北京市委的邓拓、廖沫沙一道在报刊上发表知识性杂文,并以"燕山夜话""三家村札记"的栏目刊出。1966年5月10日,姚文元发表《评"三家村"——〈燕山夜话〉、〈三家村札记〉的反动本质》一文,把三人撰写的杂文诬蔑为"一场反党反社会主义的大进攻",其矛头直接指向北京市委。此后,全国各地都"深挖"、批判本地的"三家村""四家店"。

造系副主任何友声点名批判。

7日,六系(电机工程系)有学生要张贴批判本系教授曾继铎的大字报,被学生政治指导员王宗光(女)劝阻。9日,数名造反派学生张贴诬陷王宗光的大字报,引起很大震动,校内迅即出现了一批持有不同意见的大字报。不久,一些偏激的造反派借机又将"王宗光事件"作为交大党委在运动中执行"资产阶级反动路线"的典型,指控王宗光就是党委执行"修正主义教育路线"的"黑果",要"顺藤摸瓜"挖党委的"黑根"。其后造反派还对王宗光进行全校批斗,以此恐吓、打击那些所谓"出身不好"的教师和学生。事件的实质是极左阶级路线的严重反映。

6月10日,上海市委在文化广场召开万人大会,点名批判了一批文化界、教育界所谓的"资产阶级反动学术权威"。随之校内也在升级,有许多知名的学界权威和深受学生尊敬的老教授、一批长期担任管理工作的党政干部被指名道姓上了大字报。据党委政治部的统计,到13日,全校已贴出大字报约5万余份,被大字报点名批判的达361人,[①]其中教授、副教授44人,教员13人,讲师51人,助教43人,校级和中层干部25人等。14日,出现了批判老交大传统的大字报《三十年代"老交大传统"阴魂未散》,还有一些大字报批判校党委领导运动不力,出现了针对党委领导邓旭初、苏宁等人的大字报,斗争矛头指向校党委。

在此期间,中央发布了一系列有关教育工作的决定。6月13日,中共中央、国务院发出《关于改革高等学校招生考试办法的通知》,停止了当年的招生工作;27日,高教部发出通知,当年研究生招生工作暂停;30日,高教部通知,选拔派遣留学生工作推迟;7月1日,中共中央发出通知,本年度高校应届毕业生不搞毕业设计、不写毕业论文;2日,高教部通知,经中央批准,本年度接收来华留学生工作推迟;7月底,中共中央在决定撤销派驻学校工作组的通知中宣布,大中学校"放假闹革命"。[②]

8月1日至12日,党中央召开八届十一中全会。8日,全会通过《中共中央关于无产阶级文化大革命的决定》(即"十六条")。"十六条"指出,"当前我们的目的是斗垮走资本主义道路的当权派,批判资产阶级的反动学术权威,批判资产阶级和一切剥削阶级的意识形态,改革教育,改革文艺,改革一切不适应社会主义经济基础的上层建筑","这次运动的重点,是整党内那些走资本主义道路的当权派"。"十六条"还肯定了青少年的"革命大方向始终是正确的",强调要"敢字当头","充分运用大字报、大辩论这些形式进行大鸣大放"。

八届十一中全会后,极左错误方针开始占据了主导地位。"十六条"成为造反派手中的

① 上海交大政治部办公室:《政治思想工作情况汇报(44)》(1966年6月13日)。上交档:长-1533。

②《中共上海市高等教育系统党史大事记(1949—1989)》(1994年10月),第135—137页。

“尚方宝剑”，无政府主义思潮到处泛滥。教育、文化领域中各种形式的批斗会愈加频繁，许多高校的知识分子、干部、工人被大会、小会批斗，一些人无辜地被戴高帽、挂牌子，有的人还被游街。8 月 10 日，交大各部门的造反派先后举行批斗会，一天就批斗了 15 人，其中 13 人被戴“高帽子”“挂牌子”侮辱。8 月下旬，全校被公开批斗的教师、干部达 50 余人，并勒令其每日到校参加劳动，一些人被冠以各种“牛鬼蛇神”的名称，关入“牛棚”；此后，被揪斗人数不断增加。“文革”初期，在运动的猛烈冲击下，交大教师陈某某等 2 人因不堪受辱被迫自杀身亡。

8 月 18 日，毛泽东在北京天安门广场接见红卫兵，此后共八次接见全国各地进京串连的近千万红卫兵。19 日以后，上海高校学生纷纷成立红卫兵组织。交大校园里也相继出现了各式各样、名目繁多的红卫兵及群众组织。少数北京红卫兵又走上社会“破四旧”，[①]并到上海煽风点火，大搞串联。自 8 月 23 日起，交大红卫兵也“杀”向社会，参与全市红卫兵“破四旧”活动。他们从改路名、店名、校名、厂名、影剧院名、公园名开始，接着一切被认为与“封、资、修”等“四旧”沾边的事物都成为红卫兵“革命”的对象。还有一批红卫兵大肆抄家，擅自闯入社会名人和学校那些被批斗的教师、干部家中，查抄私人物品。进入 9 月份，中央发出《关于组织外地师生来京参观“文化大革命”的通知》，红卫兵大串联活动遍及全国，愈演愈烈，上海的红卫兵也走上大串联之路。由于来沪红卫兵激增，交大也成立接待站，负责接待和安置外地来沪串联的红卫兵，提供后勤服务，入住的外地人员最多时每天达7 000人。

二、党委被迫中断对运动的领导

“文化大革命”开始时，上海市委曾对运动做出过一个大体规划，“7 月底以前进一步深入揭发，8 月开始逐步转入重点批判斗争，9 月以后进入群众自我教育和整改阶段”。按照这一部署，上海市委有关部门对高校运动如何开展曾做出许多具体指示。交大党委依照上级的指示行事，试图按照以往的工作经验引导运动有序进行。

6 月 2 日下午，副书记张华主持交大党委常委扩大会，他传达市委教育卫生工作部负责人的讲话，要求各高校正确引导群众开展运动，提出在运动中要“内外有别”“虚心听取群众意见”；“大字报不要贴到大街上，不要上街游行”等。[②] 3 日上午，党委常委会上，副书记苏宁传达市委领导的讲话，讲话中一再强调“要把运动好好领导起来”，要求党委“不要检讨，可以讲认识不足、重视不够”。[③] 5 日下午，党委常委扩大会议上，张华又传达了上级的几点意见：

---

① “四旧”：即“旧思想、旧文化、旧风俗、旧习惯”。

② 党委办公室：《会议记录》(1966 年 6 月 2 日)。上交档：永-476。

③ 党委办公室：《会议记录》(1966 年 6 月 3 日)。上交档：永-476。

“全市将召开文化革命大会,选择所谓‘学者’、‘权威’有重点地搞一两个,受锻炼、受教育。各单位要发动群众,开展斗争,满腔热情支持和领导。敢于领导,敢于用毛主席思想、党的政策教育群众。……不要空戴帽子,不要讽刺、侮辱、上街,把革命积极性引导到正确方向去。”[①]

6月,学校党委几乎每天都召开常委会或常委扩大会议,有时甚至是一天数次、连续十几个小时的会议,领会上级党委的指示精神,学习社论、分析形势、研究工作。党委领导和各总支、支部领导亲自到群众中去,听取意见、交流思想、结合实际问题尽量做说服解释工作。6月中旬,党委常委深入重点单位了解运动:余仁联系马列主义教研室;张华负责有关专案组,联系图书馆和机车系;苏宁联系教务处、体育教研组等。[②]

“文革”初期,交大党委在学习中央的政策、分析运动形势的同时,还在谋划学校的发展,试图把领导运动与学校建设规划结合起来。此前,国防科委根据国家的战略部署曾多次提出学校要在内地“小三线”[③]建设交大分校。为此,5月底6月初,党委代理书记余仁等人正在安徽、江西考察,选择分校校址。待他们回到学校,迎接他们的已是一片铺天盖地的大字报,其中有人还被大字报点了名。尽管如此,党委还是在纷乱的运动中,认真地研究分校筹建方案和下一步教改设想。6月17日,党委常委会议集中学习毛泽东的“五七指示”,针对指示中所提出的学生“不但学文,也要学工、学农、学军,也要批判资产阶级”的要求,一方面研究分校建设,一方面联系本校实际,提出许多设想。不过,这些设想与愿望只能是“纸上谈兵”,很快就在“文化大革命”运动中化为泡影。

17日下午,由余仁主持党委常委会,会上传达上级讲话精神,提出领导干部“引火烧身”的要求,并指出从运动发展的形势来看,党委主要抓“两个问题,一是引火烧身,一是放手发动群众”。[④]

为了便于解决和处理运动中出现各种问题,6月中旬,党委决定成立“文化大革命办公室”。

校党委根据中央“十六条”的决定,于8月11日成立上海交大“文化革命筹备委员会”。在“筹委会”举行的第一次会议上,议定“筹委会”主任由学生代表担任。迫于社会上的运动形势和校内造反派的矛头所指,“筹委会”仓促举行“批判斗争范祖德大会”。这是“文革”中,

---

① 党委办公室:《会议记录》(1966年6月5日)。上交档:永-476。

② 党委办公室:《会议记录》(1966年6月15日)。上交档:永-476。

③ “小三线”:在我国第三个五年计划期间,党中央提出要搞一、二、三线的战略布局。在三线建设中有大、小三线之分,西南、西北地区为大三线,中部及沿海省、区的腹地为“小三线”。

④ 党委办公室:《会议记录》(1966年6月5日)。上交档:永-476。

交大第一次全校性的批斗大会。12日晚，“筹委会”主持批斗会，校党委委员、教务处负责人范祖德被批斗。其时，校党委虽然还在领导运动，但已无法阻止批斗会的行动，只能向群众反复强调“不是敌我矛盾”，“要讲政策，要文斗，不要武斗，不要戴高帽子”，并在幕后做了大量保护性工作。批斗会开始，会场一度陷于混乱，“筹委会”难以控制局面，范祖德被造反派强制戴上高帽子，在校内游街，并遭到殴打。由于事先安排了附属工厂的老工人维持秩序，他们出面保护了范祖德，并将其护送回家，批斗会也草草收场。对此，造反派很不满意，他们找到余仁进行质问：“范祖德定性没有？”余回答：“没有”。造反派又问：“那为什么要斗？”余无奈地回答：“是学生要斗嘛。”

10月，《红旗》杂志第13期发表社论，首次提出“批判资产阶级反动路线”的问题，把对“文化大革命”运动不理解、支持不得力以及持有抵触情绪的各级领导干部定性为执行“资产阶级反动路线”。在这种形势下，学校党委对运动的领导一再受到造反派攻击。10月10日，“反到底战斗队”贴出《舍得一身剐，要把党委拉下马！》的大字报，把斗争的矛头直接指向校党委，还要“踢开党委闹革命”。18日，以“反到底战斗队”为基础成立“反到底兵团”，严步东、[①]余某某、申某某等成为该兵团的主要负责人。10月19日，中共上海市委作出《关于大专院校和中等学校各级党组织中断对无产阶级文化大革命领导的决定》，宣布大专院校、中等学校党组织停止对本系统“文化大革命”的领导。[②] 10月26日，在全校师生员工大会上，张华代表党委被迫作检查。此后，党委被迫中断对运动的领导，同时学校各级党组织完全瘫痪，党员停止过组织生活。

即便如此，交大的共产党员并未停止履行自己的责任与使命，一些党委成员和各级干部还是坚守各自的岗位。尽力与群众保持着密切的联系，关注学校的事态变化，努力保护国家的财产，依靠师生保护知识分子、保护干部和广大群众。

三、“反修楼事件”

1966年10月底，交大造反派策划、制造了严重的“打砸抢”事件——“反修楼事件”。“反修楼”即学校的“总办公厅”，早年称“容闳堂”，建于1932年。建成后，交大的历任校长都在此办公，一直是学校的管理中枢，此时是学校党委、行政及其办事机构集中办公的地方。“文革”开始后，造反派将其改名为“反修楼”。

---

① 严步东，曾用名严惠林，1962年9月考入上海交大金属学及热处理专业，1968届毕业生。1983年10月，因其在“文化大革命”中所犯诬陷罪和非法拘禁罪，被上海市中级人民法院判处有期徒刑。

② 江怡、邵有民：《特记：“文化大革命纪略”》。《中共上海党志》，上海社会科学院出版社2001年版，第756页。

10月中旬,六系的造反派以批判"资产阶级反动路线"为由,要求某学生政治指导员交出"整人的黑材料",并以此为借口进一步要挟系党总支,要总支承认在运动中执行了"资产阶级反动路线",承认有整了学生的"黑材料"。当目的没有达到时,他们借口要"黑材料",又进一步于26日进行"绝食斗争"。为了把事态扩大,造反派于27日晚挟持校党委副书记张华和六系总支书记刘克前往市委,企图要市委压交大党委交出所谓整学生的"黑材料"。28日晚,一千余名造反派又集中前往市委,要求市委领导接见,被拒绝后遂在市委门前静坐。同时在校内,六系的造反派开始打砸总支办公室,查抄"黑材料"。此后,四系、八系、七系、二系及一系的总支办公室也相继被砸。

当造反派在各系查找"黑材料"未得逞后,他们把矛头直接指向校党委,胁迫党委交出"黑材料"。他们首先找到市委,以绝食的方法要挟市委出面处理此事。这些无理要求被拒绝后,10月31日上午,"反到底兵团"组织一二百人占领"反修楼",强行要求组织部干部交出"黑材料"。11月5日凌晨,造反派砸开房门,冲入政治部、组织部等各办公室,撬开铁柜、办公桌、文件柜等,查抄各类工作档案文件,甚至随意翻阅机密文件。这些无理行为一再遭到张华及管理人事档案的干部坚决阻止,并严厉警告:"谁砸人事档案,后果由谁

1966年10月,总办公厅(当时称"反修楼")遭造反派"打砸抢"

负责。”11月8日，市委请示中央后明确表示，人事档案一律不准看。这一指示传来，有效阻止了造反派查抄的企图，交大的人事档案才得以保护。[①]

“反修楼”事件是交大“文革”中一次严重的“打砸抢”事件，它是少数造反派在“文化大革命”错误理论指导下、在无政府主义思潮影响下发生的。查抄所谓整人“黑材料”只是一种借口，实质是造反派有其政治意图和野心。在这次事件中，交大党组织经受了考验，党委领导和党的干部在危难之际挺身而出，尽最大努力保卫党和国家的机要文件、档案的安全，努力做到使党和国家的机密不受或少受损失。

“反修楼事件”后，交大许多党员干部对于所发生的一系列打砸抢等现象无法理解。11月25日上午，部分党委成员围绕中央刚刚颁布的《关于处理无产阶级文化大革命中档案材料问题的补充规定》等文件进行议论，面对“文革”以来出现的“打砸抢”现象和一些明显违反政策的问题十分反感。在张华的带领下，一行10余人来到张春桥家。张华针对运动中出现的不正常情况向张春桥提出了一些尖锐的问题，并反映了当时基层党组织普遍存在的困境和疑虑。在张华等质问面前，张春桥态度傲慢，没有直接回答所提问题。张春桥对此事长期怀恨在心，以致他在其后的政治运动中对交大一再发难，也成为张华长期不能落实政策的一个原因。

四、造反派“夺权”

1966年11月以后，红卫兵、造反派发起的“夺权”活动愈演愈烈，交大造反派中的一些人参与了在上海“文革”中产生很坏影响的“安亭事件”、[②]“解放日报事件”、[③]“康平路事件”[④]和向上海市委夺权等重大事件。1967年交大造反派还参与了对上海铁路、港务、邮电、长航、交通、海运、公安局的夺权活动和冲击上海人民广播电台、接管华东局等重大活动。1967年1月6日，交大有些造反组织积极参与了全市32个造反组织召开的打倒上海市委大会；还积极参与了上海市“一月夺权”活动，在社会上造成恶劣的影响。

---

① 有关“反修楼事件”的内容主要参考《上海交通大学纪事(1896—2005)》(上卷)，第564—566页。

② “安亭事件”：“文革”开始后，以王洪文等为首的上海造反派策划成立“上海工人革命造反总司令部”(简称“工总司”)。上海市委根据“十六条”精神和周恩来关于不要成立跨行业组织的指示，未表态支持“工总司”的成立。于是，1966年11月10日，“工总司”组织了1 000余名工人“进京告状”，并在市郊安亭卧轨拦截火车，造成京沪线中断20余小时。事发后，张春桥由京来沪，背着上海市委，代表中央文革承认“工总司”为合法组织，“进京告状”是革命行动。

③ “解放日报事件”：1966年11月30日，上海的红卫兵组织强行占领《解放日报》社，提出要将红卫兵的印刷品与《解放日报》夹带发行。这一无理要求被拒绝后，造反派便阻止市委党报的发行，历时5天5夜。在中央文革小组的干预下，市委被迫作出让步。

④ “康平路事件”：“文革”初期，由张春桥、王洪文一手策划的大型武斗流血事件。1966年12月30日，王洪文率领“工总司”成员10万多人，围攻、殴打并拘捕滞留在上海市委所在地康平路的另一派工人组织“赤卫队”。这一事件在全国开了大规模武斗的先例，也为“一月革命”向上海市委夺权扫除了障碍。

上海“一月夺权”后，交大造反派“杀”回学校“夺权”，校园又开始了新一轮动荡。一时间，校园内派仗不停，“打砸抢”成风，师生们的生命、财产安全得不到保障，人心惶惶，无所适从。

交大“反到底兵团”在大打派仗中搞“以我为核心”，妄想掌管交大的大权。他们占领校广播台、印刷厂等，还居然摘下“交通大学”校牌，挂上“反到底大学”校牌。在交大师生群情愤怒、坚决反对下，“反到底兵团”才不得不放弃此行动。当时，校内山头林立，除“反到底兵团”外，又陆续出现“红卫兵师(筹)”(“红师筹”)、“教职工革命造反联络站”(“教联站”)、“机关革命造反联络站”(“机联站”)等组织，为了各自利益互相争斗、辩论、争权，校园陷入一片乱象。

由于造反派“全面夺权”引发了“打倒一切”“全面内战”的无政府主义狂潮，一批干部进一步遭受迫害。1967 年，发生了交大党委常委、总务处长朱士亮备受迫害的事件。朱士亮，1921 年 8 月出生于江苏涟水县，1938 年参加革命，1939 年加入中国共产党。历任中共江苏涟水新安市工委武装委员、涟水县委委员、青委书记，华东党校教务处教育科负责人，华东人民革命大学政治研究院班主任，同济大学党委委员、纪律检查委员会书记，上海交通大学党委常委、总务处处长等职。[①]

朱士亮同志

1967 年 1 月，交大造反派诬陷朱士亮是“走资派”“叛徒”，冲入其家中，强令其搬家，使他的家人面临严重的生活困难和株连。5 月，校内造反派成立了朱士亮专案组，追查朱的“政治问题”。7 月 13 日开始，朱被隔离审查，白天劳动，晚上批斗。17 日，朱因不堪忍受毒打，当晚自杀未遂。22 日，朱从被隔离处出逃，在上海县七宝镇写信给毛主席。信中写道，他被造反派关起来，不许回家，并连续遭受拷打折磨。在实在难以承受的情况下，越窗逃出给老人家写信。25 日下午，朱回到学校。当晚，又遭毒打。8 月 1 日下午，一些人在教学三楼化学实验室对他进行审讯，继续严刑拷打至深夜。2 日一早，发现朱士亮已经失踪，从此杳无音信。“文革”结束后，学校在大量的搜

① 《在朱士亮同志追悼会上的悼词》(1979 年 6 月 9 日)。上交档：长- 2313。

寻、调查工作的基础上确定朱士亮“作为被迫害致死处理”。[①] 1978年12月，学校党委决定为朱士亮平反，对于他在“文化大革命”中被诬陷的一切不实之词均予以“平反昭雪，恢复名誉”。1979年6月9日，学校举行朱士亮同志追悼会，中共上海市委、校党政领导等300余人出席。[②]

20世纪六七十年代，全国兴起建造毛泽东塑像的热潮。交大也在大草坪正中央建造了一座毛泽东塑像。塑像于1967年6月27日动工，1968年4月30日举行落成典礼。塑像为钢筋混凝土材质。多年后，由于长期风蚀损腐，塑像表层斑驳脱落，难以修复，1988年7月20日经党委扩大会议讨论，决定予以拆除；拆除工程于当年8月10日进行。[③]

1967年6月，交大师生徒步行军到奉贤参加“三夏”劳动。

1967年6月上旬，全校师生分三批前往奉贤参加“三夏”劳动，分布在江海、胡桥、钱桥、四团等公社。全校参加“三夏”劳动的师生共有4 350人，他们以教学班、造反队为单位，劳动两周后返校。师生们有时凌晨四点半出早工，一直干到晚上七点。劳动之余，学校的4支文艺小分队到各大队轮流演出。在胡桥公社曙光小队劳动的交大学生章熙平还曾跳入水渠，将一名落水儿童救了上来；一次村民房舍失火，交大学生参与救火。[④] 11月8月，又有2 000余名学生赴崇明农场、上海港口、运输公司、火车站、商店等参加劳动。

---

① 交大党委：《关于朱士亮同志在“文革”中遭受迫害情况的调查报告》(1985年9月25日)。上交档：永-1179。

② 《上海交通大学纪事(1896—2005)》(上卷)，第718页。

③ 党委：《关于拆除校园毛泽东同志塑像的报告》(1988年8月1日)。上交档：永-1392。

④ 《遍地英雄下夕烟——三夏见闻》。《新交大》第20期第四版，1968年7月20日。

第二节 校内的“斗、批、改”

一、成立校革命委员会和划转为六机部建制

“斗、批、改”最先是在“十六条”中提出的,其内容是:“斗垮走资本主义道路的当权派,批判资产阶级的反动学术‘权威’,批判资产阶级和一切剥削阶级的意识形态,改革教育,改革文艺,改革一切不适应社会主义经济基础的上层建筑,以利于巩固和发展社会主义制度。”[①]对于上海交大来说,“斗、批、改”主要经历了成立革委会、“清理阶级队伍”“一打三反”“整党建党”“五七干校”、校内机构“连队化”“教育革命”等方面。

1966 年 10 月,校党委被迫“中断”领导运动,学校党政领导也被批斗、打倒。学校处于群众组织自行管理的无序状态。

1967 年 3 月,为了控制学校中出现的混乱局面,中共中央作出《关于大专院校当前无产阶级文化大革命的规定(草案)》,要求高校师生应“按照统一安排,分期分批地进行短期军政训练”。[②] 1967 年 9 月 1 日,人民解放军海军东海舰队派出军训团进驻学校。军训团进校后,以军训团负责人为主,由各群众组织代表参加,组建了交大军政训练指挥部,全面负责军训工作及学校各项事务。军训指挥部发出《关于在外师生立即返校的命令》,着手促成交大各群众组织的大联合。9 月 19 日,经过军训团的工作,交大 4 个主要群众组织“反到底”“红师筹”“赤革会”“教联站”的负责人举行联席会议,协商大联合事宜。20 日实现了所谓的大联合,成立“新交大红卫兵师”和“新交大革命造反总部”。此时的“大联合”实际上仅仅是一种形式而已。

10 月 23 日上午,学校在大草坪举行新学期开学典礼。红卫兵师部、革命造反总部和军训团等负责人先后讲话,全校师生 4 000 余人出席典礼。

群众组织“大联合”以后,成立学校革命委员会的工作提上日程。在群众协商进入校革命委员会的“革命干部”代表时,能否结合原党委副书记张华成为争论焦点。

张华,1960 年 5 月调入交大工作,曾任上海交大党委副书记兼政治部主任。在交大工作期间,他踏实认真,兢兢业业,为人质朴,性格耿直,关心知识分子的工作与生活,善于联系群

---

① 《中共中央关于无产阶级文化大革命的决定》(1966 年 8 月 8 日)。《中华人民共和国重要教育文献(1949—1975)》,第 1406 页。

② 《中共中央关于大专院校当前无产阶级文化大革命的规定(草案)》(1967 年 3 月 7 日)。《中华人民共和国重要教育文献(1949—1975)》,第 1413 页。

众，与师生的关系十分密切。“文革”爆发后，张华一直站在各项工作的最前面，代表党委公开出面处理一些重要的事项，尽力保护广大干部和知识分子。在处理“反修楼事件”、质问张春桥等活动中，他都首当其冲，不计个人安危，带领一批中层干部坚持党的原则、维护党的威信、捍卫国家机密。在大联合、建立校革委会时，交大师生心目中干部代表的最佳人选是张华。但是，学校以严步东为代表的造反派坚决不同意。

1968 年 1 月 3 日，上海市革委会常委会议讨论交大等高校建立革命委员会的问题，张春桥就交大结合张华表示反对。张春桥不同意张华进入校革委会的“指示”在校内引起轩然大波，关于是否结合张华的争执更加激烈，最后还是把张华排斥在校革委会班子之外。[1]

1968 年 1 月 27 日，上海交通大学革命委员会宣告成立。校革委会召集人是造反派学生严步东、张某某、孟某某、结合干部夏平、马惠民等 5 人，校革委会常委 16 人。[2] 3 月份起，各系的革命委员会陆续建立，其召集人均由学生担任，成员中也结合进少数干部、教师。据当时的统计，全校系和附属单位革委会的成员共计 93 人，其中学生为 53 人，占 57%；干部和教师 28 人，占 30%；工人 12 人，占 13%。[3] 1968 年 8 月 1 日晚，交大校革委会举行军民联欢会，庆祝中国人民解放军建军 41 周年，同时欢送东海舰队驻交大军训团。8 月 2 日，军训团完成交大的军训任务，除少数人留校组成驻交大解放军毛泽东思想宣传队外，大部撤离学校。[4] 直至 1972 年 2 月 23 日，根据中央指示，军宣队全部撤出学校。

1968 年 8 月，“工宣队”进驻上海交大

8 月 25 日，中央发出《关于派工

① 《上海交通大学纪事（1986—2005）》（上卷），第 579 页。

② 《上海交通大学“文革”大事记》。上交档：长-3360。

③ 《各系革命委员会成员统计表》（1969 年 1 月 14 日）。上交档：长-1582。

④ 《八一节校革会举行盛大军民联欢会》。《新交大》第 24 期第二版，1968 年 8 月 8 日。

人宣传队进学校的通知》。不久,中央军委、中央文革小组又发文提出工宣队、军宣队的主要任务:“领导学校实现革命的大联合、革命的大批判、清理阶级队伍、整党和‘斗、批、改’。”[①]

1968年8月27日,由上钢一厂、上钢十厂、沪东造船厂等单位抽调组成的工人毛泽东思想宣传队1 000余人进驻上海交大。

此后,学校的领导体制就形成了由工宣队、军宣队和校革委会共同领导的模式,时称“工、军、革三结合班子”(简称“工军革”)。

在实施“工军革”三结合领导体制过程中,1969年12月下旬,学校接国防科委电话告知,中共中央、中央军委于12月15日作出决定,对国防院校的领导体制进行调整,上海交大划归海军领导,为此电召交大领导赴京汇报工作。25日,交大“工军革”负责人进京接受具体指示。[②] 1970年1月29日,国务院、中央军委决定:“把国防科委所属9所高等学校(北京航空学院、南京航空学院、西北工业大学、成都电讯工程学院、北京工业学院、华东工程学院、太原机械学院、上海交通大学、西北电讯工程学院)以及哈尔滨工程学院的两个系分别划归有关工业部领导。”[③]3月18日,第六机械工业部发文称:“国务院、中央军委1月29日通知,为贯彻执行国防工业使用、生产、科研、教学相结合的原则,中央决定从1970年2月15日起,将上海交通大学……改归六机部建制并领导。”[④]当时,六机部虽是国务院下设的一个工业部,但实属海军领导,主管军用船舶制造工业。不久,军委国防工业领导小组关于所属国防工业院校领导体制的意见经国务院、中央军委转发执行。文件指出:“为了加强对各院校的领导,建议各院校由所在地的省市革委会和主管部门实行双重领导,即:院校的党政工作、干部工作,由省市革委会领导;有关专业设置、招生、毕业生分配、科研生产、财政经费、器材供应等教学业务工作,由主管部领导管理……为使国防工业院校同全国其他工科大学在工作上能够统一步调,有关教学改革、学制、教材、招生条件、院校管理等全国性工作,建议请国务院科教组统一领导。”[⑤]由此,交大的隶属关系由原国防科委领导划转为六机部建制,领导关系上接受六机部和上海市的双重领导,同时接受国务院科教组的业务指导。

二、“清队”和“一打三反”

1968年上半年,全国开展“清理阶级队伍”(简称“清队”)运动。上海市革委会也召开扩

---

① 齐鹏飞、杨凤城:《当代中国编年史(1940.10—2004.10)》,人民出版社2007年版,第367页。

② 工军革:《致上海市革会一办的函》(1969年12月24日)。上交档:永-485。

③《中共上海市高等教育系统党史大事记(1949年5月—1989年12月)》(1994年10月),第155页。

④ 六机部:《关于上海交大等院、校、系改归我部建制的通知》(1970年3月18日)。上交档:永-485。

⑤ 军委国防工业领导小组:《关于各部所属高等院校几个问题的请示报告》(1970年11月13日)。上交档:永-485。

大会议，将"清队"作为全市的首要任务之一进行布置和动员。3月19日，市革委会召开会议，布置了全面开展"清队"的任务，会上还特地向交大与会的造反派头头严步东授意，"交大的无政府主义严重，自由市场、错误思潮都要整，重点以10—20个人为宜，主要是揪幕后的黑手，藉以巩固新政权"。在另一次会上，市革委会又点了交大名："阶级斗争要逐步深化，交大这么大的单位，买办、洋奴、特务、叛徒，不少啊！"由此开始的"清队"运动，继续对交大的广大干部和群众进行残酷迫害，大搞逼、供、信，制造了大批冤假错案。

交大"清队"运动初期由校革委会领导。校、系革委会组织了各种名义的专案组，对被批斗的师生及其所谓的各种历史性、现实性问题逐一开展审查、外调，并对"清查"对象继续进行残酷的批判斗争。"清队"运动不仅针对本人，还要查其祖宗三代和社会关系，搞得人人自危，有一种朝不保夕的感觉。校革委会通报，"清队"运动两个多月，全校已经查出"阶级敌人"300多人，分别冠以"走资派""叛徒""特务""历史反革命""现行反革命""漏网地富反坏右""阶级异己分子""反革命小爬虫""里通外国分子""投敌叛国分子"等各种帽子。就是这样，造反派中还有人认为揪得不够，提出"当前的主要问题还是右倾"。1968年8月，驻交大工宣队进校后，全面掌控"清队"的领导权。8月28日，严步东以校革委会负责人的身份向工宣队汇报时，还说交大"叛徒、特务挖得不多，党内叛徒查得不多，交大走资派黑线查得不多"；"交大阶级斗争的温度总是在70—80度"。

9月5日，按照全市统一部署，交大工宣队在全校范围内采取集中行动，以"防扩散"为名，用突然袭击的方式，查抄了各群众组织和各部门的办公地点，各部门、系、教研组、实验室无一幸免，搜缴了所有专案材料、审查材料。[①] 就连校革委会组织组、保卫组、档案室等机要部门的文书档案也成为查抄对象。从此，原有各群众组织分散隔离的"审查对象"被统一集中到学校的"牛棚"继续批斗审查。[②] 据当时一份资料统计，余仁、张华、邓旭初、陈石英、程孝刚、周志宏、朱物华等81名被非法隔离的人员集中关押在南二楼内，随时接受校内外造反派的"批斗"和"提审"。据1968年11月一份不完全的统计，隔离审查的干部和教职工就有93人；1969年3月统计，关押48人。

1969年，上海市开展"'清队'定案复查"的工作。7月起，全校范围内也开展对于运动以来的批斗对象进行所谓的"全面定案复查"。据"工军革"的统计，全校共有教工3 086名，在

① 王宗光：《中共上海交通大学党史大事记》，上海交通大学出版社1996年版，第148页。

② 中共上海市教育卫生工作委员会党史资料征集委员会办公室：《中共上海市教育卫生体育系统党史大事记(1949—1989)》，上海交通大学出版社1993年版，第255—256页。

"清队"中列为批斗对象的近20%;在这次"定案复查"中,分别予以"定性"。[①] 由于"以阶级斗争为纲"的"左"倾指导思想不变,"资产阶级知识分子"的定位不变,无论怎样复查,只能是受冲击的人越来越多。

1969年初,出现了新中国成立以来最大的一次全国性战备高潮。上海市各高校实行"战备疏散",在农村分别建立"战备疏散点",将大批师生员工下放农村参加"战备劳动"。10月26日,上海交大的大部分干部师生疏散至上海郊区奉贤县,并在校本部和奉贤两地分别开展"斗、批、改"及整党运动。[②] 此时,学校"工军革"提出了工作的指导思想,"以阶级斗争为纲,用准备打仗的战斗姿态,抓紧做好清队、整党建党、战备、教育革命的各项工作";具体工作则"要适应当前学校工作基点转到农村的特点,开展小型多样的大学习、大讲用、回忆对比、革命大批判等群众活动"。[③]

1970年1月和2月,中共中央分别发出《关于打击反革命破坏活动的指示》《关于反对贪污盗窃、投机倒把的指示》和《关于反对铺张浪费的通知》等文件,后统称为"一打三反"运动。2月初,上海市革委会连续召开会议部署"一打三反"运动,运动随即在全市展开。2月7日开始,交大连续三天召开校、系、机关的"工军革"负责人会议,分别传达中央有关"一打三反"文件的精神。12、14日又在校本部和奉贤两地分别召开师生员工大会,传达中央文件,全面进行发动。在"一打三反"运动中,校本部由工宣队负责,设立相关的专案组,继续揪"地下黑司令部";奉贤"战备疏散点"的运动由军宣队负责,重点揪所谓集团性案件。

1970年3月,中央发出《关于清查"五·一六"反革命阴谋集团的通知》。在校本部主持运动的工宣队负责人陈杏全根据市革委会授意,设立专案组,又使一批干部、师生横遭迫害。[④]

1971年8月,全国教育工作会议在北京召开。张春桥等人炮制的《全国教育工作会议纪要》中提出了两个"基本估计"(又称"两个估计"),即新中国成立后17年,"毛主席的无产阶级教育路线基本上没有得到贯彻执行","资产阶级专了无产阶级的政";大多数教师和新中国成立以后培养出来的高等学校学生的"世界观基本上是资产阶级的"。[⑤] "两个估计"的出笼,为从政治上迫害和打击知识分子提供了理论依据,之后成为长期套在广大教师乃至广大知识分子身上的沉重精神枷锁。在这次会议前夕,上海市革委会文教组负责人要求交大提

---

① 工军革落实政策调查组:《对清队和落实政策情况进行复查的综合报告》(1969年9月26日)。上交档:长-1601。

②《中共上海交通大学党史大事记》,第149页。

③ 工军革:《交通大学工作规划(1969年11月—1970年5月)》(1969年11月14日)。上交档:长-1581。

④《中共上海交通大学党史大事记》,第150页。

⑤《高等教育史》,第284页。

交一份“密切结合交大实际”、批判“刘少奇修正主义教育路线”的发言稿。但交大“工军革”和校内的大批判组写的几稿他们均不满意，索性专门派人来校参与写作，炮制出《决不准把历史拉向后退——批判“老交大传统”的反动实质》一文。

在《纪要》传达和学习中，交大教师的不满情绪通过各种方式表达出来。大家纷纷表示对“两个估计”很不理解，难以接受。有人说，科研、工交、公安、卫生、出版、体育等战线都是红线，为什么文教战线是黑线？还有人说，小学是祖国的花朵，中学是早晨八九点钟的太阳，大学是革命的闯将，毕业后反而成了改造对象。[①]

1968 年 3 月—1971 年底，在“清队”和“一打三反”运动期间，交大师生中又有魏某某等 19 人因受迫害而非正常死亡。

三、校内机构“连队化”

1966 年以前，上海交大系的设置为：一系（船舶制造系）、二系（船舶动力系）、四系（无线电系）、五系（自动控制系）、六系（电机工程系）、七系（冶金系）、八系（机械制造系）、九系（机车系）和基础部。到了“文革”中，“工军革”试图改变校内的管理体制，把原有的系级机构套用军队连队的管理模式。这种管理模式实行不久，由于严重违背教学规律，造成一片混乱，后以失败而告终。

1970 年 1 月，校“工军革”向上级主管部门海军报告，提出在交大内部管理上，拟按照军队的管理模式设置校内机构，开始设想是：

> 设立政治、训练、后勤三大部，同时为校革会的办事机构。实行党委领导下的“校革会—大队—专业连队”新的三级领导体制。现有专业经过调整，编为连队；原有的 5 个基础课教研组和 11 个技术基础课教研组原则上不单独设立，教员按需要相应地编入有关的专业连队。同类专业的连队组成大队，撤销基础部。今后，全校 20 余个连队所组成 6 个大队和 1 个校办工厂、1 个“五・七”农场。学校的规模 3 000人以下为宜。[②]

7 月，“工军革”正式推出“校—大队—专业连队”的管理模式。他们提出：“新体制打破了过去系的界限，按生产实践的联系，把有关专业纳入厂校挂钩、校办工厂系统，实行厂带专业。新体制的基层单位，是由工人、学员、教员组成的专业连队，实行一元化领导，统筹安排

---

① 党委：《学习中央五号文件初步检查情况报告》（1974 年 2 月 12 日）。上交档：永- 537。

② 工军革：《关于我校体制、专业调整等问题的初步决议》（1970 年 1 月 30 日）。上交档：长- 1774。

教学、科研、生产,成为以工农兵为主体的教学、科研、生产相结合的教学基地。”[①]根据这个方案,全校设5个大队,造船大队以厂校挂钩为主,带动9个专业;船舶机械、电子仪器设备、船舶电工等3个大队,以校办工厂为主,建立3个相应的校办工厂,带动15个专业;中心试验研究大队,以学校实验室为主;原基础课与基础技术课部分的人员和设备分别编入各有关大队参加活动。机车系因已拟调出,未列入调整方案。

新体制的具体方案是:

第一大队,造船大队。由一、二、六、七、八系有关专业参加,以厂校挂钩为主要筹建方式,以江南造船厂为“三结合”教学主要基地,并与沪东船厂、东方红船厂等挂钩;校内以各专业原有的实验室为基础作为“三结合”基地。

第二大队,船舶机械大队—船舶机械工厂。由校附属工厂、二、七、八系有关专业参加,以校办工厂为主要筹建方式,以机械工厂为“三结合”教学主要基地。各专业原实验室与相应车间密切结合,各专业连队根据需要与有关车间挂钩。

第三大队,船舶电工大队—船舶电工厂。由“五七”电工厂、六系有关专业参加,以校办工厂为主要筹建方式,“三结合”教学基地在原六系“五七”电工厂基础上进行扩建;各专业实验室与相应车间密切配合,各专业连队根据需要与有关工厂挂钩。

第四大队,电子仪器设备大队—综合电子仪器设备厂。由原校附属工厂三、四车间,四、五、八系、基础部有关专业、教研组参加,以校办工厂为主要筹建方式,“三结合”教学基地由原附属工厂三、四车间与四系“七一”电讯厂为基础,各专业实验室与相应车间密切结合,各专业连队根据需要与有关工厂挂钩。

第五大队,中心试验研究大队(特殊材料大队)。由原一、三、四、七系、基础部有关专业、实验室组成,以实验室为主要筹建方式,“三结合”教学基地的地点以“革三楼”为主,相对集中。[②]

依此方案,五个大队共设31个连队,其中25个专业连队、6个研究室连队(其后又有个别调整)。8月7日,校“工军革”正式在校内公布学校教育体制方案,同时指定了新体制下的领导班子成员,基本由工宣队、军宣队和干部代表组成。

交大原设有9个系级单位和附属工厂,这次“改革”机械地按照军事化模式,分大类归并

① 工军革:《关于建立教学、科研、生产三结合新体制的请示报告》(1970年7月23日)。上交档:长-1774。

② 工军革:《关于建立教学、科研、生产三结合新体制的请示报告》(1970年7月23日)。上交档:长-1774。

组成专业连队，破坏了学科之间的有机联系，违背了教育、教学规律，必然造成管理上的种种混乱。原有的系和专业都拆散了，重新组合成5个大队；取消了基础部，教师分别编入各个大队中；校办工厂也分散到各个大队，在开展专业活动时，遇到了很大困难。校内许多专业教师承担着国防工业等研究项目，还有部门承担着生产设计任务，由于原来的实验室、工厂和人员设备都拆散了，为搞科研又得重新组合。基础部的取消给教学工作造成困难，当时学校已经开始着手招收工农兵学员，在制订教学计划时遇到许多矛盾。随着专业活动的深入与扩大，新体制带来的问题越来越突出，群众的意见也越来越大，大家说：“校内协作比校外还难……体制不解决，学校的教育革命、教学准备、科研生产等一系列矛盾是无法解决的。”①

机构“连队化”仅仅实行了一年，“工军革”只好推翻这一方案，恢复原来的机构设置。1972年3月，工宣队（此时军宣队已离校）、校革委会在上报市革委会文教组的文件中提出，经在全校广泛地征求意见，一致认为“大队和连队这种组织形式”不妥当，“仍以设置系和专业组为宜”。② 为此，全校建立8个系级部门：船舶制造系（一系）、船舶动力系（二系）、电机系（三系）、无线电系（四系）、热加工系（五系）、机械制造系（六系）和基础部、附属工厂。到1975年，上海交大共有6个系、47个教研组、48个实验室，4个研究室，3个校办工厂；全校教职工3000余人，专任教师1300余人。③

四、交大的运动被点名为“温吞水”

“文革”期间，出于对极左思潮的不满，大多数师生员工对政治运动消极敷衍，在“教育革命”中也是无所作为。为此，张春桥一伙人点名批评交大的运动是“温吞水”。

1967年5月，在一次会议上，张春桥曾对交大造反派头头说：“要把老交大翻过来就好了。”随即，造反派立即在校内发表声明，要“把老交大翻过来”，要揪交大“二月逆流”的总代表。④ 6月，在上海召开高校群众组织座谈会上，张春桥向交大造反派说：“你们两个革命派要警惕啊！有些干部为了达到个人的目的，会利用你们的分裂。”⑤1967年底，在交大筹建校革委会的过程中，张春桥又直接插手，加以干扰，其用意是阻挠张华作为干部代表进入校革委会。1968年1月18日，上海交大群众组织召开“高举毛泽东思想伟大红旗，大办毛泽东思

---

① 工宣队、革委会：《关于发动群众讨论体制改革问题》（1972年3月18日）。上交档：长-1774。

② 工宣队、革委会：《关于发动群众讨论体制改革问题》（1972年3月18日）。上交档：长-1774。

③ 交大教育革命组：《汇报教育革命情况》（1975年2月24日）。上交档：长-1970。

④《中共上海交通大学党史大事记》，第144—145页。

⑤ 党委材料组：《揭批“四人帮”及其余党的材料》。上交档：长-4357。

想学习班,斗私批修誓师大会”。张春桥到会讲话,继续煽动极左思潮,鼓吹深入进行“斗、批、改”,一再强调交大还乱得不够,再一次提出张华不能进入校革委会班子。1968 年 3 月,张春桥还很不满意地询问造反派头头严步东:“交大革命委员会成立以后有什么作为?”①

对于张春桥这些关于交大的言论,大多数干部和师生很反感,也未顺从他的政治旨意行事,所以,张春桥对交大一直很不满意。1970 年 6 月 2 日,张春桥、姚文元在上海召开理工科大学教育革命座谈会。座谈会正式开始后,各校先后汇报“教育改革”经验。当交大代表汇报为沪东造船厂创办工人大学的情况时,张春桥一再打断交大代表的发言,多次插话道:“旧交大的体制,你们批判过没有?”“旧交大搞的那些,经过批判你们究竟得出什么结论?”姚文元也插话质问:“你们那里清理阶级队伍、整党搞得怎么样了?”这些提问,已经超出了“教育改革”的汇报范围,反映了他们对交大运动很不满意的态度。当有人提出交大是“温吞水”时,张春桥立即表态“有同感”;他又紧接着提出,交大应该“自己解放自己”。②

7 月 21 日,由毛泽东亲自审阅同意的《为创办社会主义理工科大学而奋斗》《上海理工科大学教育革命座谈会纪要》同时在 1970 年第八期《红旗》杂志发表。张春桥点名批评交大的运动是“温吞水”,煽动群众“自己解放自己”的言论也同时公布于众。此后,“温吞水”成为张春桥和市革委会一伙人手中挥舞的大棒,对交大一再打压。

交大被点名为“温吞水”后,师生们承受的政治压力陡增。7 月 24 日,已毕业离校的严步东受市革委会指派,回到交大鼓吹烧“温吞水”。25 日,市革委会“一办”某负责人参加了交大“工军革”会议,又一次批评交大运动是“温吞水”。他说:“你们交大,以前的不讲,根据最近几天的表现,确是温吞水。”

此后数年,张春桥和上海市某些人一直以“温吞水”“揭交大矛盾”为名,压制交大,试图把交大那些对他们不满的干部、知识分子整下去。他们认为,上海交大的运动始终不温不火,其原因就是领导权一直未能真正掌握在他们所信任的“无产阶级革命派”的手中,为此必须给予交大“打压”和“冷落”。此后,在成立党的核心小组、招收工农兵学员等一系列重大事项上,交大都被一拖再拖,倍受阻挠。

五、在凤阳办“五七干校”

交大的五七干校始建于 1972 年 5 月。1968 年 10 月 5 日,《人民日报》刊载《柳河“五七”

---

① 党委材料组:《揭批“四人帮”及其余党的材料》。上交档:长- 4356。

② 《上海理工科大学教育革命座谈会纪要》。《红旗》1970 年第八期。

干校为机关革命化提供了新的经验》一文，传达了毛泽东批示：“广大干部下放劳动，这对干部是一种重新学习的极好机会，除老弱病残者外都应这样做。在职干部也应分批下放劳动。”此后，根据毛泽东的批示，各地陆续建立了五七干校。“在五七干校中，大批干部、知识分子从事体力劳动，经受了锻炼，对农村增加了了解。但是，这种下放干部运动是配合‘清理阶级队伍’、对知识分子‘再教育’运动进行的，因此在很大程度上带有惩罚性质”。①

1972 年 4 月，由于上海机械学院与上海工学院合并，市革委会“一办”决定，将上海机械学院原设在安徽的五七干校校址划归上海交大使用，作为交大的五七干校。该校舍位于安徽省凤阳县大庙公社，实有土地 748 亩，其中可耕地 524 亩，种有水稻 94 亩、蔬菜 30 亩，其余为旱田，种有小麦、玉米、大豆等；房舍建筑面积 1 191 平方米，其中宿舍 529 平方米，约 20 间，可容纳 160—180 人，食堂 161 平方米，猪棚 266 平方米，养猪 40—50 头。当地还有上海其他单位的干校，几所干校合用一个机耕站，有大型拖拉机 2 台、联合收割机 2 台。②

4 月 5 日，校工宣队、革委会负责人赴凤阳办理交接手续。17 日，工宣队、革委会召开动员大会，决定全校干部、教师、工人轮流派往干校学习锻炼。干校学员的轮换制最初确定为每期一年，后实际为每半年轮换一期。每次轮换时间一般安排在每年的 2 月底、3 月初和 8 月底、9 月初。每期参加的人数按各部门教职工总数的 10%抽调，约 200 人左右。抽调人员的原则是既要照顾当前工作，又要考虑长远安排，如新老干部、党团骨干、老弱病残等因素，还要考虑劳动力安排，综合搭配。4 月 25 日，学校先遣队 42 人先行前往凤阳大庙，收拾整理校舍，为干校正式开学做各项准备。③

1972 年 5 月 7 日，交大首批参加五七干校的学员共 185 人出发，主要以干部和教师为主。学员们到了干校后组成大田队、蔬菜和养猪班，还有一个基建队负责校舍基本建设的施工。干校提出了《基建三年规划》，准备建筑房屋1 765平方米，需投资 5.4 万余元。当年主要建设深井、发电机房、宿舍、菌肥房、仓库、厕所等共 600 多平方米，投资 3.6 万元，消耗木材 27 立方米、钢材 2 吨、水泥 20 吨。④ 他们自己动手，盖房子、挖深井、建水塔、架设管子安装“自来水”等；从学校带去发电机，自行发电，以供生产和生活之用。干校中还成立了炊事班、缝纫组、小商店等后勤服务组织，均由干校学员轮流参与，为大家做好生活服务。到 1975 年，干校已拥有建筑面积 1 716 平方米。

---

① 《中华人民共和国史稿》(第三卷，1966—1976)，第 85 页。

② 工宣队、革委会：《关于我校建立“五七”干校情况的报告》(1972 年 5 月 23 日)。上交档：长- 1737。

③ 工宣队、革委会：《关于“五七”干校问题情况报告》(1972 年 4 月 22 日)。上交档：长- 1737。

④ 工宣队、革委会：《报批“五七”干校基建计划》(1972 年 5 月 23 日)。上交档：长- 1737。

第一期赴干校的部分教职工

1972年10月,杨恺来校主持工作以后,很关心“五七干校”的工作。1973年1月,他亲赴凤阳干校,在第二期成员中进行调查研究,召开了干部、教师等座谈会,听取干校负责人的汇报。杨恺回校后在党的核心小组中研究了干校工作。在杨恺主持下制定《关于我校五七干校几个问题的意见》,其中结合当时的运动形势对办校的指导思想提出了要求,并提出每期干校都应有具体的工作计划。《意见》指出:“干校有地748亩,再加上养猪、种菜、基建等任务,致使生产劳动和政治学习之间产生较大的矛盾……从目前干校状况来看,我们认为以种植200亩土地为宜(包括菜地)。已建议上级对多余土地采取适当措施加以解决。在土地问题没有解决之前,干校还应当把目前已种下的作物管好,争取蔬菜自给,同时把学习安排好。”《意见》中比较关心干校人员的学习与生活,特别强调“业务学习要作适当安排,一般情况下,每周可用半天到一天时间”;“晚上时间由各队和个人掌握,用于自学、看报、开展文娱活动等,以发挥学习的主动性”。[①]

干校设立党支部和革委会,负责干校的领导和各项日常工作的管理。一些驻校工宣队队员也到干校参加轮训,有人还担任了干校的领导。每期学员都划分成大田队、蔬菜班、养猪班、运输队和后勤队,分别负责种粮食、蔬菜,养猪等。此外,还要参加抗洪抢险、开沟挖渠、筑坝打井等临时性任

---

① 党的核心小组:《关于我校“五七”干校的几个问题的意见》(1973年1月29日)。上交档:长-1848。

务。干校学员还要接受“再教育”，邀请当地一些老革命、老战士、贫下中农上革命传统和阶级斗争教育课。每期学员都安排时间与贫下中农实行“五同”（同吃、同住、同劳动、同学习、同批判）。[①]

交大在安徽凤阳的“五七干校”共举办了11期，每期半年。“文革”结束后，经上级统一安排，学校决定撤销干校，土地归还当地，所投资房舍及购置的有关物品基本留给当地。最后一批学员于1977年5月全部撤回学校。

第三节 贯彻全面整顿与消极应对“反击右倾翻案风”

一、杨恺主持党委工作

1971年9月，发生了林彪仓皇出逃、叛党叛国的九一三事件，随即开展了揭发、清查林彪反革命集团的活动。这一事件，“使更多的干部和群众从个人崇拜的狂热中觉醒，希望以此为契机纠正一些明显的‘左’倾错误，多少落实一些党的有关政策，调整和改善一下党内外各种政策。九一三事件客观上宣告了‘文化大革命’理论和实践的破产”。[②]

九一三事件以后，由周恩来主持中央日常工作。周恩来“因势利导，在更大的范围展开对极左思潮的批判。以此为基础，展开对各地区、各部门一系列工作的调整和整顿”。[③] 首先落实党的干部政策，1972年4月，周恩来指示人民日报发表题为《惩前毖后，治病救人》的社论，提出应该正确执行党的干部政策，大力推进解放老干部的工作。在周恩来的过问下，一批老干部重新走上领导岗位。经毛泽东同意，邓小平也先后恢复组织生活和国务院副总理的职务，重新出现在中国的政治舞台上。[④]

在此形势下，“文革”前曾任华东局宣传部副部长的杨恺被调来上海交通大学主持工作。1972年10月18日，杨恺到校，并与各部门负责人见面。11月15日，学校召开全校教职工大会，杨恺到会并讲话，要大家认真看书学习，开展批林整风，学校工作要争取打好翻身仗。[⑤]

---

① 《在毛主席“五七指示”指引下进一步办好五七干校》（1973年7月12日）。上交档：长-1833。

② 《中国共产党历史・第二卷（1949—1978）》，第849页。

③ 《中国共产党历史・第二卷（1949—1978）》，第855页。

④ 齐鹏飞、杨凤城：《当代中国编年史（1949.10—2004.10）》，人民出版社2007年版，第405页。

⑤ 《中共上海交通大学党史大事记》，第157页。

杨恺来校后,首先抓紧学校党的核心小组的建立。

早在1967年10月,中央决定全面开展整党运动,成为"斗、批、改"运动的组成部分。不久,各地区、各单位的党组织和党员经过整党运动,陆续恢复组织活动。1969年4月,学校在"清理阶级队伍"运动过程中,进行了整党运动试点;6月,整党运动在全校铺开;10月,全校大部分师生赴奉贤"战备疏散",同时开展"清队"和整党运动。据11月的一项统计,全校的75个基层单位已开展整党的有63个,参加党员849人,已有604名党员恢复组织生活,占参加整党党员数的71.1%。[①] 1970年8月,学校又进行了"整党补课"。经过整党运动,全校实有党员823人,恢复组织生活的722人,占87.7%,暂缓与停止组织生活的101人,占12.3%;基层组织方面,建立了党总支5个、直属支部5个、基层支部26个。接着,学校又开展了恢复团组织的"整团建团"活动。经过"整团建团",全校实有共青团员627人,恢复组织生活的595人,占94.9%;受处分的24人,占3.8%;未定8人;已吸收新团员134人,建立团支部7个。[②] 经过整党运动,学校"工军革"向市委提出成立党核心小组的请示,先后三次上报核心小组的候选名单。但是,均未获批准。

杨恺来校后,1972年11月23日,市委批复上海交大由杨恺牵头成立党的核心小组。组长为杨恺,组员为夏平、马惠民、岳清林,还有工宣队成员陈杏全等2人。[③] 学校党的核心小组成立后,承担起全面领导与管理学校的职能。

在此前后,学校向上级提出报告,为一批曾被错误批斗和审查的领导干部与著名教授落实政策。1972年8月以后,经上海市革命委员会组织组批准,先后解放了曾任上海交大副校长的陈石英、程孝刚、周志宏、朱物华。1973年2月以后,经上海市委组织组批复,先后解放了曾任上海交大党委副书记的余仁、张华、邓旭初。但是,在同意解放张华的批复中,还是给予他党内严重警告的处分。5月,学校党的核心小组成立中心学习组,学习组中除了工宣队、造反派代表外,包括一批"文革"前学校的党委成员与中层干部,此时他们已经被陆续安排工作。6月,党的核心小组、工宣队团部集体办公会议讨论余仁、邓旭初、张华三人的工作安排。会议决定,余仁在教育革命组全面帮助工作,邓旭初协助分管人防工地、体育运动和后勤行政的领导工作,张华在政教组帮助工作。[④]

11月29日,学校党的核心小组召开第一次会议,讨论了党的核心小组与校革委会、工宣

---

① 工军革:《交通大学工作规划(自1969年11月到1970年5月)》(1969年11月14日)。上交档:长-1581。

② 工军革:《上海交通大学有关基本情况的材料》(1971年2月25日)。上交档:长-1775。

③《中共上海市委批复(1896—2005)》(1973年11月23日)。上交档:永-484。

④《上海交通大学纪事(1986—2005)》(上卷),第623页。

队的关系。会议明确:“在党委成立前,党的核心小组行使党委权力。今后,党务工作由核心小组负责;校革会行使行政权力;工宣队在党的核心小组领导下,发挥政治作用,以保证党的一元化领导。校内有党总支(支部)的单位,由党总支(支部)行使领导职能;各单位的工宣队团部只对工宣队内部负责,不对外。没有党组织的单位,向上级部门提交报告要由工、革联合署名。工宣队要保证学校党的核心小组布置的任务的完成,发挥其政治作用,这样才能保证党的一元化领导。”[①]不久,党的核心小组宣布了调整后的各系、各部门的负责人名单,校革委会也重新制订、公布了各系、各专业、各教研组代码。

交大党的核心小组成立以后,除了处理日常事务以外,抓紧落实政策的工作。1973年初,核心小组将中央关于落实政策方面的文件扩大传达到总支、支部书记一级,并由工宣队负责人和机关部门负责人组成落实政策专门小组,推动和指导全校落实政策工作。2月中旬—4月初,核心小组多次开会,对原校党委几位书记的政治结论和工作安排进行讨论,对一批知识分子和干部的审查结果进行讨论。会议提出“结论要与本人见面,在适当范围内宣布”。[②] 为贯彻中央文件,杨恺亲自带领三名干部深入五系(热加工系)蹲点,调查该系一个党支部的工作情况,落实政策。这个支部是由510(特种材料)研究室和520(金属材料与热处理)教研组两个行政单位组成,共有教职工81人。在“清队”“一打三反”运动中,该支部受冲击、被审查的达29人,大都因为“政治历史”“路线错误”和“一般错误”等问题受到审查。在一次又一次复查后,虽经多次落实政策,但都是在极左路线指导下进行的,所以大多数人或不接受所审查结论,或流露不满情绪,对所谓的“复查结论”不满意。他们在教研组里工作没有积极性,“青年教师的不满是公开暴露出来的,个别人还公开表示要求调离交大;中老年教师小心翼翼,顾虑重重,不多讲话,但内心很有意见”。[③] 这些现象说明,在落实政策方面还有大量的工作要做。

1973年5月25日,中共上海交通大学核心小组向市委提交《关于召开上海交通大学党员大会选举产生中共交大第四届委员会的请示报告》。7月,核心小组致函市委组织组,再次汇报学校党员大会的筹备情况,并确认了会期和新一届党委的候选人。经市委批复同意后,7月10日,学校召开党员大会的预备会,对工作报告、候选人名单、会议议程、主席团成员名单等文件广泛听取党员的意见。在会议的议程安排上,有的党员提出为使会议开得生动活泼,建议减少预先安排的大会发言,增加自由发言;减少大会活动,增加小组学习与讨论。

---

① 《上海交通大学纪事(1896—2005)》(上卷),第616页。

② 《中共上海交通大学党史大事记》,第158页。

③ 《上海交通大学简报》(第十四期),1973年4月14日。上交档:长-1829。

会议据此对议程做了相应修改。对于主席团的组成,核心小组尊重广大党员的意见,增补了教师、妇女、工人和干部等方面的代表,其中吸纳了一批曾受到运动冲击的干部和知识分子。7月12—14日,上海交通大学第四次党员大会召开。参加这次大会的正式党员764名,还邀请了群众代表224名列席大会。会议期间,校内14个部门交流了经验,22人在会上发言。大会选举了中共上海交通大学第四届委员会。①

第四次党员大会期间,代表们参加校园劳动

上海交大第四次党员大会是在"文革"中召开的一次会议。大会的召开以及由大会选举产生的新党委,结束了长达数年由工宣队、军宣队、群众组织代表管理学校的混乱局面,对于稳定学校的教学科研秩序、发挥知识分子作用,尤其是做好随之而来的"工农兵学员"进校等工作起到一定积极作用。但是,由于受当时极左的思想路线、组织路线,及教育战线"两个估计"的影响,所以本次党员大会的指导思想及其决议是错误的。1981年2月,上海交通大学召开第五次党员代表大会,党委书记邓旭初在《工作报告》中指出:"我校第四次党代会通过的工作报告《团结起来,焕发精神,为办好社会主义交大而奋斗》和决议,是在当时的历史条件下,根据当时的所谓'两个估计'所做出的,于是错

① 《上海交通大学简报(第21期)》(1973年7月20日)。上交档:长-1839。

误地全盘否定了‘文革’前交大十七年间教育工作所取得的重大成绩。”[①]在这次党代会上，第四次党代会的工作报告和决议被撤销。

1973年7月18日，在第四届党委组成后的第一次会议上，杨恺对党委成员提了十六字要求：“来之不易，殷切期望，条件很好，责任重大。”会上选举产生了常委和正副书记，还就学校工作开展深入的讨论。[②] 19日，上海市委作出批复，同意成立中共上海交通大学委员会，杨恺任党委书记。新一届党委由22人组成，其中有工宣队成员4人，还有一批原校级和中层干部；校党委常委共7人，由杨恺、夏平、张寿、孙礼芙和工宣队成员陈杏全等3人组成。

上海交通大学党委书记杨恺

杨恺（1920—1986），浙江慈溪人。1940年加入中国共产党。曾任新四军苏浙军区政治部宣传科科长、《苏浙前线》报总编辑、华东野战军宣教部部长；参加了莱芜、孟良崮、淮海战役。建国后，历任华东军政大学宣传部部长，中国人民解放军军事学院宣传部部长、政治部副主任，中共中央华东局宣传部副部长，上海交通大学党委书记。1976年调离上海交大，先后任上海市革命委员会副主任、上海市人民政府教育卫生办公室主任、上海市副市长、市人民政府顾问、市第六届政协副主席。1986年8月4日因病逝世，终年66岁。

党委成立以后，对于党的组织建设和干部队伍建设做了大量工作。1973年8、9月间，党委常委会多次讨论“文革”前校领导成员的工作安排问题。9月15日，交大党委向市革委会文教组提交《关于对原党委四位书记（余仁、张华、邓旭初、苏宁）和三位副校长（夏平、朱物华、周志宏）安排工作职务的请示报告》。由“四人帮”控制的上海市革委会，直至1975年10月11日，才作批复，只同意增补朱物华、周志宏两人为上海交大革命委员会委员、常委、副主任。[③]

1975年3月起，党委陆续批复了各系、各部门的党总支委员会的组成人选，一共成立了8个总支。各总支书记大多由原中层干部担任，也有个别总支书记为工宣队员。1974年5月，上海交大组建了第五届共青团委员会。至此，

① 邓旭初：《在中共上海交通大学第五次代表大会上的工作报告》（1981年2月28日通过）。上交档：永-761。

② 《中共上海交通大学党史大事记》，第159页。

③ 《中共上海交通大学党史大事记》，第170页。

交大的党团组织基本得以恢复。

二、全面整顿的贯彻及受挫

九一三事件后,周恩来主持党中央工作,把批判林彪反革命集团的罪行和批判极左思潮结合起来,全面落实党的各项政策,在各个领域开展整顿工作。在全面的整顿工作中,周恩来非常关心教育整顿。在他的指示下,1972 年 3 月,《光明日报》《红旗》杂志先后发表《加强领导,认真上好社会主义文化课》《正确理解和处理政治业务的关系》等文章。10 月 6 日,《光明日报》发表周培源根据周恩来指示撰写的文章《对综合大学理科教育革命的一些看法》。文章从"理科的内容,理与工的关系""理科的培养目标""理论联系实际的问题"等三个方面阐述了对理科教育革命的看法,批驳了"理向工靠""理工不分""以校办工厂代替实验课教学""按产品划分、设置专业"等取消和削弱理科的倾向。[①] 通过学习这些文章,交大干部、教师对教育整顿看到了希望,充满了信心。

1973 年 3 月,邓小平复出工作,并先后担任党政军的领导职务,受到交大广大群众的热烈拥护。在传达中央宣布邓小平任中央政治局委员和中央军委委员决定的座谈会上,大家纷纷发言畅谈体会。有人发言说,"党中央这一决定,反映了全国人民的意愿"。大家表示,"需要这样的老干部来参加党中央的领导工作;这也符合我们人民群众的意愿"。[②]

学校党委努力执行中央调整和整顿、恢复经济的部署,发挥学校优势,争取为国民经济和国防工业的恢复与发展多做贡献。1973 年 12 月 8 日至 1974 年 1 月 12 日,六机部在广州召开造船工业工作会议,学校杨恺等 5 人参加。会上要求交大"在 1976 年后能招收 6 000 名学员",明确交大 1974—1975 年的"基建投资为 700 万元,进行扩建和设备更新。其中 1974 年基建投资为 300 万元",[③]还向交大下达了水下激光、小型罗经、2 000 马力船用柴油机等 26 项科研任务和 100 台高速钻床的生产任务。1974 年 1 月,杨恺致函市文教组,汇报会议情况,提出了学校贯彻落实的意见,表达了全校师生积极参与国防科技事业的决心。文教组于 8 月下旬在上海交大召开"上海高校科研生产工作会议",[④]上海市各理工科院校代表出席,

① 周培源:《对综合大学理科教育革命的一些看法》(1972 年 10 月 6 日)。《中华人民共和国重要教育文献(1949—1975)》,第 1489—1492 页。

② 党办:《交大简报(第 4 期)》(1974 年 1 月 8 日)。上交档:长-1878。

③《杨恺致市委文教组的函》(1974 年 1 月 28 日)。上交档:短-368。

④《中共上海市高等教育系统党史大事记(1949 年 5 月—1989 年 12 月)》(1994 年 10 月),第 170 页。

交大作交流发言。

1974年6月15日，国防工办和六机部的负责人方强、边疆等十余人到学校检查工作。杨恺和有关干部汇报了学校的运动状况和教学、科研、生产、后勤、五七干校等方面的情况。当时，学校已有工农兵学员1 300人，有22个专业深入30多家工厂“开门办学”；承担科研项目80多个，参加科研的教师占教师总数的25%—30%。学校后勤工作中困难很大，多年没有基建投资，学生宿舍陈旧、拥挤，不适应招生的需要；教工住房更加困难，人均2.7平方米以下，有困难户156户，三代同居一室的260户，结婚及分居回沪无房的160户，需落实政策的100多户，一共有近700户需要解决。①

四届人大一次会议后，邓小平在毛泽东、周恩来的支持下全面主持国务院工作，继而又主持党中央日常工作。他根据毛泽东提出的要安定团结、把国民经济搞上去等指示，大刀阔斧地在全国开始了全面整顿的工作，使国家经济形势和社会秩序发生明显好转。全国人民、包括交大师生们深受鼓舞。邓小平关心教育事业的整顿，他指出，“我们有个危机，可能发生在教育部门，把整个现代化水平拖住了”。② 新任教育部长周荣鑫贯彻周恩来、邓小平关于教育整顿的指示，批判教育领域的极左思潮，得到基层学校的广大干部、教师的拥护和响应。③

在学习四届人大一次会议精神的活动中，交大党委组织师生认真学习邓小平关于整顿工作的讲话，党委结合治理“软、懒、散”局面，下力气抓党风建设，健全教学工作的规章制度。随着整顿工作的开展，师生们增强了狠抓学风建设的决心。

1975年4月，学校制定《上海交通大学1976—1985年发展规划》。《规划》分为15个部分，主要内容有：加强党的建设和领导；培养无产阶级革命事业接班人；专业设置、方向的调整与改造，积极创办新专业；学校的发展规模；搞好校外基地，建立教学、科研、生产三结合的新体制；办好校办工厂，加强校内三结合基地建设；教材、图书和情报资料的改造和建设；大力开展科学研究工作；实验室的改造与建设，等等。学校在“专业调整”方面提出，要建设“以造船为主、为军服务、军民结合、平战结合、船机电配套的多科性工业大学”。交大在“文革”期间制定的这个《规划》，不可避免地留下许多极左思潮的痕迹，但还是可以从中看见交大干部、教师的务实精神。

虽然，周恩来纠正极左思潮和邓小平的全面整顿得到全国广大人民群众的衷心拥

---

① 《国防工办、六机部领导听取汇报记录》(1974年6月15日)。上交档：永-528。

② 邓小平：《科研工作要走在前面》(1975年9月26日)。《邓小平文选》(第二卷)，人民出版社1994年版，第34页。

③ 《高等教育史》，海南出版社2000年版，第309页。

护,但由于江青集团继续坚持"文化大革命"的错误理论,不断推行极左路线,使得纠"左"的努力和全面整顿的行动一再受阻。

上海市委紧跟江青集团的一伙人,坚持极左路线,制造许多搞乱思想、迫害知识分子的事件。1973 年 9 月,市委在上海高校中开展批判"智育第一"的活动。在市文教组的要求下,党委也举办了干部学习班,批"智育第一",由于受到广大师生的抵制,进展缓慢。很多骨干教师不承认当前的主要倾向是"智育第一",担心批了"智育第一",会影响业务教学。新入校的工农兵学员大多也很反感,有学员提出,现在不存在"智育第一",而是"教师不敢教,领导不敢抓,学员不敢学",[①]希望在交大学到"真东西",掌握"真本领"。

1973 年 12 月底,国务院科教组和北京市革委会科教组采取突然袭击的方式"考教授"。1974 年 1 月 5 日上午,上海市革委会文教组也集中了全市 18 所高校的 896 名教授、副教授进行数理化考试。文教组负责人坐镇考场,还组织记者实地采访。许多教授以拒绝考试、交白卷、在考卷上提出反对意见等方式进行抵制。[②] 对这种污辱教师、继续抹黑知识分子的做法,交大教授非常愤怒。[③]

三、消极应对"反击右倾翻案风"运动

1975 年 8 月至 10 月间,清华大学党委副书记、副校长等人先后两次致信毛泽东,反映该校党委两位领导的一些问题。由此引发了"反击右倾翻案风"。11 月 30 日,上海市革委会文教组负责人到交大"吹风",对党委领导说:"清华的事是有的。现在上海其他几个大学也有了大字报,交大可以组织人去看看,交大领导要有思想准备。"[④]学校根据文教组的要求组织总支以上干部去一些高校看大字报。电机系工宣队负责人立即召开会议,向全系党员做"紧急动员起来,迎头痛击右倾翻案思潮"的动员,要求党员当晚就写大字报贴出去。但是,该系大多师生反应冷淡。在党委中心学习组会议上,与会人员虽然按照上级要求组织学习了《红旗》杂志刊登的《教育革命的方向不容篡改》《革命是历史的火车头》等批判文章,但大多数人不感兴趣。

由于师生们态度漠然,所以对"反击右倾翻案风"行动不积极。到 12 月 9 日,全校所谓

---

① 《中共上海交通大学党史大事记》,第 161—162 页。

② 《中共上海市教育卫生体育系统党史大事记(1949—1989)》,第 298 页。

③ 市革会文教组:《文教简报》(第 3 期),1974 年 1 月 6 日。上交档:短- 382。

④ 《上海交通大学"文化大革命"大事记》(第一稿),1983 年 10 月。上交档:长- 3360。

“反击右倾翻案风”的大字报仅200多篇，市文教组派驻交大的联络员向上级汇报说，交大“有的系平均一天一张大字报也没有”。当天下午，在全市高校干部大会上，市文教组点了交大的名，说“交大大字报数是全市高校中倒数第二”。交大与会代表回校传达会议的精神与对交大的批评。迫于压力，党委召开会议，“分析本校运动的形势，找了差距，研究如何把这场斗争在全校开展起来”。大家经过反复讨论，还是搞不清为什么要“反击右倾翻案风”。

面对种种压力，党委领导只好分头深入各系，了解基层的实际情况，再做发动工作。为了应对上报大字报的“数量问题”，办公室只能采用一些非常规的“技术处理”手段。在向上级汇报大字报数量时，把那些抄写报纸上现成批判文章的长篇大字报分段统计，一个小标题算一篇，这样可以统计出更多数量的大字报。到了12月下旬，全校一天就有“大字报372篇”。[①] 市文教组负责人向市委汇报说，“交大形势有了好转”，市文教组还在交大召开现场会。

在“反击右倾翻案风”运动中，交大干部、群众运用不同的方式，消极应对“四人帮”一伙的倒行逆施。

第四节 “文化大革命”的结束

一、悼念老一辈革命家

1976年1月8日，敬爱的周恩来同志逝世。消息传来，上海交大的师生员工非常悲痛。1月9日，人们自发地在“大字报栏”上贴出了一百多条大幅标语，内容有“中国人民伟大的无产阶级革命家、杰出的共产主义战士周恩来同志永垂不朽”，“敬爱的周总理永远活在我们心中”，“化悲痛为力量，将遗愿变宏图”，等等。这些大标语，把原来贴满“反击右倾翻案风”内容的大字报全部覆盖起来。全校师生员工纷纷组织了悼念和追思活动。老教授杨槱发言，深情回忆起周恩来亲自过问交大分设两地的问题，并主持召开有知识分子代表参加的座谈会，认真听取各方意见，耐心细致地解释中央的战略决策，妥善处理交大分设两地中所遇到的各种复杂问题。校党委顾问陈一诚说：“周总理生前说过一句很深刻的话：活到老、学到老、改造到老。我们一定要按照周总理的话去做，化悲痛为力量，为人民多做一些工作。”

① 《上海交通大学“文化大革命”大事记》(第一稿)，1983年10月。上交档：长-3360。

时任冶金系总支书记的张华含泪说:“周总理高尚的政治品格、勇敢的战斗精神、谦虚的作风永远值得我们学习。”苏籍侨民、女教师柳达在外语教研组的座谈会上说:“得到周总理逝世的消息,我心情很沉痛。周总理是伟大的无产阶级革命家,他的逝世,不仅对中国人民是很大的损失,对国际共产主义运动、对苏联人民也是一个很大的损失。”[①]当天晚上,在党委召开的全校党员大会上,全场肃立悼念周恩来。会上,师生员工代表发言,对周恩来逝世表达沉痛哀悼。党委书记杨恺发言表示,要“努力学习周恩来同志的无产阶级革命精神和高尚革命品质”,“化悲痛为力量”。[②] 当晚,校党委决定,全校每人佩戴黑纱,在大礼堂设灵堂,分批吊唁。12日,交大师生分四批前往大礼堂举行吊唁仪式,数千名师生员工眼含热泪,向周恩来的遗像三鞠躬,表达真挚的思念之情。15日,大家又收听了北京举行的周恩来同志追悼大会的实况,聆听了邓小平代表党中央致的悼词。随后,学校又多次组织师生进行座谈。

人民群众悼念周恩来的行为,引起了“四人帮”的极度不满,他们千方百计地阻挠和诋毁群众自发的悼念活动。“四人帮”及其在上海的亲信以“反击右倾翻案风”为由,一再压制人民群众的悼念活动。由张春桥一伙控制的市委革会下达了阻止群众悼念周恩来“四不准”的禁令:不准戴黑纱、不准设灵堂、不准制花圈、不准开追悼会。9日晚,市革委会还召开各组办负责人会议,强调继续开展“反击右倾翻案风”,提出要警惕所谓“悼念活动中的阶级斗争新动向”。[③] 市文教组多次来人、来电,向校党委施加压力,要求一定要用“批邓、反击右倾翻案风”的大字报覆盖悼念周恩来的大标语。一次,徐景贤来交大参加座谈会,会场里挂着一幅周恩来的画像,在场的市文教组负责人竟责令工作人员立即撤除。[④]

“四人帮”的倒行逆施激起了人民群众的极大愤慨。3月下旬,南京、杭州、西安、福州等地群众自发举行悼念周恩来的活动。临近清明,北京人民汇集到天安门广场,在人民英雄纪念碑前以各种形式悼念周恩来,同时公开表达对“四人帮”的强烈不满。以天安门事件为中心的抗议运动,是人民群众反对“四人帮”的集中表现,它的实质是拥护以邓小平为代表的党的正确领导。但是,由于“四人帮”一伙的歪曲捏造,“天安门广场事件”经部分中央政治局委员认定为“反革命暴乱性质”。由毛泽东提议,中央决定华国锋任中共中央第一副主席、国务

---

① 党办:《交大简报(第5期)》(1976年1月9日)。上交档:长-1994。

② 党办:《交大情况(第2期)》(1976年1月14日)。上交档:长-1994。

③ 江怡、邵有民:《特记:“文化大革命纪略”》。《中共上海党志》,上海社会科学院出版社2001年版,第789页。

④《党委办公室的回忆》。上交档:长-4357。

院总理,撤销邓小平党内外一切职务。[①]

面对周恩来逝世前后发生的各种政治事件,交大师生不可能置身度外。大家互相传递着来自四面八方的消息,对党和国家的前途与命运深感忧虑。在学习和讨论会上,许多人对于撤销邓小平职务一事表示疑虑。有人说,邓小平出来工作敢讲话,敢抓工作,大家都有好感;现在要批他,思想上恨不起来;邓小平要把国民经济搞上去是对的,把他撤了,经济又要受影响了。还有人认为,上海率先批邓,“调子高了”,“搞过头了”。[②]

7月6日,敬爱的朱德同志逝世。交大师生又一次沉浸在悲痛之中。人们回忆了朱德的一生,认为“他的一生是为共产主义事业奋斗的一生”。计算机教研组回忆了朱德在长征途中与张国焘斗争的事迹,认为他“忠于党、忠于人民,为建设和发展人民军队、为建设和壮大革命根据地立下了不朽的功勋”。民用船舶与制造教研组的教师说:“朱德一贯维护党的团结,顾全大局,艰苦朴素,以身作则,坚决反对拉山头、结死党、搞分裂,是我们的光辉榜样。”船舶动力机械系的教师回忆朱德“一根扁担”“补丁衣服”的故事,表示要发扬朱德一贯平易近人、艰苦朴素的好作风。党员干部陈浩等人在过去的工作中,曾受到朱德接见并与朱老总握过手,留下极为深刻的印象。大家表示:“革命老一辈为我们创了业,打出了无产阶级江山,我们要继承先辈遗志,将革命进行到底!”[③]

9月9日凌晨,敬爱的毛泽东同志逝世。当天下午,党委书记杨恺参加市委紧急会议;回校后于15∶40立即召开支部、教研组负责干部会议,传达了市委关于毛泽东逝世的通知。16∶00,全校师生收听中央人民广播电台播发的中共中央、全国人大常委会、国务院、中央军委联合发出的《告全党全军全国各族人民书》。师生们陷入无比悲痛之中。大家迅速张贴了悼念毛主席的大幅标语,制作花圈,敬献在毛主席像的周围。学校设立灵堂,师生们佩戴黑纱。大家自发地在大礼堂举行集会致哀,并举行各种座谈会沉痛悼念毛泽东的逝世。[④] 党委连续召开会议,要求全校严格遵照党中央的有关精神组织好悼念活动。交大工农兵学员的首届毕业生51人致函党中央:“怀着极其悲痛的心情,在伟大领袖和导师毛主席逝世的时候,向党表示我们的决心……我们一定要以对毛主席的无限热爱、无比深情渗透到自己的毕业实践中去。”已经表示毕业后要去西藏的方礼森再次表示,要“为去西藏、农村干一辈子革命做好一切准备”。[⑤]

---

① 《中国共产党历史·第二卷(1949—1978)》,第956页。

② 党办:《交大简报》(第59期),1976年4月16日。上交档:长-2003。

③ 党办:《交大简报》(第92期),1976年7月14日。上交档:长-1994。

④ 《中共上海交通大学党史大事记》,第175页。

⑤ 党办:《交大简报》(第115期),1976年9月12日。上交档:长-1994。

1976 年 9 月 18 日,交大师生举行追悼毛泽东的大会

18 日下午,首都各界群众百万人在天安门广场举行“伟大的领袖和导师毛泽东主席追悼大会”。交大的师生员工五千余人聚集在民主广场,集中收听了首都追悼大会的实况;接着又举行了全校的追悼活动。会后,师生们分别举行集会,学习和座谈华国锋代表党中央在首都追悼大会上所作的悼词,决心化悲痛为力量,将毛泽东等老一辈革命家开创的社会主义事业进行到底。

1976 年,党和国家的主要领导人周恩来、朱德、毛泽东先后辞世,人民对于党和国家的前途深感忧虑。清明时节,人民群众走上天安门广场寄托对敬爱的周总理的哀思,公开反对“四人帮”,表露出广大群众对于“文化大革命”长期动乱的强烈不满。7 月 28 日,河北唐山、丰南地区发生了里氏 7. 8 级强烈地震,百万人口的唐山顷刻成一片废墟,人民生命财产损失之惨重为历史罕见。天灾和人祸,使得政治、经济本已濒于崩溃的国家更是雪上加霜。与此同时,“四人帮”一伙加紧了篡夺党和国家领导权的活动。10 月,“以华国锋、叶剑英、李先念等为代表的中央政治局毅然采取行动,一举粉碎了江青反革命集团,结

束了‘文化大革命’这场灾难”。[1] 全国人民坚决拥护党中央粉碎“四人帮”所取得的伟大胜利，欢庆中国人民即将进入一个新的历史发展时期。

上海交大的师生员工与全国人民一道，经历了不寻常的日日夜夜。

二、欢庆粉碎“四人帮”的伟大胜利

毛泽东逝世前后，“四人帮”加紧了夺取党和国家最高领导权的阴谋活动。1976年8月，“四人帮”在上海的亲信多次要求有关高校提供“老红卫兵”的材料，企图从中挑选他们所中意的骨干分子。8月16日，团市委召开“老红卫兵座谈会”，原交大造反派骨干成员虽大多已离校，但仍有多人应邀参加。马天水、徐景贤、王秀珍等亲自到会并讲话，煽动“要警惕中央出修正主义”，“现在要特别警惕出邓小平式人物”，“要有上山打游击的思想准备”。[2] 毛泽东逝世后，市委组织组派人到上海交大了解留校工作的“老红卫兵”入党的情况。他们在校内开座谈会，并且要求学校提供“留校红卫兵中发展党员的情况”。不久，市文教组也到交大来，收集在“老红卫兵”中发展党员和提干的材料。[3]

1976年10月6日，党中央采取果断措施，一举粉碎了江青反革命集团，结束了“文化大革命”这场持续十年的动乱。同时，中央政治局通过了由华国锋担任中共中央主席、中央军委主席的决定。由于中央的决定是分批、逐级传达的，最初，人民群众对于处置“四人帮”的行动尚不知情。10月12日下午，住在交大法华镇路分部的无线电工程系某班学生收到一封来自北京的信，信中透露“中央有大举动，开会抓了四个人”。师生们闻讯后很兴奋，自发地行动起来。[4] 当晚，41031、42031班学员携带文具纸张，骑着三轮车从法华镇路分部出发，把“任何搞修正主义、搞分裂、搞阴谋诡计的人，决没有好下场！”“篡改毛主席指示的人，决没有好下场！”等大字标语，从校本部沿华山路、淮海路一路张贴下去，在上海街头引起极大震动。市革委会文教组连夜向学校总值班室打来紧急电话，要求学校立即处理这一事件。13日一早，杨恺来到法华镇路分部，与同学们进行了交谈，提醒他们注意开展活动的方式方法。当天下午，更多的消息从各方面传来，证实了“四人帮”的彻底覆灭。交大数百名师生按捺不住内心的喜悦，自发整队，先在校园中游行，进而不顾禁令，一拥冲出校门，高呼“打倒江青”

---

① 《中国共产党历史·第二卷（1949—1978）》，第947页。

② 《中共上海市教育卫生体育系统党史大事记（1949—1989）》，第324页。

③ 《上海交通大学“文化大革命”大事记》（1983年10月）。上交档：长-3360。

④ 《李纪华的采访记录》（2002年12月16日），上海交大党史校史研究室资料。

1976 年 10 月,交大师生上街游行,愤怒声讨“四人帮”的罪行

“打倒张春桥”等口号上街游行。他们成为上海最早走上街头欢庆胜利的游行队伍。由于大多数市民们尚不明就里,驻足观看,欲言又止,但难以掩饰内心的喜悦与激动。

10 月 14 日下午,按照中央的部署,学校党委召开会议,先在党内干部中传达关于对阴谋篡党夺权的王洪文、张春桥、江青、姚文元进行隔离审查的决定。晚上,各总支又向党员进行传达。随即,消息在校内广泛传开,师生们再次分成几路走上街头,敲锣打鼓,高呼口号,连夜沿上海市区的主要街道贴出了拥护粉碎“四人帮”的大标语。这一行动使得尚由“四人帮”余党把持的上海市委极为恼火。当夜,市委有关部门包括市“民兵指挥部”等借口交大师生未按中央部署行动,先后打来十多个责问电话。市文教组负责人甚至亲自来交大,要求党委一定要组织学生连夜覆盖街头的标语。15 日凌晨,市委向党中央发出告急电话,报告说:“在徐家汇、康平路(市委机关所在地)周围以及外宾车辆必经的延安西路、淮海路等处,由交通大学学生等刷出一批打倒‘四人帮’大标语。”[①]他们还“向中央发出告急电话,宣称由于群众的自发活动使市委机构已

① 朱通华:《较量:1976—1980 年的上海滩》,中共中央党校出版社 2009 年版,第 10 页。

经瘫痪，表示将采取坚决措施予以镇压，流露出使用武力镇压群众、挑起群众斗群众的动向”。①

15日上午9时，党委召开全校大会，正式向师生员工公开传达中央有关粉碎“四人帮”的文件。开会时间未到，大礼堂里里外外早已挤满了人，一些人没有座位便拥到舞台上席地而坐，更多的人只好站在过道上、礼堂外听广播。在传达过程中，口号声此起彼落，师生们坚决拥护党中央的英明决策，热烈欢呼这场事关党和国家命运前途斗争的伟大胜利。② 11时许，校团委、学生会决定组织部分学生举行庆祝游行，一些干部、教师也自动聚拢起来。12时半，2 000余名师生的游行队伍走出校门，走上大街，沿途刷写标语。③ 市委得知交大师生上街游行的消息，以有重大外事活动为由加以阻止；又打电话要求交大党委做劝说工作，把游行队伍拦回来。这时，交大师生的游行队伍已经浩浩荡荡地行进在上海街头，他们沿淮海路、延安东路、外滩、南京路，一直奔向人民广场。多年来压抑心头的怒火，像火山喷发一般势不可挡。师生们四人一排，秩序井然，自始至终精神饱满，斗志昂扬。队伍所到之处，爆发出千千万万上海人民的热烈欢呼，齐声响应。人民警察为游行队伍一路放行绿灯，解放军战士也向游行队伍敬礼致敬。这一切都说明粉碎“四人帮”是党心所向，民心所向。④ 从这天下午开始，全市各高校、工厂、机关的游行队伍也都陆续走上街头，“打倒四人帮”的口号响彻了上海的大街小巷。

杨恺（左1）和师生一道走上街头，欢庆粉碎“四人帮”的伟大胜利

此后数日，师生们按照党中央的部署，组织学习、揭发、批判，掀起声讨

① 承业：《1976年苏振华临危受命接管上海》。《党史信息报》第1073期，2013年1月16日第A6版。

② 党办：《交大简报（第131期）》（1976年10月15日）。上交档：长-1993。

③《上海交大师生员工热烈欢呼坚决拥护中央两项重要决定》。《文汇报》1976年10月17日第二版。

④《交大团委、学生会的情况汇报》（1976年10月26日），上海交大党史校史研究室资料。

“四人帮”的高潮。16日,全校召开了“愤怒声讨‘四人帮’阴谋篡党夺权罪行大会”。会后,校党委杨恺等率领交大师生员工的游行队伍再一次威武雄壮地行进在上海市区的主要大街上。[①]

此刻,全国各地拥护中央决策、声讨“四人帮”罪行的浪潮一浪高过一浪。但是,仍由马天水等人控制的上海市委却按兵不动,不组织拥护中央决定的大型活动。于是,从17日起,上海交大参与策划、筹备并主持了两次拥护中央决定、声讨“四人帮”罪行的全市性大会。

1976年10月17日下午起,许多高校的团委、学生会负责人先后来到交大,与交大商议揭批“四人帮”的统一行动。大家一致认为,要“联合战斗”,尽快“揭开上海市委阶级斗争的盖子”。[②] 18日,全市高校的团委、学生会负责人在交大召开会议,决定举行“上海市高校工农兵学员愤怒声讨‘四人帮’大会”。19日下午,全市16所高校在文化广场召开声讨大会,参加会议的有各高校的师生和闻讯赶来的工人约3万人。大会由上海交大学生会主席主持,交大、复旦、音乐学院等院校代表发言。[③] 在大会筹备组的严正要求下,市革委会负责人徐景贤到会接受批判。

就在高校筹备声讨大会之时,一些厂矿企业和郊区公社的代表也来到交大,询问声讨“四人帮”的动态,大家都对上海市委迟迟不召开声讨大会表现出强烈义愤,不约而同地提议由交大牵头组织全市性的声讨大会。10月18日,许多工厂企业及高校的代表齐聚交大,发出致全市人民的《倡议书》,倡议于20日在人民广场召开“上海市人民愤怒声讨‘四人帮’罪行大会”,“强烈要求上海市委按中央电话通知精神,到群众中来,和群众一起声讨、揭发‘四人帮’滔天罪行,共同开好这次大会”。[④] 马天水一伙为了改变被动局面,于18日连夜决定于20日上午抢先召开声讨大会。交大等筹备单位为防止他们从中作梗,紧急赶往市委,找到马天水、徐景贤等人,严词制止他们抢先开会,要求他们必须保证20日下午全市人民召开的大会顺利进行,并到会作出交代。在此期间,交大党委领导十分关心大会的筹备工作,党委办公室对筹备组大力支持,调配了专用的办公室、车辆和电话线路,保证筹备工作顺利进行。[⑤]

20日下午,“上海市人民坚决拥护党中央两项重要决定,愤怒声讨‘四人帮’反革命罪行

① 《上海交大师生员工热烈欢呼坚决拥护中央两项重要决定》,《文汇报》1976年10月17日第二版。

② 《交大团委、学生会的情况汇报》(1976年10月26日),上海交大党史校史研究室资料。

③ 《上海交通大学纪事(1896—2005)》(上卷),第671页;《本市十六所高校学员隆重集会热烈拥护中央两项英明决定》,《文汇报》1976年10月20日第一版。

④ 上海城建局工会等七个单位:《关于筹备召开“上海市人民愤怒声讨‘四人帮’罪行大会”倡议书》(1976年10月18日)。

⑤ 《交大团委、学生会的情况汇报》(1976年10月26日),上海交大党史校史研究室资料。

大会”如期在人民广场召开。全市各系统、各单位及广大市民一百万人参加会议，上海交大团委主持大会，七个单位作大会发言，揭发、批判“四人帮”及其余党的罪行。马天水、徐景贤、王秀珍等人被责令到会，听取人民群众的正义呼声。会后，与会群众组成了声势浩大的游行队伍，马路上，街道旁，楼窗边，人们洋溢着胜利的喜悦。上海人民迈着坚实的步伐融入了全国人民欢庆胜利的滚滚洪流之中！

解放日报

毛主席语录

要搞马克思主义，不要搞修正主义；要团结，不要分裂；要光明正大，不要搞阴谋诡计。

上海工人阶级和各界群众代表一百万人举行声势浩大的集会

继承毛主席遗志，坚决拥护华国锋同志为首的党中央

愤怒声讨和揭发批判反党篡权的走资派的反革命罪行

大会指出，那些背叛马列主义、毛泽东思想，篡改毛主席指示，违背“三要三不要”基本原则的人，就是分裂党，搞行帮的党内资产阶级的典型代表，就是不肯改悔的正在走的走资派，我们革命人民誓同他们斗到底！

有关上海交大等单位发起召开“拥护党中央、声讨‘四人帮’罪行大会”的报道

根据中央关于声讨“四人帮”活动的有关指示，大会筹备组在会后即宣布“工作结束”，所有成员一律回原单位。但是，这次行动仍引发了“四人帮”在上海余党的破坏与捣乱。20日上午大会召开之前，原“工总司”、原交大“反到底”等造反派头头，一度抢先占据主席台，试图控制大会，后被工作人员清离现场。会后，文教组有人指责交大说：“你们交大想包打天下吗?”文教组负责人还给杨恺打电话，要校党委调查大会筹备的情况，写成书面材料上报。[①]

1976年10月22日，中共中央决定，派苏振华、倪志福、彭冲担任上海市委的领导职务，全面接管上海市各项工作。从此，上海的工作和全国一样，开始实现历史性转折。

在党的历史上，“文化大革命”是“左”倾错误指导思想在党中央占主导地位持续最长的时期。这场“大革命”给党、国家和全国人民带来沉重的灾难，也是上海交大办学历史上的一次重大灾难。同时，也可看到，交大的干部和群众、特别是广大知识分子虽然遭受打击迫害，但是他们热爱祖国和拥护社会主义的立场一直没有改变。对于“文革”中出现的极左思潮及其种种现象，他们经过独立分析与思考，由困惑逐渐产生怀疑和不满，以各种不同的形式予以抵制和抗争。更为可贵的是，大批教师和科技人员虽然身处逆境，仍然坚持开展

---

① 党办:《交大简报》(第133期)，1976年10月27日。上交档:长-2003。

科学研究工作,在极其艰苦的环境下,克服阻力,战胜困难,努力完成国防工业和科学技术领域的大批研究任务,取得了许多高水平的研究成果,为国家的社会主义现代化建设做出贡献。这些,都是交大师生坚持求真务实的科学精神和矢志不移的爱国精神的表现,成为上海交大历史上可贵的精神财富和文化遗产,为上海交大在改革开放中厚积薄发、重新崛起打下了坚实基础。

第五章
“文革”期间的教学与科研

第一节 “文革”期间的教学工作

一、正常的教学工作被迫中断

“文化大革命”从对文化领域夺权开始，使教育界特别是高等教育界成为“文革”的重灾区。“文革”刚一兴起，全国范围内掀起“横扫一切牛鬼蛇神”，高等学校大批干部、教师被诬蔑为“执行了修正主义教育路线”，被打成“牛鬼蛇神”，被张贴大字报。[①] 学校正常的教学制度和秩序被全部打乱，优良的教学传统被全盘否定，人们的思想被搞乱了，教育教学工作遭受重大损失。

1966 年 6 月 2 日，面对突如其来的造反行动，学校宣布临时停课，教学、科研工作立即陷于停顿状态，校园一片混乱。此时，校内尚有 1961 年以来入学的在校学生 6 500 余人，除 1966 届学生正在进行毕业实习（设计）即将毕业以外，其余四个年级的学生均按教学计划就读。

不久，中共中央、国务院先后作出一系列有关教育工作的决定，大学本专科生和研究生

---

①《高等教育史》，第 324 页。

的招生、在校学生的毕业、派遣留学生、接收留学生等工作一概停止。

1967年,中央为稳定局势,一度要求青年学生回到学校"复课闹革命"。7月,高校推广北京航空学院"复课闹革命"的经验,交大部分师生积极响应。7月5日,有的班学生提出"关于复课闹革命的倡议";10日,基础部部分学生重新按班级组织起来。10月份,焊接工艺与设备专业、船舶设计与制造专业等都先后开始"复课闹革命"。虽然中央三令五申要复课闹革命,实际上无法实现,只是某一段时间学生返校人数多一些,但基本上也没有进行系统的教学活动。

在"文革"中,不仅教学工作受到严重破坏,交大的办学思想和优良的教学传统也横遭批判。造反派把"老交大教学传统"作为封资修的"黑靶子"反复批判,企图彻底否定交大70多年来所遵循的教育规律和优良传统。造反派编写《推行"老交大传统"的要害是资本主义复辟——十八年来上海交通大学两条教育路线斗争大事记》《十七年来交大科研战线上的两条路线斗争》等大批判材料,从"资产阶级统治老交大""旧教育制度对工农子弟实行资产阶级专政""'老交大传统'出笼的历史背景"等几个方面彻底否定"老交大传统"。1967年6月,造反派又发起成立"批判老交大传统串联会",称"老交大传统"的"要害是复辟资本主义,是资产阶级统治学校向工农兵专政,是卖国主义、改良主义的传统",要以"老交大传统"为突破口,"把统治交大的资本主义、修正主义教育黑线批倒"。[①] 1971年8月,全国教育工作会议后,上海市革委会文教组要求交大要"密切联系实际"学习领会"两个估计",更加深入地批判"老交大传统",并派人来交大专门组织写作批判"老交大传统"的文章。

1974年开展"批林批孔"运动,江青一伙借批孔之名攻击周恩来纠正极左思潮的做法,掀起"反复辟回潮风",使已经有了转机的高等教育事业又陷入新的危机之中。交大也有人整理了一份专题材料《"老交大传统"与孔孟之道》,把"老交大传统"与"孔孟之道"对照起来加以批判。材料中说,新中国成立前,"交大的大权始终掌握在封建官僚、买办、帝国主义分子、资产阶级政客手中……都是提倡尊孔读经,竭力向学生和教职工灌输'孔孟之道',作为学校的精神支柱";"什么'交大精神',什么'老交大传统',说穿了,就是妄图复辟的精神,就是孔孟之道的传统"。[②] 这份材料把交大这所具有70余年办学光荣传统的国家重点大学肆意全盘否定。

1966年10月18日,教育部曾发出通知,1966年高等学校毕业生暂缓分配。1967年6

① 《动态报》(第48期),1967年6月28日。上交档:长-1812。

② 《"老交大传统"与孔孟之道》。上交档:长-1897。

月，中央决定进行1966年大专院校毕业生的分配工作。根据国防科委、上海市的分配方案，交大的几个群众组织组成临时分配小组，开展1966届学生的分配工作。该届毕业生共1 131人，其中本专科生1 035人、研究生96人。1968年6月，中央发出《关于1967年大专院校毕业生分配工作问题的通知》，同时发出《关于分配一部分大专院校毕业生到解放军农场去锻炼的通知》；11月15日，中央又发出通知，要求1968年大专院校、中等专业学校、技工学校、半工(农)半读学校的毕业生从11月开始分配。[①] 交大该两届毕业生的分配工作由校革委会组织组负责实施，共有毕业生2 019人(包括半工半读学生68人)。1970年6月，中央发出《关于1969、1970、1971年大专院校毕业生分配的通知》，要求这三届毕业生“可从今年7月份开始分配，一般于7月底前分配完毕”。[②] 8月3日，交大校革委会公布了尚在学校的1969、1970两届毕业生分配方案。两届毕业生共有2 800名，其中1969届1 398人、1970届1 402人。1970年8月4日至7日办理毕业生派遣手续。至此，“文革”前入校的在校学生除因正在审查尚未结案者外，基本上都分配完毕。

二、招收工农兵学员

“文革”开始后，全国高等学校停止正常招生，高级专业技术人才的培养工作陷于停顿。1968年7月，毛泽东提出：“大学还是要办的，我这里主要说的是理工科大学还要办，但学制要缩短，教育要革命，要无产阶级政治挂帅，走上海机床厂从工人中培养技术人员的道路。要从有实践经验的工人农民中间选拔学生，到学校学几年以后，又回到生产实践中去。”[③] 1970年6月27日，中共中央批转《北京大学、清华大学关于招生(试点)的请示报告》。《报告》提出，高等学校招生应废除过去的考试制度，“实行群众推荐、领导批准和学校复审相结合的办法”，主要招收“政治思想好、身体健康、具有三年以上实践经验的工人、贫下中农、解放军战士和青年干部”，学习“以毛主席著作为基本教材的政治课，实行教学、科研、生产三结合的业务课，以备战为内容的军事体育课”。10月15日，国务院以电报通知各地：1970年高等学校试点招生工作按北京、清华大学请示报告提出的意见进行。1971年4月，由张春桥等操控的全国教育工作会议召开。《全国教育工作会议纪要》声称，“工农兵学员是教育革命的生力军”，要充分发挥工农兵学员上大学、管大学、用毛泽东思想改造大学的作用。工农兵学

① 《上海交通大学纪事(1896—2005)》(上卷)，第584页。

② 《中共中央关于1969、1970、1971年大专院校毕业生分配的通知》(1970年6月27日)。《中华人民共和国重要教育文献(1949—1975)》，第1460页。

③ 马齐彬、陈文斌等：《中国共产党执政四十年(1949—1989)》，中共党史资料出版社1998年版，第312页。

员要坚持以阶级斗争为主课。《纪要》还提出了所谓高等学校招生制度的原则:招生的主要对象是具有二至三年以上实践经验的优秀的工农兵。年龄在20岁左右,身体健康,一般是未婚的。一般应有相当于初中以上文化程度。有丰富实践经验的老工人、贫下中农和革命干部入学,可以根据情况放宽年龄和文化程度的限制。选拔工农兵学员要严格坚持自愿报名,群众推荐,领导批准,学校复审。大学学制暂以二至三年试行。学员毕业后,一般返回原单位、原地区工作,特殊需要的由国家统一分配。①

1970年3月,六机部派调查组来交大调查后,向上海市革委会一办建议"交大立即招生"。② 但1970年10月起,上海市革委会在市内3所大学试点招生,上海交大未被列入招生试点。1971年上海市继续招收试点生。当年夏季,上海交大的招生人员按要求已参加了全市招生试点工作的统一培训,但是,培训结束还是未能参加该年招生试点。1972年开始,上海高校全面正式招生,交大仍未列入招生单位。

1972年10月,杨恺调上海交大主持工作后,1973年交大终于获准开始招生。1973年5月,交大招收工农兵学员的各项准备工作紧张进行。12日,成立上海交大1973年招生迎新领导小组。校党的核心小组指出,这是"文化大革命"以来学校第一次招收新生,各级党组织必须十分重视,集中精力切实抓好这项工作。

6月初,学校组建了由74人参加的招生队伍,其中工宣队23人、干部31人、教师20人。根据六机部和上海市的统一安排,招生工作在全国24个省市进行,共招收新生1 120名。在本届新生中,来自工矿企业的工人占49%,农民(包括兵团、农场的知识青年)占37%,军人占12%,干部职工占2%;在工人学员中,8年以上工龄的老工人71名,5年到8年工龄的工人有222名,共293名,占新生总数的26.2%。③

9月17日,学校举行第一届工农兵新学员开学典礼。党委书记杨恺在会上讲话,六机部、江南造船厂等单位的代表发言,在会上发言的还有学校教师、学员代表等。新学员参加了为期一周的"入学教育"活动。

按学制三年安排,1973年9月入学的学员应于1976年8月毕业。鉴于大部分学员基础知识短缺,学校参照有关经验,决定对学员增加半年时间补习基础课。为此,第一届学员即1976届学员于1977年1月毕业;1月12日,学校召开1976届工农兵学员毕业典礼。此时,"四人帮"已经被粉碎,学校在学员们离校前组织学习讨论会,揭批"四人帮"破坏教育

---

① 《高等教育史》,第287页。

② 《上海交通大学纪事(1986—2005)》(上卷),第595页。

③ 招生办公室:《上海交大1973年招生工作总结》(1973年10月6日)。上交档:长-1858。

革命的罪行。该届毕业学生共计 966 名，其中船舶制造系 66 名、船舶动力系 165 名、电机系 234 名、无线电系 75 名、热加工系 28 名、机械系 125 名、船舶内燃机专业 70 名、机械起重输送专业 69 名、陀螺仪及导航仪器专业 38 名、精密仪器激光器件专业 12 名、电子计算机系 84 名。

1974 年后，学校继续招收工农兵学员，当年招生 1 309 人，[①]1975 年招生 1 063 人，1976 年招收 1 135 人。[②] 同时，学校于 1974 年招收研究生，有 22 个专业招收研究生 97 人。该批研究生的工龄一般都在 8 年以上，大部分为上海市的相关工厂和研究单位选送。此外，学校还于 1973、1974、1976 年先后招收了三批“工人进修班”学员，共约 200 余人，学制一年半。同一时期，根据上级要求举办高校师资培训班的精神，交大还举办了多期数学、力学、电工学、机械设计、体育等专业的教师培训班，学制为两至三年。据 1976 年初统计，全校在校工农兵学员共 3 538 人，其中解放军学员 270 人，五年以上工龄带工资的学员 895 人。[③] 到“文革”结束，共招收 1973—1976 年四届“工农兵学员”约 5 000 人。

1974 年 11 月 15 日，在校的两届工农兵学员举行代表大会，与会代表 420 人。大会选举产生学生委员会委员 31 人。这一时期，每个教学班中均设有党支部、团支部和班委会，负责学生日常的自我管理工作。

1975 年 6 月，为了加强对学员思想政治工作的领导，学校决定成立学员政治工作领导小组，领导小组的办公机构设在校团委。[④] 8 月，党委决定为各系配备政治指导员。关于政治指导员的人选，党委指出“文化大革命前后曾经担任过政治指导员的同志共有 36 位，除了 10 位仍在担任指导员外，还有一些同志应积极动员他们继续担任这项光荣的工作”，此外还要从机关干部、教师等方面挑选。[⑤]

随着学员的增多，学校的文化体育活动也逐渐展开。1974 年，学校恢复举办了田径运动会。1975 年 5 月 9—10 日，学校又举办第十六届田径运动会。开幕式上，两千多人参加了大会操，学生民兵作刺杀表演。校领导带头参加了 400 米竞走比赛。本次运动会男子有 8 人、女子有 6 人打破了上一年的比赛纪录。同年，上海市高校田径运动会举行，交大派出 80 多名运动员参赛，男女均进入团体前六名；其中，陈诞伟打破了男子 800 米、1 500 米两项市高校记录。[⑥] 7 月，学校举行游泳比赛，340 多名运动员参加 18 个项目的比赛，选拔 40 名运

---

① 《上海交通大学志》，第 149 页。

② 《上海交通大学 1976 年招生工作总结》(1977 年 5 月 26 日)。上交档：长-2041。

③ 交大：《1975 年财务决算说明》(1976 年 2 月 15 日)。上交档：永-561。

④ 《上海交通大学纪事(1986—2005)》(上卷)，第 650 页。

⑤ 党委：《关于加强党的基层组织和配备政治指导员的意见(供讨论)》(1975 年 8 月 27 日)。上交档：长-1932。

⑥ 党办：《情况交流》(第 23 期)，1975 年 6 月 16 日。上交档：长-1937，第 52 页。

学员们参加文艺演出

动员参加上海市高校游泳运动会。11月26日,为了开展冬季体育锻炼活动,学校举行誓师大会,号召工农兵学员和青年教职工开展“上海—珠穆朗玛峰万里征途攀高峰”长跑活动。此时的文化生活也较活跃,如1976年4月,在交大礼堂演出了两部独幕话剧,均由学员自编、自演,丰富了大家的文化娱乐生活。

1976年3月,首届工农兵学员、共青团员、45031班的方礼森向校党委提出申请,要求毕业时分配到祖国边疆——西藏自治区去工作。4月7日,党委作出“关于开展向方礼森同志学习的决定”。4月13日,市文教组《简报》转发交大有关方礼森要求毕业分配去西藏的报告,并要求各校大力宣传方礼森的事迹。1977年1月,交大该届毕业生方礼森等4人赴西藏工作。

1977年1月,杨恺(左5)等欢送赴西藏参加工作的毕业生方礼森(左4)等人

1977年8—9月,全国高等学校招生工作会议召开,国务院作出决定改变高校招生做法,恢复统一考试,择优录取。上海交大自1977年起,恢复招收参加国家统一高考的学生。

三、极左思潮下的教学工作

1971年的《全国教育工作会议纪要》对于高校的教学方法,提出“要彻底破除脱离无产阶级政治、脱离生产劳动、脱离工农兵群众的教育制度，建立教学、生产劳动、科学研究三结合的新体制。教育同三大革命实践结合，应以厂(社)校挂钩为主，多种形式，开门办学”，[①]要求高等院校“开门办学”，尤其是理工科院校要实行“厂校挂钩、校办工厂、厂带专业”，“结合生产、科研任务中的典型工程、典型工艺、技术革新”等项目组织教学。[②] 为了贯彻和执行《纪要》的精神，交大在教学中也出现了“厂校挂钩”“工农兵上讲台”“结合典型产品进行教学”等教学形式。这些做法从“左”的方面曲解教育与生产劳动相结合，割裂理论与实践的统一，片面拔高实践的教育作用和直接经验的作用，违反了教育规律。

(1) “厂校挂钩”。这曾经是多年来交大为加强实践教学环节而坚持的重要手段。但是，在“文革”中所提出的“厂校挂钩”已经不再是传统意义的教学实践活动了，而是以生产代替实践、以劳动代替教学，用这种方式进行的教学只相当于专项技术的培训班，培养出来的学生只相当于普通劳动者增加些技术知识。1974 年 9 月，上海市革委会发文，提出要结合典型产品进行教学，编制了高校和实行“开门办学”单位的“挂钩表”。其中，上海交大与市机电一局、冶金局、仪表局等单位下属的 89 个工厂为挂钩单位，共确定了“典型产品”136 项，应安排下厂学生 5 175 人、教师 938 人。[③] 此时，交大全校工农兵学员一共才有 2 400余人，教师千余人。许多教师和学员为完成这些计划任务，只好一人承担多项下厂任务，实践活动连轴转，安排得十分紧张，还有大量挂钩单位只能等到下一年度新学员进校后才能安排。师生们到了工厂就是参加生产劳动，也有少部分人参与了新产品的研究与制造。

(2) “工农兵上讲台”。《纪要》给广大教师扣上了“世界观基本上是资产阶级”的帽子，并提出让在校教师分期分批到工厂、农村、部队，政治上接受再教育。在“教育革命”中提出工农兵教师是“教师队伍的骨干力量”，“要从工厂、农村、部队挑选一批工农兵和同工农兵结合较好的革命技术人员充实教师队伍”。[④] 上海交大自 1972 年起，从江南、沪东、求新等船厂和上海电机厂、上海起重机厂等单位聘请了有较长工龄的技术工人 7 人作为学校的专职工人讲师，担任各系有关课程的授课任务。[⑤] 此外，自 1974 年起，学校还聘请了 700 多名工人作为兼职教师，为学员上课。

---

① 《高等教育史》，第 286 页。

② 《高等教育史》，第 297 页。

③ 上海市教育局革委会：《报送本市高校“1974 学年厂校挂钩表”》(1974 年 9 月 6 日)。上交档：长- 1899。

④ 《全国教育工作会议纪要(1971 年 8 月 13 日中共中央批准)》。《中华人民共和国重要教育文献(1949—1975)》，第 1481 页。

⑤ 《各系工人专职讲师情况表》。上交档：长- 1857。

(3)“结合典型产品进行教学”。就是“在课程设置上大量削减和取消基础理论课,在教学上提出教学服务于生产计划,施工单位搞什么工程,学生就学什么工程,遇到劳动紧张时,则取消教学时间,直接参加体力劳动”。[①] “结合典型产品进行教学”的模式刚提出,就在教师中引起很大反响。有的教师说,“这样做将知识的系统性打乱了,零敲碎打削弱了理论基础,影响教学质量”;有的教师讲,“这么搞,教学的面就窄了,将来还能否跟上科学技术发展的需要”?1972年秋,为了准备工农兵学员进校,各专业在制订教学计划时,许多教师还是坚持加强基础理论教学的观点,理论课的门数和时数都有较大比重,并未考虑“结合典型产品进行教学”。为此,驻校工宣队和校革委会专门举办“教育革命学习班”,有各系教育组负责人、工人讲师、部分专业和基础课教师代表共47人参加,强制推行“结合典型产品进行教学”的教学方法。1973年首批工农兵学员进校以后,大量的“厂校挂钩”任务不断下达,教师只能和学生一起接受生产任务到工厂去干。1975年初,某专业的教师和学员接受了嘉定马陆公社农机厂“制造3.5匹马力柴油机的工艺装备”的产品研制任务,便将此作为该专业的“典型产品”。师生们来到马陆公社,“农闲时多上课,农忙时少上课,甚至不上课”,参加“三夏”劳动。马陆农机厂是一个公社小厂,根据生产需要提出了试制生产小马力柴油机的设想,要求师生们在40天内拿出样机并送工厂生产。这就势必打乱原定的教学计划,力学、数学的教学内容根据生产需要进行调整,边干边学,学干结合。在设计中要求计算“坐标空距”,数学课就讲“解析几何”;力学课结合“偏心仿动”就讲“平动原理”,结合夹具设计,就讲“夹紧力”的计算等。1975年秋季入学的某专业共有30名学员,多数是只有初中文化程度的知识青年,要完成大学的学习任务,难度可想而知。他们结合上海第一石油机械厂的高压防喷器电测试验“典型产品”进行教学。虽然教师已尽了很大努力,但由于各种不同产品所涉及的知识体系相互间的有较大差距,只能在实践中介绍一些基本概念,学生也只能掌握一部分解决实际问题的能力,从完整、全面地掌握工程力学这门知识来说,还差之甚远。[②]

从上述列举的事例可见,“教育革命”中的种种“新生事物”“绝不是任何具有积极意义的革命或改革,而是摧残、破坏教育事业的一场灾难与倒退”。[③]

“文革”中的极左思潮在教学计划中也表现得极为明显。在三年学制的全部156周中,

---

① 江怡、邵有民:《特记:“文化大革命纪略”》。《中共上海党志》,第778—779页。

② 李思简:《回忆:上海交通大学工程力学系创建五十周年有感》(2008年11月8日)。《上海交通大学工程力学系建系五十周年纪念册》,第23页。

③《高等教育史》,第299页。

除去假期以外，所安排的政治思想教育、学工、学农、学军等周数占总周数的21.3%；在理论教学的安排中，政治类教学的学时数占去16.7%。在专业教学内容中，还要强调深入生产第一线、结合典型产品进行教学，真正用于基础理论和专业理论课的教学时间被压缩到很少了。显然，“文革”中的这种教学安排，与交大重视基础、重视理论的教育理念相去甚远。

学员赴崇明横沙岛参加军训

即使在这样艰难的状况下，交大的广大教师还是尽最大的努力，运用个人的知识积累和教学智慧，在教学过程中尽量多地给学生以指导。在结合“典型产品”进行教学时，教师们也都充分准备、精心备课，结合实践尽量把原理讲深讲透，让学生搞清楚“为什么”，多学到一些“真才实学”。

为了解决学员文化程度不一的问题，1972年5月，国务院科教组转发《北京市革委会科教组关于高等学校试办补习班的报告》，要求“各高等学校对于实际文化程度没有达到要求的学员，可根据各类专业的不同要求，有重点地补习必要的文化基础知识”。① 交大在教学中坚决予以贯彻，决定“在入学后增加一个补理论基础的阶段”，并制定了《关于补课计划的几点意见》。按照这一安排，工农兵学员的总学制为三年半，所增加的半年补课时间，穿插在各专业的教学过程中进行。补课内容主要是初等数学、物理、化学等基础课，为时5个月；同时也要适当地补专业实践基础，为时1个月。考虑到学员入校时文化程度参差不齐的情况，可以系为单位按学员的不同程度分班，慢班学员加强数理化内容，快班学员可以减少数理化的学时，增加外语教学。②

① 《中华人民共和国教育大事记(1949—1982)》，第443页。

② 教革组：《关于制定各专业教育计划的几点意见(修改稿)》(1972年2月2日)。上交档：长-1772。

表 5-1 关于共性基础课程时数与安排的初步建议[①]

课程名称	类型	学时数	学年安排
初等数学	各类专业	230	一上
高等数学(微积分部分)	船制、机械	170	一下
	电机、电子	195	一下
物理	各类专业	140—170	分段集中,即将各部分内容分别安排在各后继课程之前;也可集中在一上的后半部分
化学	各类专业	50—70	一上或一下
外语	各类专业	260	原则上从一下开始安排,每周安排 2 次,每次 2 学时
机械制图	机械设计类	170	第一学年或一下、二上
	机械工艺、电机制造	140	
	电子类	90	
	机械类进修班	120	
力学	船制	340	二上、二下;或一下后半部分至二下后半部分
	动力、机械	305	
	机械工艺、电机制造	未定	
电工	机械	170	二上、二下;或二下、三上
	动力、工艺	110	

在基础课补课期间,许多教师为此费尽心血。他们反复研究教材,深入调查学员状况,尽量做到有的放矢,并结合随后的专业教学需要开展补课。专业课教师也在教好专业知识的同时,注意教授基础知识,以弥补基础课的不足。化学教研组在教学中,适当引入相关的专业知识,如为核反应堆工程专业讲授基础化学时,在"概论"中介绍原子核反应堆的知识。教师从核燃料的主要元素 U^{233}、U^{235} 引出"元素"和"同位素"的概念;从中子减速剂的主要成分引出单质、化合物、有机高分子化合物等概念;从反应堆辅助管道的清洁处理,引出酸、碱、盐和溶液等概念;在讲解"盐"时,对热处理专业的课程补充"热处理用盐",对铸造专业补充"铸造用盐",对船舶制造专业补充"金属腐蚀"和"防腐",对电机专业补充"蓄电池"等相关知识内容。[②] 还有,电机专业授课的教师在讲解"氢气"时,根据已讲授的氢气结构和性质,着重说明为什么用氢气充当电机里的冷却剂;焊接专业授课的教师着重结合电弧焊中稳弧剂的选择和作用,说明

---

① 本安排为全校通用的基础课补课安排,除此之外各系还要根据的专业要求分别进行基础课的补课。上交档:长-177Z。

② 化学组:《结合专业实际,选用统编教材,进行化学教学》(1974 年 3 月 5 日)。上交档:长-1901。

1975 年参加“工程数学师资班”的师生合影

元素周期律在生产中的应用等。这样,学员们较早地对化学课与专业课的关系有了初步的了解。为了搞好教学,许多专业课教师也非常关心本专业学员的基础课情况,他们经常听基础课,与基础课教师切磋、协商专业知识中与基础课相关的内容,还有的专业教师主动提供有关教材以便基础课使用。

在专业课教学中,船舶内燃机教研组的教师针对学员的实际情况,反复研究专业教学计划。虽然教学上要“结合典型产品进行教学”,但该组的教师在教学前还是对教学过程作了细致、认真的准备。他们认为,“整个教学过程,目的是培养学员的分析和解决问题的能力,一定要让学员经历三个过程,即认识的全过程、设计的全过程、生产的全过程”。该教研组提出,“把教学重新划分为四个阶段:第一阶段是扩大实践面(包括基础知识学习);第二阶段是结合典型产品设计,边干、边学;第三阶段是在实践基础上学习理论;第四阶段是通过专题研究再实践。学员应着重加强理论方面学习的要求,在业务学习的总学时分配比例上,理论学习约占 55%,实践环节(包括典型产品设计)约占 45%”。[①]

① 教革组:《简报》(第 27 期),1973 年 10 月 3 日。上交档:长-1839。

四、举办培训班和函授教育

在“文革”的混乱局面中，正常的教学工作陷于停顿。许多知识分子受到严重冲击和迫害，处于被批判、受歧视的状况，他们欲干不能，欲罢不忍。但是，随着世界新技术的发展，一些工厂、企业在生产中遇到大量技术攻关和新技术方面的问题，生产第一线的技术人员和工人希望学习新技术，知识青年渴望获取科学文化知识，交大一些教师顺势承担起专业技术培训、函授教育等任务。

从1969年起，有的专业教师在工厂、企业和区县的科技馆里举办了各类专业培训班上百期，培训学员上万人。他们讲授和普及国内外的最新技术成果，解决生产技术难题，努力为发展工农业生产做出贡献。无线电系教师在徐汇区工人文化科技馆开办电子技术短训班，先后举办了“晶体管电路”班6期、“可控硅”班3期、“数字电路”班2期。学员大多数是一些中、小工厂的老工人和技术员。这些工人师傅中，有的原来连“晶体管”“可控硅”都未听说过。通过短训班的学习，学员们先后试制成“可控硅汽车柴油机大泵校验台”“晶体管金属探测仪”等十几项技术革新项目。[①] 在1974年举办的“简易数控”短训班上，共有12家工厂的40名工人参加，大家边干边学，试制成功一部可完成8—15个动作的C630普通车床“简易数控箱”并投入使用。上海电讯器材厂原有一台车床每天生产500个零件，每一零件需操作6次，劳动强度很高；使用“数控箱”以后，一个工人可以同时管理10台车床。材料系举办了14期“冷挤压新工艺”的短训班，把国家急需的冷挤压工艺迅速普及推广。还有的专业教师根据上级的统一安排，到三线的山沟里举办培训班。他们前往宝鸡、舟山、海南、昆明等14个地区，为当地传授新技术。

据不完全统计，1974年，交大举办各种类型的短训班26期，培训学员1 488人；1975年举办短训班112期，共有251名教师，85名工人讲师、技术人员参加教学工作，培训学员5 791人；[②]1976年6月8日，接六机部通知，要求上海交大为六机部举办短训班34期，至9月底共举办32期，培训学员1 178人。这些培训项目既有面向全国的，也有面向上海市的；既有上级下达计划的，也有企业自行邀请的；既有长期的，如全国“漆包线培训班”的学制二年，也有短期的，如“橡胶塑料”技术短训班，形式多种多样。

交大的有关专业教师积极参与支援郊区开办“五七大学”，1974年协助金山、奉贤等地“五七大学”授课，学员在千人以上。1974年末，应市革委会有关部门要求，为回沪探亲的知

---

① 四系:《坚持开门办短训班的正确道路》(1974年11月14日)。上交档:长-1901。

② 以上资料均见交大:《坚持多种形式办学，努力办好短训班》(1975年12月3日)。上交档:长-1975。

识青年举办电视培训班，传授科学技术知识，交大承担了“农用柴油机”“农用水泵”和“农村电工”等课程的教学任务。后来，学校每年都举行了该项培训。[①] 1974—1975 年，学校为上海市国营农场的业余大学先后举办多期“农机基础”“农用柴油机”“农村电工”等师资培训班，培训对象主要是位于上海郊区的跃进、前哨、前进、东风、星火、长江、红星、新海、长征等农场的技术人员和知识青年，通过讲授中型拖拉机、农用柴油机、典型农业机械等工作原理和基本结构方面的知识，使他们掌握农机具的维修能力和技术应用能力。[②] 1975 年学校为有关工厂“七二一工人大学”培养师资，举办了“机械基础”“工程力学”“电工”“工程数学”的师训班，参加学员有 130 人。[③]

在举办培训工作的基础上，教师们着手编写教材供学员们使用。几年中，交大教师编写了《冷挤压技术》《晶体管脉冲与数字电路》《可控硅及其应用》《晶体管电路原理》《漆包线工艺》《逻辑集成电路》等，受到广大学员的欢迎。[④]

除了以面授为主的短期培训以外，学校还承办了面向城乡知识青年的函授教育。1974 年，交大在安徽阜阳、云南西双版纳傣族自治州招收函授生，试办了“农村电工”和“农用柴油机”两个科目的函授教育。3 月起，学校先后派出动力系、电机系等部门的教师及有关技术工人先后赴安徽、云南作调查研究，为函授教育做准备；5 月，从两地区已报名的青年中招收函授学员 1 970 人，教师着手编写有关函授教材，印刷厂突击赶印，很快为两地学生发放教材 3 500 余册。接着，学校分期分批安排教师赴两地举办短训班，进行面授辅导，深受广大知识青年和当地农民的欢迎。5 月中旬，“农用柴油机”函授组的教师与特邀的上海工农动力机厂工人师傅一道赴安徽亳县进行面授辅导。开讲的那天，除了已报名的 60 名函授学员外，附近工厂的工人、中学教师都赶来旁听。函授组的老师表示，我们既要教青年学技术，也要为公社修机器，任务再重也要坚决完成。[⑤] 赴云南西双版纳举办“农村电工”函授班的教师，从 5 月到 12 月的 7 个月中，走遍勐腊、勐海、景洪 3 个县和云南建设兵团一师的 8 个团进行函授面授教学。他们边教边实践，热心为边疆各族人民服务。1975 年暑假，学校又有 7 名研究生、24 名工农兵学员赴安徽支援函授教学。

1975 年学校开设了“马克思主义原著选读”“农机基础”“农用柴油机”“化肥”等科目，在

---

① 交大:《情况交流》(第 1 期)。上交档:长-1937。

② 交大:《情况交流》(第 12 期)。上交档:长-1937。

③ 校教育革命组:《学理论、抓路线、在斗争中改造学科》(1975 年 8 月 6 日)。上交档:长-1970。

④ 交大:《坚持多种形式办学，努力办好短训班》(1975 年 12 月 3 日)。上交档:长-1975。

⑤《光明日报》通讯员:《“这样的函授教育真管用”》。《光明日报》1974 年 11 月 7 日。

云南的西双版纳和安徽的阜阳、歙县、宿县等4个地区招生5 810人;1976年共有6个科目招生6 800人。[①] 据不完全统计,1974—1976年短短三年中,交大的教师发送函授教材共63种93 000余册,辅导学员110 000多人次,[②]期间,先后有50多人作为函授教师下乡面授,为各地青年送去了知识与技术。

除了上述教育工作,学校的一些干部、教师还承担了一些对外教育援助的任务。1974年1月12日,经国务院科教组和上海市的安排,交大原党委副书记苏宁被派往阿拉伯也门共和国,担任中国援建的也门某工业技术学校中方教学组组长,[③]还有一些专业教师也先后派往该校任教。

1974年4月,上海市按国务院文件精神决定,由上海交大等院校提供筹建西藏师范学院和八一中学所需的图书资料和仪器设备;同时在全市抽调27名大学教师支援西藏。交大首批赴藏的3名教师为蒋秀明、程斌、周仁。[④] 1976年5月,根据国务院有关轮换支援西藏文教建设人员的通知,学校又派出朱立三、李锦涛、陈锦文、张汉正4名教师赴藏。[⑤]

第二节 “文革”期间的科学研究和实验室建设

一、坚持承担国防科研重任

自20世纪60年代初学校划归国防科委领导以后,由国防科委下达的科学研究项目稳步增加,科研工作成为学校的重要任务和办学特色。但是,“文革”期间,学校陷入混乱之中,广大教师在政治上、精神上、生活上受到严重迫害与摧残,相当一部分教学仪器、设备、图书资料被毁坏和丢失,实验室、资料室被造反派占用、破坏,科研工作陷于停顿。不久,由于老一辈革命家的坚持,国防科技研究项目仍作为国家重点任务得到重视。“在严峻的形势面前,周恩来、聂荣臻等利用一切机会采取可能的措施,维持生产和试验的正常进行。1966年下半年,周恩来以中共中央和国务院的名义,多次发出通知,要求维护科研、生产秩序”。在中央有关领导一系列“措施的保护下,加上广大国防科研人员在困难条件中的坚持和努力,主要科研任务仍然在艰难之中得到了发展”。[⑥]

---

① 《上海交大1974—1976年知识青年业余函授教育情况表》(1977年1月)。上交档:长-2043。

② 《上海交大1974～1976年知识青年业余函授教育情况表》(1977年1月)。上交档:长-2043。

③ 《中共上海交通大学党史大事记》,1996年版,第163页。

④ 《上海交通大学纪事(1896—2005)》(上卷),第635页。

⑤ 《上海交通大学纪事(1896—2005)》(上卷),第665页。

⑥ 《中华人民共和国史稿(第三卷,1966—1976)》,第139—140页。

在极其困难情况下，上海交大的广大教师顾全大局，忍辱负重，科研规模逐年扩大，陆续承担了由国防科委和有关部门下达的大批科研项目，取得诸多可喜的成果。

据统计，1966—1976 年，全校经由国家下达的科学研究经费 1 317.56 万元，年均近 120 万元；同期科研活动支出为 1 252.34 万元，年均 113.8 万元。

表 5-2 1966—1976 年全校科学研究经费收支情况表（万元）[①]

年份	国家下拨科研费	科研费支出	年份	国家下拨科研费	科研费支出
1966 年	220	86.63	1972 年	150.41	108.88
1967 年	20	41.78	1973 年	189	211.4
1968 年	85	103.06	1974 年	143.1	170.61
1969 年	40	44.44	1975 年	127.6	242.58
1970 年	48.5	27.72	1976 年	165.3	139.67
1971 年	128.65	75.57			

学校《1969 年科学研究费支出明细表》中记载，全年共承担和参与 36 项科研项目，参加人数有 268 人。1970 年学校共承担和参与科研任务 63 项、生产任务 32 项，其中所开展的主要科研项目有“数字计算机”“09 工程计算机”“超动态应变仪”“汽轮机去湿装置性能试验”“大功率高转速液力耦合器”“核动力装置减震实验”“钛管导热系数测定”等，当年支出科研费 27 万余元。[②] 1971 年学校承担、参与产品和工艺设备研制 110 项，其中六机部下达任务 27 项、上海市下达任务 37 项、厂校协作 18 项及校选典型产品及工艺 28 项，主要项目有“大功率液力耦合器”“核动力装置减振及抗冲击”“钛管传热系数测定”“柴油机研制”“高速锤研制”“深潜救生艇”“激光装置”“玻璃钢扫雷艇”“大马力燃气轮机”“船用机械新型传动系统”“垂直自动焊接”“横向自动焊接”“静电陀螺仪”“钛白粉提取金属钛”等项目，使用经费达 75 余万元。1972 年学校承担和参与科研项目 89 项，工厂生产、技术项目 20 项，其中六机部下达科研项目 40 项、上海市下达科学技术重点项目 34 项。1975 年，学校承担和参与科研项目 171 项，其中由六机部以“造船工业新产品”“造船工业新工艺”“国、部标准试验验证费”等名义下达项目 67 项、上海市下达项目 59 项、与外单位协作项目 45 项。1976 年六机部下达项目 22 项，一机部下达项目 13 项。[③]

1966—1977 年间，上海交大先后承担和参与国家下达的科研任务及各方面的研究项目共

---

① 《上海交通大学志》，第 298 页。

② 交大：《1969 年科学研究费支出明细表》（1970 年 2 月 13 日）。上交档：永-500。

③ 《上海交通大学志》，第 381 页。

计500多项,已完成并取得重大成果的300多项。这些科研项目主要分布在舰船、电力、电子技术及自动化、计算机、激光、新型材料、机械、工艺等多个学科领域。全校各系都有教师和技术人员参加科研工作,附属工厂的技术人员和工人也为一些项目的研制、生产作出了贡献。[①]

上海交大在"文革"期间的科研任务主要分布于三个方面。第一,承担和参与了国防工业的科研项目,其中主要是国防科委下达任务,以研究、试制和生产国防工业新技术、新产品为主。1970年,学校划归六机部领导后,主要承接舰船工业新产品、新工艺研究及标准化项目等研究,1973年以后,科研任务的来源又从六机部扩大到三机部、四机部等,学校承担大量来自中央各部委的国防工业项目,承担和参与的国防科技项目主要有7103深潜救生艇、035新型潜水艇、505综合声呐站、玻璃钢扫雷艇、"双37"鱼雷指挥仪、水下激光电视、358型雷达、静电陀螺仪、915燃气轮机顶切试验、50马力燃气轮机消防泵等项目及其配套设备。

第二,承担和参与了以"大会战"为主的国防工业以及民用科学技术合作攻关的重点项目,其中有秦山核电站的"728工程"、大型客机研制的"708工程"、卫星侦查系统的"701工程"、长视距雷达的"824工程"、红旗4-Ⅱ导弹控制系统、"长空一号"卫星控制系统等项目;属于上海市的重点科研项目有彩色电视会战、上海火车站改造技术等项目。

第三,承担和参与了来自全国各地工矿企业、厂家的(其中许多为国防工业的)技术研发项目。各工厂企业在生产中为了改进技术、产品更新换代,需要交大协助解决技术或工艺方面的难题;也有一些专业教师结合生产实际,针对企业的生产、技术问题开展研究,为改进技术、发展生产作出了贡献。这方面主要有大型起重设备、冷挤压技术、焊接技术等重大成果和技术项目,其中有为改变我国港口落后面貌的码头和船用装卸机械的设计、试验,有为提高生产自动化水平的多种步进电机、数控弯管机、数控车床、小型多功能计算机、简易数控、群控机的研制等,有为农业机械化服务的农用水泥船的设计、农机零件的热处理新工艺、机械化禽畜养殖设备等,有为净化环境服务的高压脉冲臭氧发生器的试验研究、万吨轮油水分离装置的改进研究、热轧钢板中性电解去磷新工艺,有为医疗卫生服务的医疗机械静电加速器、人工心肺机和YAG激光手术刀的研制等项目。

二、逆境中坚持科学研究

"文革"期间,主持或承担科研项目的大多是一批老教授及许多中年骨干教师。他们虽然心理压抑甚至受到冲击、迫害。但是,他们对于祖国的热爱、对于实现社会主义现代化事业的理想始终没有改变。当科研任务需要的时候,获得了工作的机会,他们就会挺身而出,

---

① 国防工业检查团院校分团交大科研检查小组:《对上海交大科研工作的综合调查报告(附件二)》(1978年4月),上海交大党史校史研究室资料。

抛却个人的委屈与抱怨，忍辱负重、义无反顾地走上工作岗位。

20世纪60年代初期，冶金学家周志宏就致力于氧气炼钢技术的研究与应用。他掌握国内外冶金技术发展动向，认为冶炼技术直接影响钢铁的纯度和质量，从宏观上分析、比较、研究了各种冶炼技术，验证了以氧代电的冶炼方法，将此誉为冶金史上的一次技术革命。1967年，周志宏亲自深入上钢一厂，参加了转炉改为氧气炼钢转炉的设计和试验，在生产车间和工人一道参与车间改造的设计和施工建设，项目建成投产后获得巨大成功。①

无线电电子学家朱物华从20世纪60年代起从事水声工程的教学和研究，在船舶噪声控制、船舶螺旋桨噪声预报等方面投入了大量精力，为军用舰船的设计与研制提供了很多成果。在极其困难的情况下，他与同事一道建成了水声实验室，装置了噪声定向站、回音定位站、水声通讯站、探测仪等试验设备，主持了为国家重点工程配套的水声工程设备的研制并取得成功。②

电信和自动化专家张钟俊一直关注国外控制理论的新发展，他将卡尔曼滤波技术应用到“远航仪”的接收信号处理中，在我国开创了现代控制理论应用的先例。20世纪70年代，他主持潜航惯性导航的研究，编写了《矩阵方法和现代控制理论》教材，向课题组成员讲授现代控制理论；在其后的研究中，又一次应用卡尔曼滤波技术对惯性导航系统的反馈信号进行处理，大幅度提高了导航精度。③

造船领域专家杨槱，在“文革”初期被迫下乡、下厂参加生产劳动。不久，受造船厂的邀请，他开始参与船舶设计、制造等研究工作。1973年5月，他参加沿海客货轮的设计工作；8月，他受大连造船厂邀请参加24 000吨油轮“扩大初步设计评审会”；10月，又参加了上海船舶设计研究院召开的“大连—烟台线客货船评审会”。1974年，杨槱参加“船舶名词术语”的编研。为了广泛征求各方面意见，他亲自走访长江沿线的船厂、科研设计单位、高等学校进行调查研究。在讨论船用名词时，老工程师们提出了如何对待传统称呼的问题，如舷弧称“昂势”、梁拱称“抛势”、复板称“重磅”、舵称“水关”、螺旋桨称“车叶”等。这些都使杨槱感到收获很大，也为后来上海交大编写《船舶工程辞典》《船舶工程名词》等积累了资料。④

在科研队伍中，还有一批年纪比较大的讲师、助教。当时，他们的工作生活条件非常艰苦，“上有老，下有小”，月工资60元，一家三代人均住房面积不超过4平方米，教学科研用书不得不堆在床底下，找本书要靠手电筒照亮。即便如此，他们还是全身心投入科研工作，研

① 朱隆泉、周平南：《周志宏：中国现代冶金科学的奠基人》。《老交大名师》，第285页。
② 顾伟民：《朱物华：电子学和水声学的开创者》。《老交大名师》，第266页。
③ 郑茂：《张钟俊：中国系统工程创始人》。《老交大名师》，第197页。
④《一个造船者的自述》，第十章“在十年动乱中不忘造船”。

制出一批高水平的成果。

热加工系教师徐祖耀，在开展工农兵学员教学及参加编写教材的同时开展科学研究工作。不久，他被检查出肺结核活动期，向组织请了长病假，获得了更多的时间进行科学研究。在没有电子显微镜和切片机的条件下，他凭借自己扎实的基本功，利用大量的文献资料，在金属马氏体相变的微观世界开展了大量分析研究工作。1978 年，其研究成果《马氏体相变与马氏体》交付科学出版社出版。编辑们惊呼：在“文革”中竟能写出这样一部世界领先水平的著作，真是奇迹！类似徐祖耀的事迹还有很多。“814”工程二期需要使用十多个六级精密小模数齿轮，但学校仅有七级机床，精密度不够。但是，交大的专业研制人员凭着精湛的技术，创造了用七级精度机床加工六级精密齿轮的奇迹，从而顺利攻破阻碍工程进展的关键性难点。还有一台积压 12 年之久的高频电炉因年久失修，全部生锈，成了老鼠窝，科研人员经过一个多月的检修，使这台废旧设备重新得以使用。①

锻压工艺及设备教研组教师阮雪榆长期以来坚持冷挤压技术研究，并将其应用到 40 多种金属和钢材的加工工艺上，其中有五项达到了世界先进水平。“文革”中，他克服重重困难，先后前往几百家工厂，深入生产第一线研究、推广冷挤压技术，夜以继日地开展技术攻关。1969 年，上海电机厂要求他们研究一种对不锈钢进行冷挤压加工的新工艺。他与有关教师组成攻关小组，在研制过程中一连失败十几次，阮雪榆细心地对积累起来数据进行分析，发现主要问题是，加工过程中需要一种润滑剂。经过反复试验，他的试验小组研制出一整套不锈钢冷挤压加工的新工艺，为国家填补了空白。1973 年，某机器厂要求阮雪榆用冷挤压技术把钢加工成深空薄壁形状的零件。为了解决这一问题，阮雪榆又经历了一次次的失败，他废寝忘食，终于计算出一个变形数据和改进磨具的加工方案，最终获得了成功。他们还为全国有关省市、部委举办各种形式的冷挤压技术培训班，培训学员达 2 000 余人。许多厂家应用该技术后，加工工效提高了几十倍，甚至几百倍，材料消耗却只有原来的几分之一。多年来，课题组研究成功“奥氏体不锈钢冷挤压”“航空发动机高温合金及合金钢的温热挤压”“舰船高速柴油机连杆下衬套冷挤压”“锥齿钻夹套冷挤压”等课题。阮雪榆还在长期的实践中，初步形成了我国冷挤压技术的工艺和理论体系，撰写了 65 万字的《冷挤压技术》一书，于 1976 年公开出版，为发展我国冷挤压技术做出了贡献。②

青年骨干教师朱继懋于 20 世纪 70 年代初期，看到《参考消息》上转载美国研制深海救

① 盛懿等:《三个世纪的跨越——从南洋公学到上海交通大学》，上海交通大学出版社 2006 年版，第 299—300 页。

②《采来百花酿佳蜜》。《解放日报》1977 年 11 月 23 日第一版。

生艇的消息后，和同事们进行讨论，并向海军副司令员周希汉呈送报告，申请承担研制我国自己的深海救生艇的任务。1971 年 2 月，“深潜救生艇座谈会”在天津召开，会议决定启动“7103 深海救生艇”研制项目，由海军、上海交大、哈尔滨船舶工程学院、华中工学院、武昌造船厂等单位联合参与研制，朱继懋担任该课题组的总设计师兼总体组组长。此后，他和该专业的 10 多位教师穿梭于上海、武汉两地，进行了多项试验研究工作。教研组的杨仁杰教授虽因年事已高不能参加试验，但他为课题组查阅了大量资料，整理了数箱文献卡片，供大家使用。针对设计上常规的观察、作业、水下出入、水下对接四个步骤，朱继懋大胆地提出了“四步并作一步走”的研制方案，在试验过程中把深潜、实艇对接、干救、湿救等功能一次实现。他还提出“深潜器设计的比重量分析法”，为潜水器的设计奠定了理论基础。他使用无线电遥控自航模型和对口模型的操作试验，代替了美国使用的全尺度飞艇模拟试验方法，既缩短试验周期，又为国家节省了数千万元的研究经费。经过十余年的研究，该深潜救生艇样机研制完成，经海上实测各项性能完全符合设计要求，[①]最终获得成功，使我国深潜艇的研制跨入世界先进行列。1989 年，该成果获国家科技进步一等奖。

“7103 深海救生艇”研制项目的样机

“船舶取消首支架纵向下水新工艺”是造船工艺教研组教师朱崇贤主持的一个研究项目。他在深入船厂期间，听到老工人反映，船体下水时的工艺费钱、费力，最好能够加以改进。当时，世界各船厂的船体纵向下水均采用巨大的首支架，以保证下水安全。当船体纵向下水时，在其尾浮阶段，船首可受到整船下水重量 20%—30%的压力。为此，原有工艺即在船台上以大量木料、钢板、钢梁、钢索和拖斗等材料搭成巨大的支架固定船首部分；待下水完成后，又要花费大量的人工予以拆除。这样一次船体下水就要造成人工、材料、费用的

---

① 苏丹：《中国深海权威：我的事业在中国》。《科学中国人》2008 年第 10 期，第 85—86 页。

巨大浪费。朱崇贤和他的课题组经过大量的实地考察和理论测算后,提出了取消首支架的新工艺,将原来由船首支架承受的巨大尾浮压力转变成在一定范围内弹性支座上的均布荷重,大大降低了各下水楞木及船体各部分的受力,可以大量节约人工和材料,也省却了拆卸支架这道工序。他在沪东造船厂进行反复试验,新工艺运用在2.5万吨的"德州"号、3千吨的"繁新"和"荣新"号上都取得成功;随后他又应中华船厂、求新船厂、马尾船厂、广州船厂等邀请前往指导这一新工艺的推广和应用。广州船厂万吨轮"淮阳"号下水前,他进行周密的实地调查,根据当地特殊的潮位变化等情况制定相应的下水方案,针对恶劣的环境条件,解决了各种难题,保证船体顺利下水。据1978年12月底的统计,该新工艺应用于全国2.5万吨以下的30多条船体下水,均获成功,降低了成本,经济效益巨大,在理论研究和生产实践上都取得了重大突破。[①] 该项目于1985年获国家科技进步一等奖。

"船舶取消首支架纵向下水新工艺"获得成功

船舶动力装置教研组承接了"大功率、高转速液力耦合器"的研制项目。他们与有关单位合作,埋头苦干近十年,历经数十次失败的考验,终于获得成功。液力耦合器是借助于液体来传递轴功率的机械部件,它具有隔振、消音、防冲击、无级调速以及保护原动机等诸多优点,因此在国防、造船、发电、炼钢、采矿、化工等许多领域得到广泛应用。他们在研究过程中,为确保强度安全,采用了超高强度钢材,但在加工上又出现困难。在使用电解加工工艺时,由于工作轮流道形状复杂,加工深度达136 mm,经过一次又一次的修改流程才得以解决。当耦合器转动时,粘贴在工作轮上的应变片由于承受着很大的离心力和油滴的冲击,极易脱落。在研制时,要把转动着的应变片上的电讯号引导到静止的仪器上进行测量,难度相当大。为此,研制小组又自行设计制造了一种可以满足高转速静应变测量的"水银引电

① 《船舶取消首支架纵向下水新工艺》。上交档:科技-1075。

器”,成为一种新的测量手段。他们所研制的液力耦合器技术指标先进,已达世界先进水平。[①] 1978 年 3 月,该项目获全国科学大会奖。

从事金属材料专业的教师也取得了多项研究成果。1972 年,我国援建坦赞铁路所用“东方红”内燃机车的预燃室喷油嘴不过关,交大接受了研制“内燃机车预燃室喷嘴合金”的项目。原喷嘴所用合金的寿命时间仅为 300—400 小时,因此在列车行驶中经常发生喷嘴脱落造成气缸损坏事故,被工人们称作发了“心脏病”,使国家声誉受到影响。课题组中既有材料方面的教师,又有校办工厂技术人员和工人,组成熔炼、精铸小组,一起研制新型合金。以新型合金生产的喷嘴质量很好,在坦赞铁路上使用寿命可达3 000—6 000 小时,有的可达 1 万小时,超过原产品 10 倍以上。1973 年,课题组又联合上海材料研究所、上海内燃机研究所联合研制“低镍奥氏体铸造耐热钢”,经多年试验后取得成功。该产品是为柴油机增压器整铸涡轮或铸造叶片所使用的材料,其特点为含镍低、不含钴,以一般铁合金为原料,不需真空熔炼,不经高温热处理,因此工艺简单、成本低、机械性能好。该合金的研制成功,填补了国内在 650—700℃温度范围使用合金的空白,可以取代一部分高含镍的高温合金。该合金当时在多种型号的径流式增压器中应用,4ZJ、11GJ 两种增压器正式投产,使用情况全部良好。[②] 这项研究成果先后在上海市、全国科学大会上获得奖励。

焊接教研组于 1975 年承担了“大型球罐的气电垂直自动焊接新工艺”研究项目。当时,上海石化总厂拟建造两座容积为 1 000 立方米的球罐,球罐直径 12.3 米,将储存工作压力为 5.7 kg/mm^2 的 CS 可燃性压缩气体。每座球罐由 60 张低碳钢板拼焊而成,焊缝总长度约 366 米。当时,国内外的大型气罐建造仍以手工焊接为主,而研究小组提出使用气电垂直自动焊、半自动气保护焊两项新工艺,其中气电垂直自动焊方法是国内第一次用于气罐建造。该工艺设计提出后,又与协作单位上海造船公司联合试制成功气电垂直自动焊机,顺利完成了两座球罐的建造施工。经检验,使用该工艺技术的单机平均生产率比手工焊接提高 4—5 倍,焊接质量也全面超过手工焊接,并能根本改善工人的劳动条件。球罐建成后经7.6 kg/mm^2耐压试验合格,并经石化总厂使用运行良好。该项新工艺填补了国内球罐自动焊接技术的空白,达到或接近了国外球罐焊接的先进水平。[③] 该项目成果获上海市、全国科学大会奖励。

电机系教师于 1969 年创办“五七电工厂”,生产 JO2 型 3 千瓦交流异步电动机和可控硅整流器。1970 年以后,该系教师参加和完成了多项科研任务。来自上级部门下达的任务有:

---

① 《科研成果登记表》(1977 年 9 月 20 日)。上交档:长- 2058。

② 《科研成果登记表》(1977 年 9 月 20 日)。上交档:长- 2058。

③ 《科研成果登记表》(1977 年 9 月 20 日)。上交档:长- 2058。

1970年六机部下达船用微电机,后又扩大为试制14种1 580台各型号专用微电机;同年上海市下达50个200安/400伏可控硅生产任务;1973年承担上海市会战项目,电气体发电和快中子治癌机的研制;1974年后,六机部等下达某艇消磁装置的改进、数控铣床、电火花加工技术、调频对讲机、电力系统潮流计算、500千伏高压输电线模拟和力矩电机等项目。该系在协作单位中开展的研究项目有可控硅起货机、308中频电源、718特种电源、步进电机、鱼雷电机、舰船消磁方法改进、60万千瓦发电机主绝缘老化和游离放电量的检测、750千伏变压器绝缘结构的计算等。该系还利用校办工厂设计生产了高频快速可控硅、LB2步进电机及180型驱动电源、对讲机等,生产了大量的工厂、实验室设备。① 为了解决配电网变压器遭受雷击问题,高电压专业成立了配变防雷研究小组,从1974年起就对配变雷害事故进行研究,通过大量模拟试验,初步掌握了雷害事故的原因。小组提出 Y/Z_0 接线的配变具有良好防雷性能,并通过试验进行了验证,获得成功。上海变压器厂根据这一成果生产的变压器,效果良好并得以推广。②

1970年起,基础部的激光研究室,先后研制成功水下激光电视观察系统、掺钕钇铝石榴石连续红外和倍频激光器、掺钕钇铝石榴石激光治疗仪,拉制了优质的掺钕钇铝石榴石晶体,这些在国内均属首次。在此基础上,该研究室还进行了激光高分辨率图像记录仪、激光多普勒测速仪、激光船模轨迹仪等仪器装置的研制。该室研制的水下激光电视是一种采用连续激光扫描非成像接收的摄像系统,由激光扫描发射部分、光学系统和光电倍增管构成的接收部分、控制部分和显示部分组成。该设备可用于水下打捞、水下施工、水底测绘、水下救生等多种用途,在当时属于我国先进水平。1976年,该设备先后用于河北沩水河铁路大桥、南京长江大桥桥墩的水下部分质量检验,打捞沉于东海海域的日舰"阿波罗"号,昆明抚仙湖的打捞试验等,均取得成功;掺钕钇铝石榴石激光治疗仪用于人体血管瘤的治疗效果极好。③

动力机械系教师任世瑶针对当时的国内空白,研制了三种规格冷却塔风机的样机,经试验证明完全符合设计指标。1973年,任世瑶回浙江上虞老家养病,与当地农民提出研制、生产风机一事。双方一拍即合,在村边的一座破庙里办起了风机厂。此后,交大的专业教师前来担任设计、技术和检验指导,熟练的老工人负责生产,当年就生产出合格的冷却塔风机并供应市场。任世瑶继续提供新产品的设计项目,他看到一个展览会上展出的潜艇螺旋桨照片,根据噪声机理分析螺旋桨叶片形状和流型特点,着手研究低噪声轴流风机叶型设计方法,并设计出两款新型风机叶片,经试验其噪声大大降低。这些成功带动了上虞风机产业的发展,

① 《上海交通大学电气工程系志(1908—2008)》,第69—70页。
② 《上海交通大学电气工程系志(1908—2008)》,第74页。
③ 《上海交大百年物理》,第45页。

使这个7人小厂不久发展成为相互配套的上虞风机厂和上虞联丰玻璃钢厂，专门从事低噪声风机、低噪声冷却塔的生产，产品畅销海内外，以此为契机，促成上虞地区风机产业的全面发展。[①] 20世纪80年代以后，该项目一直作为全国“产学研联合”的一个典范，所研究课题多次获得国家专利奖、国家发明奖等。

交大的科技人员在“文革”中仍能注重科技情报资料的搜集与交流。自1973年起，内部刊物《上海交大科技》编辑出版，不定期发行，平均每年出版两期，主要刊载交大教师和科技人员开展科研工作中的研究总结、先进技术、典型经验、学术探讨、科技动态等内容，也选编部分先进的、具有一定参考价值的国内外科技译文和文摘等。《上海交大科技》发行出版后，深受校内外科技人员的欢迎，发行至全国29个省、市、自治区的2 000多个单位，印数逐期递增，最多达3 000余份，对教学、科研和生产起到很大的促进作用。[②]

三、科研成果与奖励

学校在“文革”中开展了500多个科研项目，取得了300多个重大成果，其中绝大部分成果或为国防科委直接下达任务，或间接地为国防工业生产中应用，都在我国国防工业现代化建设和国民经济建设中发挥了作用。“文革”结束后，这些研究成果先后获得了国家和各级政府部门的表彰。

1978年2月4日，上海市科学大会召开。上海交大受到表彰的先进科技工作者13人，先进科技单位(集体)6个；另外，有一批科研项目获重大科学技术成果奖。其中，交大主持完成的有船体数学线型设计方法及其计算程序，浮式双体石油钻井船，舰船及海洋工程结构有限单元法解析研究，玻璃钢扫雷艇船体强度、振动和抗爆强度研究，JD简易导管螺旋桨系列试验研究，我国沿海小型渔船适航性系列，肥大船船首形状对阻力的影响，“09”船舶设备隔音、减震和防冲击研究，柴油机偏振研究，多台柴油机并车装置的并入和负荷分配，D39柴油机的减震方案研究，大功率高转速液力耦合器的设计和试验研究，半导体制冷空调，数字式专用计算机，内燃机车预燃室喷嘴合金，钴铬齿科合金，焊接白点的试验研究，K237(国标)低镍奥氏体铸造高温合金的研究，冷挤压工艺理论研究，西汉“透光”古铜镜研究，大型球罐的气电垂直自动焊接新工艺，摄影棚照明自动化“单灯单杆自动化照明灯具灯架”，陀螺漂移角速度的数字模型，水下激光电视(I型)，三自由度带槽气体润滑动压球轴承转子陀螺仪稳定性分析，断裂力学研究等26项；交大与其他单位合作完成的有CK150数控车床，404水

---

① 刘家禄：《持续创新，追求卓越》，上海交大党史校史研究室资料。

② 校革会：《关于申请继续出版〈上海交大科技〉内部刊物的请示报告》(1976年9月17日)。上交档：短-461。

1977 年 12 月，朱麟五获上海市的表彰

翼侦察机，数控绘图机的研制，超低频交流耐压试验装置的研制，HQ－61 引导站天线座液压稳定平台，彩色电视中心控制柜，谐波励磁，20 液压振动台等 8 项。[①] 会上，交大党委以《抓纲治校，把大学办成既是教育中心又是科研中心》为题发言，介绍经验。

1978 年 3 月 18 日—31 日，中共中央在北京召开全国科学大会，中共中央副主席邓小平在开幕式上讲话。上海交大的代表周志宏、朱物华、阮雪榆、盛振邦、陈一诚参加会议。会上，周志宏、朱物华、阮雪榆被评为先进个人，船舶流体力学研究室被评为先进集体。学校有 33 项科技成果荣获全国科技大会科技成果奖，其中交大主持完成的有断裂力学基本理论研究(力学教研组)，潜艇结构设计规范(潜艇制造、船舶结构力学教研组)，三自由度带槽气体润滑动压球轴承转子陀螺仪稳定性分析(流体力学教研组)，“09 工程”一回路设备隔音、减振和防冲研究(船舶动力装置教研组)，关于数台柴油机并车装置的并入和负荷分配问题的分析(船舶动力装置教研组)，大功率、高转速液力耦合器的试验研究(船舶动力装置教研组)，V 型柴油机偏振研究(船舶内燃机教研组)，冷挤压技术研究(锻压工艺及设备教研组)，“051”焊缝白点试验研究(金属材料教研组)，西汉“透光”古铜镜研究(铸造工艺及设备教研组)，内燃机车预燃室喷嘴合金(金属材料教研组、校办工厂熔炼组、精铸组)，齿科合金(金属材料教研组)，CDY 系列电液伺服阀(起重输送机械教研组)，水下激光电视(激光教研组)，“09 工程”数字式鱼雷射击指挥仪(计算机教研组、校办工厂仪器车间)等 15 项；交大参加合作完成的有玻璃钢扫雷艇艇体(船舶结构力学教研组)，浮式双体石油钻井船(船舶流体力学教研组)，75/160 型低速船用柴油机(船舶内燃机教研组)，4 500 马力可调桨(船舶动力装置教研组)，MC5－1 型脉冲消磁电源设备(船舶消磁教研组)，定向凝固

① 国防工业检查团院校分团交大科研检查小组:《对上海交大科研工作的综合调查报告》(附件二)(1978 年 4 月)，上海交大党史校史研究室资料。

“MC－77 低噪声螺旋桨实航实艇测试”研究项目

高温合金工艺(金属材料教研组)，冷热模通用模具钢(金属材料教研组)，《机械设计手册》编写与修订(船舶工程、材料科学及工程、机械工程系的有关教研组)，12.5 万千瓦汽轮发电机的研制(锻压工艺及设备教研组)，固体电工绝缘材料通用电性能的试验方法(国标)(电气绝缘和电缆技术教研组)，“长空一号”卫星计算机(计算机教研组)，超低频交流耐压试验设备(高电压技术及设备教研组)，表面形状和位置公差(工程画教研组)，高层建筑用“ZT120 吨/米”自升式塔式起重机(起重输送机械教研组)，DZY－10 医用电子加速器(金属工艺学教研组)，光电控制气电垂直自动焊(焊接工艺及设备教研组)，营八二穿甲弹破甲机理研究(金属材料教研组)，HQ－61 舰空导弹引导站雷达稳定平台(液压传动教研组)等 18 项。①

1978 年 4 月，国防科委派出国防工业检查团院校分团赴学校调研学校科研情况。调查组在《对上海交大科研工作的综合调查报告》中对学校的科学研究工作做了全面总结，归纳出“坚持开展科研工作，抵制‘四人帮’对科研工作的干扰和破坏”，“对新技术学科抓得紧，上的快”，“科技情报工作主动积极”，“仪器设备的维护使用有明确的岗位责任制”，“作风过硬，事业心强”等七个特点。《报告》指出，“交大积极开展科研工作，为了给国家多做贡献，不论是上级下达的任务，还是兄弟单位要求的任务；不论是重大的、尖端的攻关任务，还是一般的小项目；不论是军工任务，还是民用课题，他们认为只要是对国家需要、对生产有利、校内条件许可，都乐于承担，积极承担”。②

上海交大之所以能够在艰难条件下完成来自各方面的科研任务，在逆境中涌现出众多科技成果，与学校所具备的较强的科学研究能力分不开，也与广大教师和科技人员数十年来所形成的严谨学风和求实精神分不开。

---

① 《上海交通大学纪事(1896—2005)》(上卷)，第 689 页。

② 国防工业检查团院校分团交大科研检查小组：《对上海交大科研工作的综合调查报告》(附件二)(1978 年 4 月)，上海交大党史校史研究室资料。

当时,学校拥有一支学科覆盖面广、学术理论精湛、梯队合理的科技队伍,能够胜任各类专业研究任务;具有多种专业性很强的仪器设备和实验手段,全校已有或新建了船舶流体力学、船舶结构力学、船舶消磁、激光技术、金属材料、声全息、计算机软设备等研究室和40多个实验室;拥有万元以上试验设备134台、资产达500万余元等,这些都是开展科研工作的重要保证。[①] 即使在"文革"中经历动乱、遭受迫害,但广大教师和科技人员仍然维护并保养设备,精打细算使用国防科技经费,持续建设和蓄积科技实力,使得交大的科研力量得到保护并发挥作用。

同时必须提及的是,学校校办工厂也为科研工作提供了重要的技术支撑。学校所设附属工厂、一些系的实验工厂,都是科学研究和产品研制的重要力量。当时,校办工厂有机械厂、电工厂、电子仪器厂等,设置了柴油机、机械加工、铸造、锻造、热处理、电机制造、电器制造、电气设备、精密机械制造、电子仪器、电子元件等车间,[②]职工600余人,其中有相当数量的一线熟练技术工人,他们在生产科研设备和研制、加工科研产品等方面发挥了重要作用。

"文革"中参加科研工作的人们,十分难忘当年那些艰苦奋斗的岁月。他们对"文革"期间的科研工作总结到:第一,坚持科研工作为国防工业和国家经济建设服务,取得了大量国防现代化建设和工农业生产领域的科技成果。第二,注重把握理论研究和应用研究的关系,在以应用研究为主的同时,开展一定数量的理论研究项目。据不完全统计,1974年理论研究项目占总项目的12.5%,1977年占7%。在1978年全国科学大会获奖成果中就有断裂力学、柴油机偏振、破甲机理等多项理论研究成果,占获奖总数的12%。第三,注重发扬大协作精神,许多项目都是经过校内外的大联合、大协作才得以完成,校内充分发挥各系和校办工厂互助合作的优势。第四,瞄准世界科技前沿,紧跟科技发展步伐,关注和把握各专业领域科技发展的动态信息,为国防工业和经济建设做好科技储备。这些,都是交大科技人员在"文革"中开展科技工作的宝贵经验。

四、艰难建设专业实验室

"文革"期间,虽然有的实验室遭受了严重的破坏,但广大专业教师和科技工作者在极其困难情况下努力工作,还是建造了以空泡水筒实验室为代表的一批专业实验室,为日后学校的发展打下了很好的基础。

---

① 国防工业检查团院校分团交大科研检查小组:《对上海交大科研工作的综合调查报告》(附件二)(1978年4月),上海交大党史校史研究室资料。

② 工军革:《关于上报校办工厂计划》(1970年11月21日)。上交档:长-1790。

1958 年，造船专业的船模试验池建成后，学校又决定建设船舶流体力学的试验研究基地——空泡水筒试验室。空泡水筒实验装置类似空气动力学中的“风洞”，是在水流条件下进行舰船螺旋桨空泡水动力特性试验和水翼及轴对称体的空泡试验的基本设备，当时国内很少这类设备，影响了我国造船工业设计水平和质量的提高。1961 年，学校启动空泡水筒实验室的筹建，但刚刚完成设计，即将进入施工，却遇“文革”开始而被一再拖延。筹建人员发扬了坚韧的拼搏精神，克服困难，逆流而上，终于于 1976 年基本完成试验室各项设备的施工、安装，成为一座国内少有的、可与国际先进水平相媲美的试验设施。

试验室的筹建工作开始于 1961 年，当时以船舶原理教研组为主，成立了由教师、实验人员、技术工人组成的筹建组。专家们对试验室的建设提出了明确的技术要求：①与船模试验池配套，螺旋桨模型的最大直径 300 mm，为中型空泡水筒；②除试验研究螺旋桨的空泡性能外，还应顾及高速回转体（如鱼雷）、水翼等空泡性能的试验研究；③空泡水筒的性能及相关的测试仪器设备要先进，水筒的最低空泡数应小于 0.2。筹建组查阅了国外相关实验室的规格、性能等资料，提出了设计要求。国防科委也对于该设施的建设提出了原则意见，要“立足国内，自行设计制造”。

1976 年建成的“空泡水筒实验室”

试验设备的总体设计工作由王本立、顾其昌负责，分组实施，主要有筒体设计，轴系设计，直流测功电机和螺旋桨动力仪，轴流循环水泵系统，水筒中的调压抽真空系统、工作段处水流速度及压力测量系统、观察螺旋桨空泡现象的闪视系统等。由于当时政治活动较多，设计工作受到一定影响，所以到 1965 年底才完成“上海交通大学空泡水筒的设计计算书和整套施工图纸”。经有关部门同意后，设备分批委托有关工厂加工制造：空泡水筒的筒体部分由江南造船厂、循环水泵系统及轴系由求新造船厂、测功电机及螺旋桨动力仪由上海天平仪器厂等分别制造，试验室用房则由华东建筑设计院设计、上海城建局施工建造。

项目即将开启之际,“文化大革命”爆发,一切陷于无政府状态,空泡水筒试验室的建设被迫停顿。此刻,顾其昌等筹建人员仍心系实验室的建设,大家以中央提出“抓革命,促生产”的口号为依据,于1970年向六机部报告,要求继续建造空泡水筒试验室,并申请相关设备与建设经费。1971年4月,六机部批复同意该实验室的建造,“尚需水筒筒体、螺旋桨轴子、测试控制设备等项可继续完成”。① 教师们不厌其烦地前往有关工厂、车间,与工人协商加工生产进度。在艰苦的努力下,各生产厂家终于在1975年底完成了该试验室所需全部设备部件的生产。不久,总面积800平方米的试验用房也落成。在专业教师和试验人员的共同努力下,1976年底试验设施终于安装完毕,整整花了15年时间。

空泡水筒试验室总装完成后,进行了逐项调试和测定。校验测试结果表明,实验室的总体性能达到了设计要求的技术指标。随后进行的国际标准螺旋桨模型试验又证明,数据分析结果与国际上有关空泡水筒发表数据的符合程度很高。

与此同时,船模实验室也在“文革”中继续发挥作用,承担了大量试验和研制任务。实验室技术人员坚持实验室建设,定期维护保养设备,继续研制开发了一批试验设备,如摇摆试验台、螺旋桨导管测力仪、自航船模操纵试验设备、机械式三自由度运动测量仪、垂直面和水平面运动机构、测量船模尾部伴流场仪器等,不断提高研究能力,扩大研究领域。② 由于这个实验室在国内首屈一指,大批新开发的军用、民用舰船的研制单位纷纷前来提交试验任务。实验室人员接受项目后,废寝忘食、夜以继日地忘我工作,设计方案、研制船模、上机测试

船模实验室在“文革”中承担的“导风气垫艇”试验项目

经航模实验室测试的某型号导弹护卫舰长期在海军服役

① 六机部:《同意建设空泡试验水筒的批复》(1971年4月3日)。上交档:长-1970。

② 《从船舶到海洋工程》,第65页。

等，试验结果都很精准，为新型舰船的设计与研制提供了重要依据。期间，船模实验室承担测试的军用舰船主要有水下潜艇、远洋救助船、破冰船、导弹护卫舰等，承担的民用船只主要有万吨级货轮、2.4万吨油轮、2.5万吨散货轮、申汉线大班轮、工程测量船、石油钻井船等。[①] 在为大连红旗造船厂2.4万吨油轮改型试验中，实验室人员提出了改进线型设计的建议，在主机功率不变的情况下可以增加容量6 000吨，为厂方所采纳。“文革”后，该实验室参加的JD槽型减摇水仓系列、JD简易导管桨系列、可调螺距螺旋桨系列、肥大船型及船首研究等成果都在实际生产中应用，并获得各项国家奖励，为我国造船事业的发展作出了贡献。

“文革”结束后，教育部部长蒋南翔到上海交大调研。在船模试验池考察时，陪同人员告诉他，这是1958年建成、整套仪器设备都是从德国引进的试验室，而且在“文革”中没有受到破坏，还自行研制了一批仪器设备。蒋南翔十分感慨地说：“上海交大船舶流体力学研究室真是了不起，船模试验室不仅保养完好，做了许多科研工作，还新建了一个现代化的空泡水筒试验室，实在是太了不起了。这种自力更生、坚忍不拔、在逆境中努力拼搏的精神应该大力发扬！”[②]

还有一些实验室也是在“文革”中经过艰苦创业才得以建成的，如激光研究室的筹建曾历尽坎坷。1970年底，根据国防建设需要，六机部批准同意交大开展激光技术研究。基础部的物理教研组联合有关专业教师，白手起家，从研制专用设备、仪器开始，确定了激光器件、水下激光应用、光—电晶体、光学设计与加工检测4个研究方向，开展了大量研制工作。参加项目的教师边学边干，逐渐锻炼成为一支成熟的专业队伍。要搞激光，首先要有激光晶体；要提炼激光晶体，又要有专用的激光晶体炉。这些设备当时国内还无法生产，从国外进口又很困难。他们自力更生，从研究资料文献入手，自己着手研制激光晶体炉，自己提炼激光晶体。试制8个月，在经历了多次失败之后，第一批激光晶体连续棒终于提纯出来，取得了第一步研制的胜利。接下来，研制人员土法上马，修旧利废，利用一批报废设备，自己动手设计、改制加工激光原件所需的光学设备：晶体抛光机、粗磨机、切割机等，节省了十余万元的设备经费和加工经费。晶体加工是一项非常严格、精度很高的专业工作。倍频晶体加工精度高、难度大，要求很高的光洁度，两个断面的平行度要求更高，而且对加工环境的要求也很严格。当时一无专用设备，二无恒温室，三无专家指导，只能靠自力更生。为了降低室内

---

① 《陈良权访谈》(2011年4月25日)，上海交大党史校史研究室资料。

② 《从船舶到海洋工程》，第117页。

空气中的湿度以保证抛光盘硬度适当,保持标准室温,在冬天,他们利用一间只有 6 平方米的小房间,上面用红外灯光照射,下面用电炉烤,以使室温达到摄氏 40 度,每次加工一干就连续十多个小时。在对倍频晶体进行匹配角测量时,为了保证倍频晶体有关性能的准确性,必须用脉冲激光逐点逐点进行测量。夏天,研制人员在密不透风的暗室里,靠眼睛在屏幕上捕捉着一次闪现仅为千分之一秒的绿豆大小的光斑,经过上千次的测量,才能取得准确的数据。[①] 正是凭着这种兢兢业业的艰苦创业精神,交大的激光研究室一步步发展起来,取得了许多重大成果,在当时国内激光研究领域处于领先地位。

固体力学实验室从 20 世纪 60 年代初开始建设,经历了从无到有、发展壮大的历程。其中断裂力学实验设备就是在 70 年代开始发展,一些教师到有关厂家联系调拨或购置,引进了"红山 10t"、瑞士"AMSLER20t"两台高频疲劳试验机,之后又增添了 MTS 材料试验系统,以便运用断裂疲劳理论开展有关高压气瓶强度试验的研究、长钢轨疲劳寿命试验研究等项目,[②]使交大的断裂力学理论研究在全国处于领先地位。

交大在"文革"中开展科研活动的事例很多,仅举数例,足以看到广大教职工在逆境中为祖国的国防工业和科技现代化事业殚精竭虑、矢志不移的宝贵精神。

第三节 校园状况与部分系的调整

一、校园和财务状况

"文化大革命"期间,上海交大的校园面积基本未有大的调整,基建投资锐减,除对于已有建筑进行必要的维修外,未兴建大的建设项目。据 1975 年 7 月的统计,全校共有土地面积 633.1 亩(422 068.7 平方米),共有建筑面积 238 576 平方米;其中校本部 396.93 亩(264 621.3 平方米)、建筑面积 150 338 平方米;新华路分部(即法华镇路校区)50.19 亩(33 460.2平方米)、建筑面积 15 548 平方米;徐虹北路附属工厂 40.35 亩(26 900.1 平方米)、建筑面积 10 504 平方米;虹桥路附属工厂 54.55 亩(36 366.8 平方米)、建筑面积 6 771 平方米;市内其他各处住宅用地共 91.08 亩(60 720.3 平方米)、建筑面积55 415平方米。[③]

---

① 基础部激光研究室:《鼓足干劲,搞好科研》。上交档:长-1833。

② 夏有为:《求实,进取——回忆固体力学实验室的一些往事》(2008 年 11 月 8 日)。《上海交通大学工程力学系建系五十周年纪念册》,第 18—20 页。

③ 学校:《年度统计报表》(1975 年 10 月 15 日)。上交档:永-553。

经比较，交大自1949年至1966年的17年间，国家投资的基建总经费为2 401.45万元，年均141.26万元。到了1967年至1976年的10年间，国家投资的基建总经费为461.9万元，年均仅46.19万元；[①]其间，交大的新建建筑物共12 000多平方米，大多以生活设施建设为主，教工宿舍占87.5%，食堂占5.7%；教学设施仅占6.8%。[②]

由于基建投资的严重缩减，学校的基础设施条件很差。1976年市教育局要求交大设法挖掘潜力，扩大招生计划，将招生名额从1 000余人扩至1 400人。但学校研究后提交报告，说明面临的主要困难，“学员宿舍床位已住满，生活设施均需大修；现有教室142间，全部排足用完”；目前尚缺“双人床板400块，宿舍自修桌200只，书柜100只”，这些都急待解决，并且请求解决第十宿舍及分部大修施工队伍及材料；解决家具用角钢2—3吨，木材80立方米。如能解决这些困难，1976年招生也只能由原定的1 020人增加到1 170人。[③]

1970年5月，交大校内的“人民防空工事”开始施工

1969年初至1970年初，出现了新中国成立以来最大的一次全国性战备高潮。1969年8月起，全国各地大规模修建防空工程。根据上海市的统一部署，10月18日，校“工军革”决定成立上海交通大学人民防空领导小组，办事机构设在人民武装部。防空工事于1970年5月18日正式开工，总长度5 500米，其中徐汇区“人防工程”干线通过学校部分3 000米，学校自行规划的干线和支线为2 500米。[④]

---

① 《上海交通大学志》，第559—560页。

② 《上海交通大学志》，第561页。

③ 《校革会致函上海市教育局》(1976年2月7日)。上交档：长-2041。

④ 工军革：《关于建造人民防空工事情况的汇报》(1970年9月10日)。上交档：短-171。

广大师生分批参加修建校内“人民防空工事”的劳动。这些防空工程,在没有全面规划和周密设计的情况下,仓促上马,利用砖、煤渣砌块、土水泥等一切可以争取到的材料修筑简易工事,大多都够不上要求等级,陆续报废。[①] 交大这座突击修建的“人防工事”,自建成后也一直未曾使用,废置至今。

上海交大1966—1976年的财务状况与20世纪60年代前期相比,有较大幅度的下降。在这十年动乱中,办公费、交通费项目的开支大幅增加,而教学业务费用则支出甚少,除科学研究项目另有专项经费外,教学工作主要围绕培训班、函授教育等项目有些支出。1973年后,用于工农兵学员的教学经费有所增加。1966—1976年教育事业费共计收入4 974.6万元,年均收入452.2万元。在固定资产方面,十年中在5 000—6 000万元之间徘徊,逐年仅有小幅增长。

表5-3 1966—1976年全校财务收支和固定资产情况表(元)[②]

年份	国家下拨事业费	教育事业费支出	固定资产总额	年份	国家下拨事业费	教育事业费支出	固定资产总额
1966年	4 741 000.00	4 534 282.56	50 286 424.56	1972年	4 300 000.00	3 901 355.35	52 013 588.00
1967年	4 740 000.00	4 706 617.76	51 052 054.11	1973年	4 800 000.00	5 157 564.26	54 753 256.26
1968年	3 865 000.00	4 190 414.99	52 216 815.13	1974年	4 900 000.00	5 225 322.90	61 101 277.74
1969年	3 600 000.00	3 680 766.45	52 216 815.13	1975年	5 600 000.00	5 689 188.86	54 507 303.99
1970年	3 600 000.00	3 636 018.14	52 216 815.13	1976年	5 800 000.00	5 935 454.75	58 015 236.78
1971年	3 800 000.00	3 744 605.73	52 729 683.98				

二、机车系调往上海铁道学院及其他

1971年4月至7月,在全国教育工作会议期间,研究决定了部分高等院校的调整和管理体制问题,其中涉及上海交大的主要有机车类和电机类专业的调整。1971年12月29日,六机部下发《关于上海交大、西电(西北电讯工程学院)、船工(武汉船舶工程学院)规模、专业设置等的通知》,指出“根据造船工业发展需要和院校原有专业基础,在全国教育工作会议开会期间,部对上海交大等三所院校的规模、专业设置等进行了进一步研究”。其中有关上海交大的内容是,在专业重点和规模方面,“上海交通大学重点培养船、机、电,兼顾培养机加工、热加工和舰船电子方面又红又专的工人阶级技术人员。在校学员规模为四千人至四千五百

① 《中共上海市高等教育系统党史大事记(1949年5月—1989年12月)》(1994年10月),第154页。

② 各年度财务报表见上交档有关各卷。

人”;在专业设置方面,“上海交通大学确定设置 26 个专业和 4 个研究室。原有机车系的 3 个专业和高压电方面的 3 个专业,调整给部外有关院校”。[①] 会议决定,上海交大的机车系、同济大学的铁道工程专业并入上海铁道学院。

交大的机车系始于 1907 年创建的铁道科,是交大一个享有盛名、历史悠久的系,为国家的铁路建设与管理培养了大量工程技术人才。1961 年划归国防科委后,交大办学的专业重点转为船舶的设计与制造,铁道专业一直处于待调整状态。当时,国防科委曾与教育部、上海市协调过机车系由交大调至上海铁道学院的问题;国防科委来上海交大调研时,也多次与学校商议机车系的划转。学校从大局出发,曾表示同意机车系的划转。

1962 年 2 月,学校致函国防科委,并抄报教育部、上海市高教局,建议仍保留机车系。报告称:“考虑到机车系是上海交大历史较久的一个系,存在着较深的历史关系。因此,我们对机车系的去留问题重新作了研究,认为该系仍可保留在上海交大。……机车系今后以提高为主,少招本科生,逐步多招研究生。”[②]不久,国防科委批复:“经与教育部研究,同意将机车系仍保留在上海交大。该系招生任务应列入学校计划;所需教育经费仍统一由国防科委拨给。机车系各专业为你校历史较久的老专业之一,学校应继续加强对该系的领导,不断提高教学质量和学术水平。”[③]就这样,机车系保留下来。

“文革”中,上海交大机车系的划转又一次被提了出来。全国教育工作会议后,1971 年 9 月 22 日,国务院、中央军委《关于六所高等学校的体制调整和领导关系问题的通知》中决定,上海交大的机车系并入上海铁道学院。[④] 此时交大的机车系代码为九系,共设置三个专业,即内燃机车制造专业(910)、电力机车制造专业(920)、铁道车辆制造专业(930);全系有教职工 63 人,其中教师 43 人,实验室技工、实验员 11 人,干部职员 9 人。1973 年 5 月,上海市委正式通知上海交大,机车系并入上海铁道学院。6 月 14 日,两校办理了交接手续。双方议定的交接原则是,当时在编教职工全部合并到上海铁道学院;凡机车系所用教学设备、实验室仪器、办公桌椅、家具等,一律随人员迁入上海铁道学院;凡机车类各专业所用书籍全部带去,通用专业书籍,以一定比例划给;教职工的工资,1973 年 6 月底之前由交大支付,7 月 1 日开始由上海铁道学院支付。后来,上海铁道学院并未按原计划迁往江西,仍留上海办学。

---

① 六机部:《关于上海交大、西电、船工规模、专业设置等的通知》(1971 年 12 月 29 日)。上交档:长-1526。

②《关于机车系调整问题的请示报告》(1962 年 2 月 27 日)。上交档:永-382。

③ 国防科委:《同意将机车系保留在上海交大》(1962 年 3 月 30 日)。上交档:永-382。

④《国务院、中央军委关于六所高等院校的体制调整和领导关系问题的通知》(1971 年 9 月 22 日)。上交档:长-1526。

上海交大电机系的部分专业在“文革”中经历了划出与调回的反复。经上海市决定,1972年6月,上海交大电机系的电力系统及自动化专业、电气绝缘与电缆技术专业、高电压技术及设备专业并入上海机械学院。6月3日,学校致函上海机械学院,将上述3个专业的教职工61人介绍至该院工作。[①] 后经国务院科教组会同中央有关部门、上海市协商决定,该3个专业仍迁回交大,[②]上述人员于1972年10月25日全部迁回。

上海交大的冶金系在“文革”中曾筹备重建,后又决定停建。1958年的“大跃进”时期,根据市委指示,交通大学上海部分建立冶金系。自1963年起,原冶金系部分专业先后下马,不久,又将原机械系的锻压、铸造、焊接三个热加工专业并入冶金系,1964年该系又增设了“氧气炼钢研究室”。1970年,交大划归六机部领导时,该系有金属材料及热处理、锻压、铸造、焊接4个专业和金属材料研究室。后来,该系的名称改为热加工系。1975年5月,根据中央提出“大办钢铁”的决策,上海市委提出“上海高等学校数量较多,最近几年不另建冶金学院,可同意加强上海机械学院和复旦、交大的冶金系”的意见。7月23日,交大校革委会《关于重建冶金系》的文件送上海市教育局。[③] 1976年5月28日,校委革会在致六机部、市革委会文教组文中表示:“根据上海市教育局的意见,在现有热加工系的基础上,于1976年内建立冶金系。”[④]1976年9月15日,六机部就交大该请示复函上海市文教组、教育局:“根据上海市委关于加强三校冶金系的批示精神和上海市教育局的意见,上海交通大学在现有热加工系的基础上建立冶金系。”[⑤]随着“文化大革命”的结束,国家的经济建设规划、布局与对高校的投资等都有所变化。为此,1977年5月9日,校革委会提交《关于不再恢复冶金系的报告》。报告提出具体意见:继续搞好热加工系;炼钢专业今后可根据需要,不定期地招收普通班;认真办好金属材料、热处理工艺及设备专业和金属材料研究室;积极办好锻压工艺及设备专业,不另设轧钢专业。8月12日,上海市教育局向市革委会文教组报告:“经研究,尊重交大不再恢复冶金系的意见。”11月17日,市革委会文教组办事组同意教育局意见,不再恢复冶金系。至此,冶金系恢复重建一事即告终止,收尾工作也陆续完成。“文革”结束后,冶金类相关专业经调整改造,发展成为材料科学与工程系。

---

① 校革会:《信函》(1972年6月3日)。上交档:长-1587。

② 《中共上海交通大学党史大事记》,第153页。

③ 校革会:《关于重建冶金系的请示》(1975年7月23日)。上交档:长-2082。

④ 校革会:《关于重建冶金系的报告》(1976年5月28日)。上交档:长-2082。

⑤ 六机部:《关于上海交通大学重建冶金系问题的复函》(1976年9月15日)。上交档:长-2082。

三、交大附属中学

建国初期，经上海市决定，交通大学曾附设“工农速成中学”。当时，该校从全市主要中学抽调了具有丰富教学经验的各学科教师，主要培养那些在工农业战线上表现优秀的工人、农民，提高他们的文化水平，为他们进入高等学校学习打下文化基础。1958 年，该校改名为“交通大学工农预科”，学制两年；1959 年 7 月，该校改名为“上海交通大学预科”；1963 年 7 月，又改名为“上海市交通中学”。1964 年 4 月，市府作出决定，上海市交通中学自 6 月 15 日起，改名为“上海交通大学附属中学”，行政上由交通大学领导，教学和业务上同时受市教育局领导。

市教育局为此致函交大：

根据 1963 年 7 月 10 日市高教局与我局联合发出的《关于各大学附中领导管理问题的几点通知》，现将交通大学附中的领导管理关系问题函告如后：

① 日常行政工作、思想工作由大学领导。

② 学校规模、招生计划，由市教育局决定，劳动工资计划由市教育局管理，有关人员编制由市教育局核定。

③ 附中正副校长的任免、调动、奖惩等事项，由大学提出意见，并经教育局同意后，报上级审批；教导、总务两处正副主任及教师的任免、调动、奖惩，由大学提出意见，征得教育局同意后办理。

④ 附中年度预算和季度经费计划，由市教育局核定。

⑤ 有关总务行政方面的问题需要请示解决的，应通过大学转报市教育局处理。①

1964 年，上海交通大学附中设在逸仙路殷高路 42 号，是一所三年制高级中学，每级招收初中毕业生 8 个班级，在校共 24 个班级。附中校园面积近百亩，建有两幢教学大楼，一幢实验大楼，图书馆藏书 5 万册，建有条件完善的运动场和健身房，男女学生全部住校。校内还附设车工、钳工、电工等实习工场。

1968 年 10 月 3 日，市革委会下达《关于大学附中划归有关区革委会领导的通知》，指出：“为了加强对各大学附中文化大革命运动的领导，同时使各有关大学革委会集中精力搞好本单位的斗批改，市革命委员会决定：……交大附中划归杨浦区革命委员会领导。”②

---

① 上海市教育局：《关于交通中学改为交通大学附中的函》（1964 年 6 月 6 日）。上交档：永-443。

② 市革会：《关于大学附中划归有关区革委会领导的通知》（1968 年 10 月 3 日）。上交档：长-1587。

1978年3月13日,经上海市革委会文教组同意,原交大附中仍划归上海交大领导。[①] 市教育局发文上海交大称:“交大附中在文化大革命前原系你校附属单位,为了有利于开展教育科学研究,提高教育质量,我们同意你校与杨浦区教育局协商一致的方案,恢复过去的领导关系。……交大附中划归上海交通大学领导,属市和交通大学双重领导的重点学校。”[②]

① 《上海交通大学纪事(1896—2005)》(上卷),第689页。

② 上海市教育局:《关于交通大学附中领导关系的批复》(1978年3月13日)。上交档:长-2179。

第六章
在拨乱反正中迎接改革开放

第一节　学校工作的拨乱反正

一、全校揭批“四人帮”

“文化大革命”的结束，中国由“乱”到“治”，最终走上了改革开放之路。从1976年10月粉碎“四人帮”到1978年底党的十一届三中全会召开，是党和国家扭转“文化大革命”造成的混乱局面、实现历史性转折、开辟社会主义事业发展新时期的重要阶段。“在这两年多时间里，各级党组织按照党中央的部署，积极开展了揭发批判‘四人帮’的斗争，清查他们的帮派体系，对‘文化大革命’造成的混乱进行拨乱反正，推动经济建设和各项建设事业逐步走上正轨，取得很大成绩，为历史转折的实现准备了必要的条件。”[①]

交大广大师生和全国人民一道，愤怒揭发、清算江青反革命集团篡党夺权的罪行，揭露、清除他们在各个领域的流毒与影响。在党委领导下，全校立即行动起来，揭发和声讨“四人帮”破坏教育事业、迫害广大知识分子的罪行。

---

① 《中国共产党历史·第二卷(1949—1978)》，第985页。

1976年10月下旬,交大党委连续8天召开扩大会议,清算“四人帮”及其亲信的反革命罪行。会议集中围绕四个问题进行揭发:“四人帮”在上海的骨干分子阴谋策划反革命武装暴乱;反周总理,分裂党,企图打倒一大批中央和地方党政军负责人;拉山头,搞行帮,自成体系,结党营私;搞宗派主义,搞任人唯亲的组织路线。[①] 与会者争相发言,以个人亲身经历和体会揭发清算“四人帮”及其亲信、帮派骨干分子的罪行。每次会议都开至夜深。广大师生也积极投入揭批“四人帮”的活动,到年底,召开了全校性的声讨会8次,系和教研组揭发会、批判会上百次。经过初步的揭发清算,结合交大的实际,归纳、整理出一批“四人帮”破坏教育事业罪行的事实材料。

交大师生连续召开揭批“四人帮”罪行大会

1977年5月3日下午,学校召开“深揭狠批‘四人帮’及其余党干扰破坏交大的反革命罪行大会”,“四人帮”在上海的亲信徐景贤、王秀珍等到会做出交代。

1978年2月,学校进一步揭批“四人帮”的流毒,“结合学校的实际,把揭批‘四人帮’与清查、复查、落实干部政策结合起来,把批判‘两个估计’与发扬老交大优良传统结合起来,在思想上、理论上清除‘四人帮’的流毒”。[②] 全校教职工围绕以下几个问题展开了分析批判:建国后17年的方向和路线问题;培养目标问题,如何全面地理解和贯彻党的教育方针;在教学中加强基础理论的问题;学习和借鉴外国先进科学技术问题;知识分子在社会主义建设中的作用与知识分子政策问题。

党委成立清查工作办公室,着手清查那些与林彪、江青反革命集团篡党夺权阴谋活动有牵连的人和事。经过近两年的艰苦工作,将交大“文革”

① 《中共上海交通大学党史大事记》,第176页。
② 《上海交通大学纪事(1896—2005)》(上卷),第688页。

期间的主要问题归纳梳理成几件重大事件，主要有：造反派在张春桥等人唆使下进行打砸抢事件；在“清队”“一打三反”等运动中残酷打击迫害干部和师生；张春桥、姚文元插手交大运动；在各项运动中另搞一套、诬陷邓小平；在老红卫兵和工宣队中突击提干等。经过清查，全校先后与“四人帮”有牵连的人共 64 人，其中有的已离开交大，离开的人中主要是工宣队负责人、“反到底兵团”负责人等。经过有关单位的深入调查和司法审判，先后共有 4 人被判刑，8 人被清除出党；[①]其余的人，则要反省检讨，将在“文革”中的表现“说清楚”。经过组织的教育和群众的帮助，他们在认识上都有提高，清查工作结束后陆续予以“解脱”，大多恢复或另行安排了工作。[②]

二、率先否定教育战线的“两个估计”

1971 年，张春桥等人策划起草的《全国教育工作会议纪要》中提出：新中国成立后 17 年，“毛主席的无产阶级教育路线基本上没有得到贯彻执行”，“资产阶级专了无产阶级的政”；大多数教师和新中国成立以后培养出来的高等学校学生的“世界观基本上是资产阶级的”（简称为“两个估计”）。粉碎“四人帮”以后，“两个估计”如同一片阴霾，依旧笼罩在广大知识分子头上，成为教育战线拨乱反正、调动各方面积极性的严重障碍。

1977 年 7 月，党的十届三中全会作出恢复邓小平同志的职务的决议。他曾提出：“一定要在党内造成一种空气：尊重知识，尊重人才”。[③] 复职后，他自告奋勇抓科学、教育工作，“愿意当大家的后勤部长”，[④]直接领导了科技、教育领域的拨乱反正。8 月 4—8 日，他请全国 30 多位著名科学家和教育工作者参加科学和教育工作座谈会。座谈会召开前夕，上海市委通知上海交大派代表与会。学校党委决定派出中年骨干教师吴健中赴京参加会议，并要求他就学校科研工作和教师关心的问题做好发言准备。

8 月 4 日上午 9 时正，座谈会在人民大会堂正式开始。会议由邓小平亲自主持，中国科学院、教育部等部门的领导也参加了会议。邓小平说：“这次座谈会的目的就是请大家一起来研究和讨论，科学研究怎样才能搞得更快、更好些，教育怎样才能适应我国四个现代化建设的要求，适应赶超世界先进水平的要求。”他指出，这几年“四人帮”对科学工作、教育工作，对各行各业破坏很大，对我们国家是一个大灾难。一定要花很大的力量，把损失的时间挽

---

① 《上海交通大学志》，第 724 页。

② 党委：《关于我校清查工作情况的总结（草案）》（1978 年 10 月 16 日）。

③ 邓小平：《尊重知识，尊重人才》（1977 年 5 月 24 日）。《邓小平文选（第二卷）》，第 40 页。

④ 邓小平：《在全国科学大会开幕式上的讲话》（1978 年 3 月 18 日）。《邓小平文选（第二卷）》，第 98 页。

1977年8月,邓小平与参加科学和教育工作座谈会的代表集体合影(第三排左9为吴健中)

回来。[①]

4日和5日的会议,许多高校和科学院系统著名的老教授、老科学家纷纷揭露“四人帮”破坏大学和科研机构的罪行,控诉了“四人帮”对教学和科研人员的残酷迫害,指出了我国科学、教育水平与发达国家的差距。邓小平仔细听取大家的发言,并不时插话和提问。

工业管理系教师吴健中

6日上午的会议,吴健中第一个发言,直接提到对教育战线17年的评价是路线问题。他说:“教育的问题,主要还是在路线问题上界限不清。”他认为,如果说教育工作17年是修正主义路线,其他战线都是红线,那么教育培养的人到其他战线,为什么到科技战线都是红人,是各条战线的实力派?[②] 吴健中对教育战线17年执行什么路线的质疑,实质是对“四人帮”提出“两个估计”的否定。他的发言代表了交大知识分子的心声,更是道出了与会者心里想说而没有说的话,会场顿时活跃起来。在吴健中等人发言之后,邓小平当即对17年教育战线的估计问题作了严肃回答:“这个问题应该快点解决!——我个人的看法,主导方

① 吴健中:《“两个估计”是怎样被否定的》。《上海交大二十年》,第37页。

② 《科教座谈会记录》(1977年8月6日上午)。中国科学院机关档案室藏:1977-02-0011-003。

面是红线,是毛主席革命红线嘛!"[①]

8月8日下午,邓小平作会议总结,第一个问题就是对17年教育战线怎样估计。他说:

> 对全国教育战线十七年的工作怎样估计?我看,主导方面是红线。应当肯定,十七年中,绝大多数知识分子,不管是科学工作者还是教育工作者,在毛泽东思想的光辉照耀下,在党的正确领导下,辛勤劳动,努力工作,取得了很大成绩。特别是教育工作者,他们的劳动更辛苦。现在差不多各条战线的骨干力量,大多是建国以后我们自己培养的,特别是前十几年培养出来的。如果对十七年不作这样的估计,就无法解释我们所取得的一切成就了。[②]

1977年9月19日,邓小平在与当时教育部主要负责人的谈话中,再一次鲜明地指出"'两个估计'是不符合实际的","对这个《纪要》要进行批判,划清是非界限"。[③] 1977年11月中旬,全国各大报纸刊登了教育部大批判组撰写的文章《教育战线的一场大论战——批判"四人帮"炮制的"两个估计"》。

当邓小平讲话精神在学校传达后,全校师生员工十分激动,迅即掀起批判"两个估计"的高潮。党委召开扩大会议,组织专题学习和讨论。大家认为,"四人帮"炮制的"两个估计"在政治上是反动的,违背了党的知识分子政策。有的同志说:"交大广大干部和群众,在心底里从来就不承认'四人帮'炮制的'两个估计',并进行了抵制和斗争。"[④]很多教师表示,在"四人帮"横行的日子里,我们是"头上戴大帽子,身上打粗棍子,脚上穿双小鞋子,怀里揣个小兔子",粉碎"四人帮"后,"头上的帽子摘了,身上的棍子不打了,脚上的小鞋子不穿了,但怀里仍揣着一个小兔子",心有余悸,讲话、做事不敢公开碰"两个估计",现在好了,"绊脚石搬掉了,怀里的'兔子'也放掉了,可以轻装上阵,挽起袖子大干,我们的教育事业大有希望"。[⑤]

1978年5月11日,《光明日报》发表特约评论员文章《实践是检验真理的唯一标准》。文章鲜明地提出:"一个理论,是否正确反映了客观实际,是不是真理,只能靠社会实践来检验。这是马克思主义认识论的一个基本原理。——实践不仅是检验真理的标准,而且是唯一的

---

① 吴健中:《"两个估计"是怎样被否定的》。《上海交大二十年》,第37页。

② 邓小平:《关于科学和教育工作的几点意见》(1977年8月8日)。《邓小平文选(第二卷)》,第49页。

③ 邓小平:《教育战线的拨乱反正问题》(1977年9月19日)。《邓小平文选(第二卷)》,第67页。

④《领导带头联系实际狠批"两个估计"》。《文汇报》1977年11月20日。

⑤ 党办:《交大简报》(第70期),1977年11月19日。交大档:长期-2063。

标准。”文章强调,马克思主义的理论宝库并不是一堆僵死不变的教条,它要在实践中不断增加新的内容。文章号召人们冲破思想“禁区”,并尖锐指出“四人帮”加在人们身上的精神枷锁还远没有完全粉碎,对“四人帮”设置的禁区“要敢于去触及,敢于去弄清是非”。[①]《光明日报》文章发表后,校党委组织全校中层以上干部进行学习、讨论,通过回顾新中国成立以来教育战线的经验和教训,紧密联系交大实际和现状,进一步认识这场大讨论的重要意义。1978年10月至11月中旬,全校教职工开展了“实践是检验真理的唯一标准”的讨论。师生们在学习中,联系实际,通过对许多具体问题的讨论促进了学习更加深入。1979年3月19日,中共中央正式发文转批教育部党组的报告,决定撤销1971年《全国教育工作会议纪要》,[②]对“两个估计”作了彻底的否定。

第二节 调整领导班子和落实政策

一、邓旭初任党委书记和朱物华任校长

1976年12月,校党委书记杨恺调任市革委会工作,先后任市革委会副主任兼教育卫生办公室主任、上海市副市长等职。在此前后,原上海交大党委领导余仁调至华东化工学院任党委书记、张华调至上海工学院任党委书记、苏宁调至上海戏剧学院任党委书记。1977年1月25日,中央派驻上海工作组陈锦华等来校,宣布对于交大党委领导班子的调整意见:杨恺调任后,仍兼任上海交大党委书记;邓旭初、张寿等组成交大党委领导班子,由邓旭初主持党委日常工作。[③] 26日,党委召开班子碰头会,研究了领导班子的分工:邓旭初负责全面主持学校工作,张寿负责日常行政工作和教学工作,党委顾问陈一诚负责政宣工作。[④]

1977年6月12日,上海市委下达关于充实、加强上海交大领导班子的批复,邓旭初任党委委员、常委、书记,校革命委员会常委、主任;张寿任党委副书记,校革委会委员、常委、副主任;免去杨恺交大党委委员、常委、书记职务。

---

① 《当代中国编年史(1940.10—2004.10)》,第477页。

② 《中华人民共和国教育大事记(1949—1982)》,第544页。

③ 《上海交通大学纪事(1896—2005)》(上卷),第674页。

④ 党办:《班子碰头会记录》(1977年1月26日)。上交档:永-576。

上海交通大学党委书记、革委会主任邓旭初

邓旭初(1921—2012),广东开平人。1938年入陕北公学学习,并加入中国共产党。此后,历任新四军军部文化教员、青年干事,连指导员,团部宣传股长,山东省滨海军分区海防警卫团政治处主任等职。1950年参加抗美援朝,任中国人民志愿军某汽车团政委兼团长。1953年初,任华东航空学院政治辅导处主任;1954年4月调入交大,历任校长办公室主任、马列主义教研室主任、校党委副书记;1960年起先后任上海交大党委副书记、副校长;1977年6月至1986年4月任上海交大党委书记;1986年当选为中共上海市顾问委员会委员。2012年10月22日因病去世,享年92岁。

学校新的党委班子组建后,党委一班人加快拨乱反正的各项部署,进一步调动广大师生的积极性,尽快转变学校面貌。为了响应中央"今年初见成效,三年大见成效"的号召,党委提出了迅速稳定学校教育秩序的一些措施:在教学上,着力提高教学质量,充分挖掘潜力,培养更多更好的、又红又专的德智体全面发展的工程技术人才;在科研上,大力开展科学研究,着重加强基础理论、应用科学和边沿科学研究,主要围绕基础理论研究,加强海军建设,发展造船工业,开发海洋资源,新技术、新工艺、新材料应用等五个方面进行。① 邓旭初要求全校师生积极参与学校制定发展规划的活动,深入讨论学校三年、五年规划和长期设想,争取早日把学校建成既是教育中心,又是科研中心,做到既出人才,又出成果,为把我国建成为社会主义现代化强国而作出应有的贡献。②

1977年7月中旬,根据上海市委指示精神,学校党委成立领导小组,负责处理工宣队撤离学校的有关事务。8月27日,大部分工宣队员离校回厂;11月6日,留守的最后27名工宣队员全部离校。

1977年10月,学校接上海市委通知:夏平任上海交大党委委员、常委、副书记、校革命委员会副主任。

1977年10月18日,六机部负责人边疆一行8人来校检查工作,校领导邓旭初、张寿等汇报了"文革"中"四人帮"及其亲信插手上海交大、迫害广大干部

① 党委:《高举毛主席的伟大旗帜,坚持"教育要革命"的方向,走我国自己教育事业发展的道路》(1977年7月6日)。

② 《上海交通大学纪事(1896—2005)》(上卷),第682页。

师生的罪行及清查工作的情况，并就教学、科研、专业设置、经费、师资队伍建设、落实知识分子政策、调整充实各级领导班子等方面的情况作了汇报。边疆一行还召开了部分干部座谈会。边疆说："学校是科研的重要方面军，上海交大过去贡献很大，今后要把学校办得更好，作出更大的贡献，希望上海交大走在前面。"①

关于学校的领导体制问题，由于多科性的工业大学属于一个部领导，不利于学校的提高与发展。学校曾于1977年11月，向王震副总理及中央领导打报告，建议将上海交大直属国防工办领导。同年12月，又向教育部打报告，建议归属上海市委和中国科学院双重领导，以中国科学院为主。②

1977年12月，原任外贸部副部长的柴树藩被中央任命为六机部部长、党组书记。他非常重视上海交大的建设与发展，曾指出"应保持过去的办学特点，吸取世界各国办学的好经验，把上海交大办好"。③ 不久，在六机部召开的一次会议上，柴树藩对上海交大与会人员说："上海交大能不能赶超(美国的)麻省理工学院？敢不敢超过'麻省'？要办得比'麻省'好才对，要培养进修生和工业企业管理人才，要成立一个工业企业系。这次国防工业检查团院校分团工作组到上海，重点是检查上海交大。我们要把上海交大搞上去，要花点力量，交通大学影响比较大。上海交大已82岁了，最老了，应当有贡献。"④

1978年1月27日下午，中共中央政治局委员、海军政委、上海市委第一书记苏振华，海军副司令员刘道生，市委书记韩哲一和市国防工办主任周少华等来上海交大视察工作。在党委书记邓旭初等陪同下，苏振华一行先参观了学校的科技成果。他们观看了交大研制的某型号潜艇水下居住舱、水下激光电视、水下高速切割技术、冷挤压工艺等多项科研成果。⑤随后，苏振华等人在总办公厅会议室听取邓旭初的工作汇报。苏振华肯定了交大在揭批"四人帮"运动中的表现，他说：粉碎'四人帮'后，你们交通大学带了头，上海首先(上街的)是交通大学。他在谈到交大的工作时说："根据你们现有条件、力量，先搞个规划，教学、科研都要有规划。你们一方面要积极主动，要搞些什么，可能搞些什么；然后上面下达任务，今年尽快解决。……我们现在已有的军、商、民船的技术水平，船形、速度、动力、航海、通讯、仪表、雷达、武备都还在50年代的水平。(与国际先进水平相比)相差20—30年，差了很大一截。讲

---

① 《上海交通大学纪事(1896—2005)》(上卷)，第681页。

② 党委：《关于我校领导体制问题的报告》(1977年11月12日)；《关于建议我校划归中国科学院领导的请示报告》(1977年12月19日)。均见上交档：永-581。

③ 邓旭初：《忆上海交大重振雄风》，东方出版社1995年版，第38页。

④ 《上海交通大学纪事(1896—2005)》(上卷)，第686页。

⑤ 党办：《交大简报》(第四期)，1978年1月31日。上交档：长-2109。

赶超世界先进水平，就是要接近、赶上、超过；接近的有，赶上很难说，超过还是要费些劲。造船工业对于实现四个现代化、把国民经济搞上去、加强国防建设，任务还是很重的。”[①]苏振华还就船舶、海洋事业的发展和解决交大的困难作出指示。同行的刘道生、韩哲一等人也发表了讲话。这些讲话，对于上海交大在新的历史时期的发展具有重要的指导意义。党委副书记张寿和各有关系、课题组的负责人吴善勤、翁史烈、林栋梁、郑志航、周志宏等人分别在会上汇报各自领域的工作。朱物华、杨欆、金悫等老教授也参加了汇报会。

1978 年 3 月 14 日，六机部将《关于上海交通大学有关问题的报告》一文呈报国防工办和国务院副总理王震、中央军委秘书长罗瑞卿、解放军副总参谋长张爱萍等领导。《报告》中提议王震副总理兼任交大校领导。不久六机部部长柴树藩通知上海交大，上级批准请王震兼任交大校务委员会主任。

5 月，上海交通大学第八届校务委员会成立，主任王震（兼）；副主任柴树藩（兼）、邓旭初；委员周志宏、朱物华、杨欆、金悫、罗祖道、王公衡、朱麟五、李铭慰、程福秀、王端骧、孙璧媃（女）、楼鸿棣、程守洙、张钟俊、贝季瑶、孙增光、凌渭民。

5 月 30 日下午，上海交大召开第八届校务委员会成立会议。中共中央政治局委员、国务院副总理、上海交大校务委员会主任王震，国防科工委主任洪学智，五机部部长张珍，六机部部长柴树藩，八机部常务副部长刘秉彦和上海市革委会副主任杨恺等出席会议。会上，周志宏、朱麟五、张寿、张钟俊等先后汇报工作，王震等领导发表讲话。王震表示，要在党委的领导下，发挥广大知识分子作用，尊重知识，尊重人才，大家共同努力把学校办好。会后，王震等一行人还参观了学校科研成果展览及实验室、研究室。

上海交通大学校长朱物华

1978 年 7 月 12 日，中共上海市委对上海交大的领导班子进一步充实与调整：朱物华任上海交通大学校长、党委委员；邓旭初任党委书记；夏平、张寿任党委副书记、副校长；刘克任党委副书记兼任政治部主任；周志宏任副校长；王守仁、孟树模任党委委员、副校长；林栋樑任副校长。

朱物华（1902—1998），江苏扬州人。无线电电子学家、水声工程专家。1923 年毕业于交通部南洋大学电机系。1924 年获

---

① 党办：《苏振华等领导同志来交大巡查的情况记录》（1978 年 1 月 27 日）。上交档：永-587。

美国麻省理工学院硕士学位,1926年获美国哈佛大学博士学位。1927年回国,历任中山大学、交通大学唐山土木工程学院、北京大学、西南联合大学、交通大学教授。上海解放后,朱物华继续在交大任教,并任校务委员会委员、工学院院长、副教务长等职;1955年为中国科学院学部委员;1955年12月,调任哈尔滨工业大学,先后任教务长、副校长;1961年后调任上海交大副校长;1978年7月—1980年5月,任上海交大校长。朱物华曾当选为第三届全国人民代表大会代表,为第二届、第三届、第五届、第六届全国政协委员。1998年3月12日,朱物华因病去世,享年96岁。

1978年7月12日,在市委对于交大校级班子调整的文件中,还任命岳清林为党委委员、政治部副主任;孙礼芙为党委委员、政治部副主任;马惠民、王善庆、梁光璧、严祖礽为党委委员。9月20日,市革委会教育卫生办公室发出《关于上海交通大学部、处、系干部任职的批复》,对于学校的一批中层干部进行了任命。

到1978年底,党委政治部主任由刘克兼任,副主任为岳清林、王善庆、孙礼芙。1979年2月,政治部撤销,原下设各部门均成为党委直属部门,其负责人是:党委办公室主任陆中庸,组织部部长孙礼芙,宣传部部长赵灵芝,统战部部长马惠民,保卫部部长刘玉春,马列主义教研室主任计瑗澄,武装部副部长陈宗武、朱文生。

到1978年底,上海交大的行政部门与负责人是:副教务长严祖礽、奚心雄,校长办公室主任傅赤先,教务处处长奚心雄(兼),科研处处长朱雅轩,人事处副处长陈海涛、吴彤深,技术物资服务处处长钱君浩,校务处处长俞宗琦,对外科学技术联络处处长张光曜,基建办公室主任孟树模(兼),图书馆馆长夏安世,附中总支书记、校长石汉鼎,附属工厂厂长杨念祖。

上海交大教学部门与主要负责人是:船舶制造系(一系)主任吴善勤,总支书记王诚豪;船舶动力系(二系)主任李铭慰,总支书记张定海;电气工程及计算机科学系(三系)主任程福秀、张钟俊,总支书记梁光璧;无线电系(四系)主任张煦,总支书记卢积才;材料科学及工程系(五系)副主任袁济,总支书记王宏禄;机械制造系(六系)主任楼鸿棣,总支代书记陈永如;应用数学系(七系)主任孙增光,总支书记黄彭龄;精密仪器系(八系)副主任吴健中,总支代书记沈志尧;应用物理系(九系)主任程守洙,总支代书记陶爱珠;工程力学系(十系)主任金悫,总支书记杜年玲;公共课教学系(十一系)主任李士敏,总支书记赵月章。①

随着学校党委和行政领导成员先后任命,校革委会与各系革委会的工作即行终止。学

① 《上海交通大学纪事(1896—2005)》(上卷),第700—701页;《中国共产党上海交通大学组织史资料(1996年10月)》中有关部分。

校恢复实行党委领导下的以校长为首的校务委员会负责制，在“文化大革命”中被破坏的党政组织管理体系也全面得以恢复。

二、平反冤假错案

“文化大革命”造成的大量冤假错案及以前的“左”倾错误形成的许多历史遗留问题，给广大师生造成极其严重的恶果。据统计，“文革”期间，上海交大3 086名干部和教职工中有1 065人被扣上“走资本主义道路的当权派”“反动学术权威”“特务”“叛徒”“地富分子”等帽子，受到不同程度的批判和斗争。全校101名教授和副教授中，被作为敌我矛盾受“审查”的有95人，占总数的94%。[①] 在“文革”中，全校非正常死亡共22人，其中教授、副教授2人，讲师3人，助教3人，干部4人，工人7人，学生3人。这些被批斗和审查的人都是无辜的，其被定案的结论都是莫须有的不实之词。在拨乱反正中，平反冤假错案成为干部群众最迫切的要求，也是一项十分紧迫而重大的政治任务。

1976年12月，上海市委根据中央的规定发出通知：凡纯属反对“四人帮”的人，应予重新处理，已拘捕的，应予释放；已立案的，应予撤销；正在审查的，解除审查；已判刑的，取消刑期予以释放；给予其他处分的也应予撤销。[②] 据此，在市委和市教卫办的直接领导下，学校成立专门的工作班子，认真学习领会中央和市委有关文件精神，积极稳妥地开展摸底调查、落实平反工作。1977年3月—8月，对83名因反对“四人帮”而受迫害的干部、教职工进行平反，恢复他们的名誉。

1978年3月起，在上海市委统一部署下，对“文化大革命”中的冤假错案进行复查。校系两级分别成立复查组织，全校组成近50人的复查队伍，在各党总支、党支部的积极配合下，严格遵照中央和上海市委关于复查工作的方针、政策，既耐心听取本人或家属意见，又坚持实事求是原则，做好政治思想工作。经过一年的努力，到1979年3月底，对“文革”期间遭受不同程度冲击的干部、教工1 065人和学生151人作了复查，平反改正。

校党委在各系、各总支分别召开平反昭雪的会议后，于1978年10月27日召开全校大会，为冤假错案平反昭雪，并对部分遭受迫害、非正常死亡的教职员工举行追悼会。之后学校又进一步做好材料清理和善后工作。[③]

---

① 《上海交通大学复查工作情况汇报》。上交档：永-649。

② 中共上海市委党史研究室：《中国共产党在上海80年》，上海人民出版社2001年版，第722页。

③ 以上资料均见党委《关于我校落实中央23号文件的工作情况》。上交档：长-2063；《贯彻中央(76)23号文件，为受“四人帮”迫害的同志平反》。上交档：长-2316；《关于“文化大革命”中审干遗留问题的复查总结》。上交档：永-649。

1978年11月,中央组织部发出《关于落实党的知识分子政策的几点意见》,提出对知识分子队伍应当有一个正确的估计;继续做好复查和平反昭雪冤、假、错案工作;充分信任,放手使用,做到有职有权有责;调整用非所学,做到人尽其才,才尽其用;努力改善工作条件和生活条件等。①

根据这一精神,学校着手对历年来各项政治运动中有组织处理结论的案件认真清理,开展深入复查和彻底平反冤假错案工作。学校对1957年反右派斗争中错划的右派分子予以改正。早在1959—1964年,曾分批进行右派摘帽工作,1978年4月,党中央决定彻底摘掉因"扩大化"而打成右派分子的帽子;9月,中央指示对划为右派分子的人进行复查,把错划为右派的改正过来。② 学校立即组织专门班子,对原错划为右派分子的378人(其中教职工66人、学生312人)认真进行复查。经校党委批准,全部予以改正(其中9人由其所在单位审核改正);还经复查撤销了108人因"中右""内定右派""右派小集团""疑似右派"等所受到的党内、团内、行政等处分。在审查的同时,学校根据党中央和上海市委有关规定,对甄别对象妥善进行各项善后工作。对校内的甄别对象均安排适当工作,有的根据条件提升为讲师,增加了工资,有的老干部重新担任了领导职务;对在外省市的甄别对象,党委派遣专人前往探望,商请当地政府或党委协助予以妥善安置。学校还帮助一部分甄别对象解决夫妻长期两地分居的问题;按"肄业三年以上发给四年制毕业证书、肄业二年左右的发给专修科毕业证书"的原则,给错划右派的学生补发毕业证书,还帮助他们解决用非所学、工资偏低以及因公死亡补发抚恤金等问题。③ 此外,学校还对1959年以来的反右倾案件进行复查,纠正了5人被错定为"右倾机会主义错误"的结论。④ 这些做法,为那些曾经遭受错误对待的人们真正从政治上予以彻底平反。

1982年3月起,根据党中央和上海市委有关历史老案复查工作的指示精神,校党委重新成立复查办公室,对本校自新中国成立以来所形成的历史积案进行全面的清理复查工作。到1989年1月,对建国初期到"文革"前受到刑事处分、劳动教养、开除公职(学籍)、开除党籍、勒令退职(退学)等处分或处理的师生员工293人全部进行复查,对于原有处分属于处理

---

① 《中共中央组织部关于落实党的知识分子政策的几点意见》(1978年11月3日),人民出版社1983年版,第51—64页。

② 《关于建国以来党的若干历史问题的决议注释本》(修订),人民出版社1985年版,第318页。

③ 以上资料均见党委:《关于右派复查审改工作总结》。上交档:永-694;《1957年反右派、1959年反右倾案件复查情况统计表》。上交档:长-3435;《上海交通大学历史老案复查工作情况汇报》。上交档:永-1238;《上海交通大学纪事(1896—2005)》(上卷),第794页。

④ 党委:《关于落实中共中央(1979)49号文件的情况》。上交档:永-693;《1957年反右派、1959年反右倾案件复查情况统计表》。上交档:长-3435。

不当、过重等情况者全部予以纠正，撤销原处分的有141人，减轻原处分的有3人，并全部落实对复查改正人员的工作安排、办理退休、增加工资、困难补助等善后工作。1984年后，校党委按照中央有关文件精神，还对“文化大革命”中被查抄文物、财物的遗留问题共151户进行了认真的处理，这一工作到1987年5月基本结束。[①] 据1987年学校落实知识分子政策情况统计数据显示，共补发“文革”中318人停发、减发的工资计人民币69.7万元；清理退还“文革”中199人被查抄的财物、56户被没收或挤占的住房；解决2人因冤假错案造成夫妻分居的问题。[②]

对“文化大革命”中及历史上一些遗留问题的妥善处理，使广大干部、教职工体会到党的优良传统正在恢复和发扬，增强了对党的感情，改善了党群、干群之间的关系，对于促进安定团结、调动各方面的积极性起到了很大作用。

三、落实知识分子政策

粉碎“四人帮”以后，分管文教科技工作的邓小平多次科学地阐述了社会主义社会中知识分子的阶级属性、社会地位和社会作用，反复强调要提高人民教师的政治地位和社会地位。各级教育部门认真解决教师的工资待遇、职称评定、后勤保障、住房和医疗保健等问题，出现了全社会“尊师重教”良好风气。根据中央的有关指示精神，学校相继采取一系列具体措施提高教师的政治地位和社会地位，改善教师的待遇和生活条件。

(1) 恢复教师职务评审制度。在“文化大革命”中，教师职称评审工作被迫中断。1978年3月，国务院批转教育部《关于高等学校恢复和提升教师职务问题的请示报告》指出：“1960年国务院颁发的《关于高等学校教师职务名称及其确定与提升办法的暂行规定》这个文件的基本精神还是适用的。……原来已经确定提升为教授、副教授、讲师、助教的，一律有效，恢复职称，不需重新办理报批手续。”根据这一精神，学校在对全校教师实行全面考核的基础上，随即进行了确定与提升教师职务的工作。该年度，经过学术评审、学校上报、上海市有关部门批准，共确定和提升了教授9人：李铭慰、裘益钟、阮雪榆、夏安世、王兆华、蒋公惠、赵元良、罗祖道、郑学祥；提升了副教授43人。同年10月，学校进行了提升讲师的工作。本着“坚持标准，保证质量”的原则，学校决定提升讲师668人。在确定和提升教师职务的工作中，学校力求解放思想，加强领导；建立评审机构，实行全面考核；充分发扬学术民主，注意发

---

① 《关于查抄财物清退、补偿工作的汇报》。上交档：长-3274。

② 《上海交通大学关于落实知识分子政策工作的自查情况报告》。上交档：长-3621。

挥专家作用;政策掌握上注意对长期从事基础课、基础技术课教学和“双肩挑”教师的提升;打破论资排辈思想,抓好材料的组织整理工作。[①] 1979年以后,教师职务的确定和提升终于进入常态化,学校对各级教师职务以及工程技术职务的确定和提升已作为日常工作进行。因受“文革”干扰破坏,长期未能确定、提升教师职称的情况逐步得到有效的解决,教师队伍结构趋于合理。

(2) 着手解决教师住房困难。交大教职工住房一直比较紧张。学校教学、科研工作全面恢复后,广大教师,尤其是中年讲师勇挑重担。但他们的住房条件大多十分困难,往往“三代同室”(祖孙三代同挤一间房),常常“一桌三用”(一日三餐当餐桌,前半夜子女做功课当课桌,后半夜教师备课改作业当办公桌)。1977年秋,学校党委调配有限的资金,专门在徐虹北路交大新村内建造一幢40套住房的教职工住宅楼,每套住房建筑面积50平方米,实用面积约23平方米。在当年的居住条件下,这样一套房子已经相当不错了。学校房管部门按工龄、资历,计算家庭人口,拟定了一个平均分配的初步方案,校党委领导审阅后提出:“摆来摆去,贡献这条摆过没有?”领导班子经反复研究,下定决心把这40套住房中的95%以上优先分给工作出色、居住困难的中年讲师。通过学校各级党组织耐心细致、入情入理的思想工作,最终使困难重重的分房工作顺利完成。分到房子的教师们喜气洋洋地搬进了新家,后来大家就将这幢住宅楼命名为“讲师楼”。在此后几年,学校先后为632户教职工解决或改善了住房(其中教师占60%),一定程度上缓解了教师和干部、职工生活上的后顾之忧。[②]

(3) 分期分批解决教职工夫妻分居两地状况。学校教职工中,夫妻两地分居多年的现象很突出。学校人事部门认真做好关心知识分子的工作,把解决夫妻两地分居的问题作为一项重要工作。人事干部对全校教职工中分居两地者的年龄、分居时间、对方的单位和地点等情况作了详细调查,汇编成册。他们对来访者热情接待,耐心听取介绍,以此为基础,积极与有关单位商谈人事调动的意向。“文革”结束后的3年中,人事部门共发函千余封,与外省市联系百余次,行程遍及12个省市。到1980年5月,已有140多对夫妻团聚,其中教师占80%;至1987年自查落实知识分子政策工作时统计,共解决171对分居夫妻的工作、户口“两调”问题。夫妻团聚了,人们干劲倍增。有位教师特地把爱人带到学校,感谢交大帮助他

---

① 《上海交通大学纪事(1896—2005)》(上卷),第755、764页。

② 《三个世纪的跨越——从南洋公学到上海交通大学》,第311页;邓旭初:《忆上海交大重振雄风》,东方出版社1995年版,第93页;刘自勋、许寅:《敢为天下先——邓旭初传》,上海交通大学出版社2004年版,第184页。

们解决后顾之忧。[①]

(4) 表彰先进集体和个人。1977 年,交大党委在全校教职工中组织开展"评先进,比贡献,选模范,树标兵"活动。经过一个月的工作,共评选出校先进集体 20 个,校先进工作者 268 人,其中教师有 133 人(教授、副教授 8 人)、党员有 99 人、女同志 31 人。这是粉碎"四人帮"后首次在教师队伍中评选先进工作者,肯定知识分子的价值、地位和作用,对于广大教师而言是一种可贵的精神鼓励! 9 月 26 日,学校隆重召开"上海交通大学 1977 年度先进集体与先进工作者代表大会",会上着重介绍了 5 个先进集体和 7 位先进工作者的先进事迹。校内展示光荣榜、宣传栏,并由各系总支书记带队,敲锣打鼓,燃放鞭炮,把大红喜报贴到教师家门口,使广大教师倍感光荣。很多人热泪盈眶:"这是交大近二十年没有见过的动人景象! ……'四人帮'猖獗一时的日子里,教师家门口贴的只有'勒令''警告'等大字报,受整挨骂更是家常便饭;现在,在党中央领导下,我们教师感到光荣,感到自豪!"还有教师胸前佩戴着的大红花,自豪地说道:"一朵红花,十分责任。戴着这朵红花,我好像挑起了一副重担。离退休前还有 23 年,我们一定要争分夺秒努力拼搏。……从这次表彰大会看到了交大大有希望,我们学校一定能办好,我们国家一定能早日实现四个现代化。"[②]

从"大乱"到大治,使老教师焕发了青春,许多双鬓斑白的老教师不顾年事已高,主动回到学校,提建议,谈设想,表示要上教学科研第一线,把有生之年献给教育事业。八旬高龄的学部委员周志宏风趣地说:"我年纪虽然老,但我这部机器加点油,还可以用! 我要把 82 岁当做 28 岁来过,把有限的生命投入到祖国无限的教育事业中去。"为把学校材料科学及冶金科研搞上去,他经常去图书馆翻阅外文资料,调查国外冶金工业发展的新情况,积极出谋划策,竭尽所能贡献自己的知识与智慧。电力系统与自动控制领域专家张钟俊为培养我国急需的自动控制技术人才,一人挑起带教 10 个研究生的任务。基础部数学教师程极泰说:"'四人帮'横行时,自己怕说话,怕上教学第一线,怕被说成是'放毒'。粉碎'四人帮',知识分子又一次解放了,感到心明眼亮,责任重大,今后要与中青年教师共同搞好教学。"还有一些体弱多病、长期病假在家的教师坚决要求重返讲台上课,做一点力所能及的工作。领导劝他们多休息,他们说:"各条战线都热火朝天地大干,我们在家也坐不住啊!"[③]

---

① 《党的政策暖人心,干劲倍增为四化》,《上海交大报》1980 年 5 月 7 日;《交大党委关于右派复查审改工作总结》。上交档:永-694;《上海交通大学关于落实知识分子政策工作的情况汇报》。上交档:长-3621。

② 党办:《交大简报》(第 58 期),1976 年 7 月 14 日。上交档:长-2063;《抓纲治国,初见成效》。上交档:永-580;《老交大焕发青春》,《解放日报》1977 年 10 月 18 日;《上海交通大学抓纲治校面貌一新》,《文汇报》1977 年 10 月 31 日。

③ 《关于文化大革命中审干遗留问题的复查总结》。上交档:永-649;《为了实现四个现代化——上海交通大学散记》,《文汇报》1977 年 10 月 7 日;《老交大焕发青春》,《解放日报》1977 年 10 月 18 日。

广大中青年教师不甘落后，大家都以为祖国、为学校发展多作贡献为荣，积极认真搞好教学和科研工作。工程力学的主讲教师吴镇非常关心学生的学习状况，他在担任班主任期间，从学生一年级开始就随班听各门基础课，和学生一起听数学、物理、外语等课，以便了解学生对于知识的掌握能力。他不光听课，还对每门课都为学生作辅导。这期间，他常常早晨五点半就起身前往上海船厂，与他所任课程的高年级学生一起参加专业实习；晚上又回到学校，再为由他担任班主任的学生们加班辅导基础课。一提到这些，他总是说："如果袖手旁观，于心何忍？为学生解惑答题，这是人民教师应尽的责任！"[①]应用数学系女教师杨翠莲因认真教书，对学生严格要求，在"文革"中被扣上"智育第一"的罪名。粉碎"四人帮"以后她感慨地说："十年内乱，我纳闷，祖国之大，960 万平方公里土地上竟安放不下一张静心读书的课桌。今天我心情舒畅，我要为教育事业发挥我的光与热，要把学生当做自己的孩子一样的关心。"她还向党组织递交了入党申请书。一位青年数学教师在课堂上遇到学生提出问题，一时答不出来，就如实地向学生说明，并到图书馆阅览室查阅了整整一天的资料，把问题弄懂后再详细地解答给学生听。他晚上常常到教室辅导学生，尽管家住在浦东，每天上下班往返近 3 小时，家里又有老人需要照顾，但为了让学生学好高等数学这门课，他总是不解决问题不离开教室。[②]

类似平凡而又令人感动的事例还有很多。广大教师勤奋严谨，就如何搞好教学、科研和各项工作，主动向学校献计献策。学校先后开展三次教学工作的总结活动。每一次，校领导都要深入教研组、班级或业务组室，广开言路，集思广益，虚心听取不同意见。许多系或教研组举办各种讲习班、研讨会等教学研究活动，如外语、计算机算法语言、金属学、物理、化学的进修班，英语语法、近代物理、数理偏微分方程、矩阵方法的讲座等。很多教师在完成教学任务的同时还积极开展科学研究，也有教师主动向学校要求承担科研任务。全校上下，系与系之间自发地开展起科研竞赛活动，各专业纷纷成立科研班子，编写基础理论方面的专著。教师进实验室，下工厂，放弃业余休息时间，日夜加班开展科研试验。海洋开发和造船工程、船舶动力研究、陀螺仪及惯性导航、材料科学与工艺、机械及结构动力学、计算机及自动化等重点研究领域的科技活动都很活跃。[③]

---

① 《把心都扑在学生身上》。《文汇报》1977 年 11 月 2 日第二版。

② 《为了实现四个现代化——上海交通大学散记》。《文汇报》1977 年 10 月 7 日。

③ 《揭批"四人帮"斗争推动了教育革命》，《文汇报》1977 年 6 月 28 日；《老交大焕发青春》，《解放日报》1977 年 10 月 18 日；《为了实现四个现代化——上海交通大学散记》，《文汇报》1977 年 10 月 7 日；《上海交通大学抓纲治校面貌一新》，《文汇报》1977 年 10 月 31 日。

1977年10月30日，上海市教育战线召开先进集体、先进工作者代表大会，上海交大被评为“上海市教育战线先进单位”，成为上海市16所高校中唯一获此殊荣的单位；基础部外语教研组等11个单位被评为上海市教育战线先进集体，吴镇等13人获上海市教育战线先进工作者称号。[①] 1978年2月4日召开的上海市科学大会上，学校捧回市重大科学技术成果奖26项，有船舶流体力学研究室等6个集体获先进科技单位称号，李渤仲等13人获先进科技工作者称号。相隔一个月，在3月18日至31日召开的全国科学大会上，上海交大有33个项目荣获科技成果奖，周志宏、朱物华、阮雪榆3人被评为全国先进个人，船舶流体力学研究室被评为全国先进集体。获奖的捷报频频传来，更加激发出全体交大的教职工为实现四个现代化而奋斗的积极性。

到1978年底，上海交大这所已度过82个春秋的高等学府重新焕发了生机与活力，呈现出一派发奋图强、生机勃勃的动人景象。

第三节　恢复教学秩序

一、参加高校统一考试和招生

1977年8月，邓小平主持召开科学和教育工作座谈会，他指出：“高等院校今年就要下决心恢复从高中毕业生中直接招考学生，不要再搞群众推荐。从高中直接招生，我看可能是早出人才、早出成果的一个好办法。”[②]8月13日—9月25日，第二次全国高等学校招生工作会议在北京召开。会议期间，邓小平约见教育部主要负责人，再次强调应该从应届高中毕业生直接招收大学生。经过统一思想，会议制定了《关于1977年高等学校招生工作的意见》和《关于高等学校招收研究生的意见》。10月5日，中共中央政治局对此进行讨论；10月12日，国务院批转了这两个文件。自此，中断了11年的高校统一招生考试制度得以恢复。[③]

上海交大早已对1977年的招生工作进行了准备。1976年下半年，学校曾依“文革”中的招生办法上报“1977年招生计划”，计划招生820人。1977年初，市教育局要求各高校增加招生名额，学校于1977年2月起两次调整招生计划，将计划增至945人、1 065人。到了国家决定高校恢复统一文化考试时，上海市要求交大还要增加招生名额。于是，学校于1977年12

---

① 《上海交通大学纪事(1896—2005)》(上卷)，第682页。

② 邓小平：《关于科学和教育工作的几点意见》(1977年8月8日)。《邓小平文选(第二卷)》，人民出版社1994年版，第55页。

③ 《当代中国编年史(1940.10—2004.10)》，第468页。

月又调整了招生计划，将计划增至1 170人(其中普通班1 052人，其余为进修班)，招生数名列上海高校前茅。为了保证1977级新生教学工作的顺利进行，全校各部门“都动员起来，修缮校舍，调整教室、宿舍，认真检修、配备实验器材，还充实了教学实验人员”。[①] 1978年初，经过文化考试和择优录取，学校实际录取1977级新生共1 218人，其中普通班新生共1 058人(本市录取374人)。[②] 在所录取的学生中，应届高中生占19.5%，1966、1967届高中生占20.8%，还有来自其他各方面的新生。1978年3月1日，学校隆重举行1977级新生开学典礼。一千多名新生整队入场，大会自始至终保持着热烈而庄重的气氛，是“文化大革命”以来从未有过的。[③]

1978年10月12日，学校完成了1978级招生工作，录取新生共1 475人，其中普通班新生共1 327人(本市录取519人)，该级普通班中应届高中生占70.7%，1966、1967届高中生占10%。当年还根据教育部指示，学校录取出国留学预备生148人，均为由各省市选送的优秀应届或在校高中生。[④]

1977年还恢复招收研究生。教育部的文件指出:“高等学校，特别是重点高等学校，凡是教师条件和科学研究基础比较好的，应从今年起，在办好普通班的同时，积极招收研究生。”[⑤]上海交大1978年从700余名考生中，经过初试、复试，最终录取了157人研究生。新生来自全国23个省市，平均年龄33岁。

学校在录取研究生工作中，解放思想，全面理解和贯彻党的政策，录取了所谓“家庭出身不好”的学生糜解，在全国引起反响。长期来，由于“左”的思想影响，一直以家庭出身或家庭成分作为评判一个人的重要的政治标准，成为压在许多人精神上的沉重包袱。糜解自幼酷爱学习，在数学领域尤具天分。他在“文革”前大学毕业后，报考中科院一研究所的研究生，其考试成绩在考生中名列第二，但由于家庭出身的原因“政审”不合格未被录取。在上海市常德中学担任数学教师后，他仍孜孜不倦地钻研自己所钟情的“概率论”专业，自学了许多现代数学理论，掌握了英、俄等多国语言。1977年，恢复统一高考后他第二次报考研究生，其概率论的成绩排在所有考生的第一名，但还是因为“政审”不合格，又未予录取。[⑥] 1978年，

---

① 《上海提升四百多科研、教学人员》。《光明日报》1978年4月12日。

② 1977年录取新生数字见上交档:长-2098;长-2109;长-2099。

③ 党办:《交大简报》(第7期)，1978年3月3日。上交档:长-2109。

④ 党办:《交大简报》(第49期)，1978年10月13日。上交档:长-2109;校招毕办:《上海交通大学1978年招生工作小结》(1978年11月7日)。上交档:长-2153。

⑤ 《教育部关于一九七七年高等学校招生工作的意见(附件:关于高等学校招收研究生的意见)》(1977年10月6日)。

⑥ 《十一大路线的一曲颂歌》。《解放日报》1978年10月26日第二版。

麋解第三次报考研究生，这次，他选择了上海交大。报名后，麋解参加专业初试取得了好成绩，复试的两门课成绩全优，在数学系的专业复试中，成绩也非常好。面对这样一名学生，录取还是不录取？学校作了反复的讨论与调查研究。综合来自各方面的材料，最终决定录取麋解。

应用数学系研究生麋解和他的导师程极泰(左)

《人民日报》《解放日报》等先后报道了交通大学录取麋解的消息，在全国引起反响。麋解收到大量的来信，其中有许多与他相同经历的青年，他们从麋解的成功中看到了自己的希望。[①]《解放日报》在刊登消息的同时，编发了短评《重在政治表现》，指出："上海交通大学破格录取麋解为研究生的这篇报道，提出了当前落实政策中的一个重要问题，即如何看待家庭出身、社会关系同本人的关系问题。对这个问题，党的一贯政策是'有成分论，不唯成分论，重在政治表现'。"[②]

二、恢复和弘扬交大优良传统

1977 年，在揭批"四人帮"的斗争中，学校党委"组织了三次教育革命大讨论，认真总结新中国成立 28 年来教育战线正反两方面的经验，分清路线是非，统一思想"。[③] 1978 年 5 月，在学习全国教育工作会议的党委扩大会上，很多同志提出了要为"老交大传统"恢复名誉。同月，校党委在全校大会上作了《恢复和发扬交通大学的办学经验》的发言，揭发了"四人帮"及其亲信批判"老交大传统"的罪行，表达了师生决心继承和发扬"老交大传统"，为早日实现四个现代化培养更多的高质量科技人才的决心。发言指出：

> 什么是"老交大传统"呢？原来，在"文化大革命"以前，我校曾总结和发扬了一些传统的，特别是解放后逐步积累和发展起来的办学经验和教

① 《麋解访谈记录》(2007 年 6 月 13 日)，上海交大党史校史研究室资料。
② 短评：《重在政治表现》。《解放日报》1978 年 10 月 26 日第二版。
③ 《上海交大采取各种措施，认真加强基础理论教学》。《光明日报》1977 年 4 月 12 日。

学工作特点,这就是:招生重视质量,择优录取;重视基础理论教学,力求“削枝强干”,精讲多练;对学生严格要求,严格训练。后来,人们把这些经验形象地概括为“门槛高,基础厚,要求严”三句话,简称之为“老交大传统”。实践证明,这些办学经验和教学特点是行之有效的。[①]

报告列举大量事实,逐一批驳了“四人帮”对于“老交大传统”的诬蔑和恶意攻击,最后指出:“‘老交大传统’是符合党的教育方针、为无产阶级培养合格人才的办学经验,我们要在新的历史条件下加以恢复和发扬,在实践中不断丰富、提高。”不久,新华社以《为“老交大传统”恢复名誉》为题,报道了交大的做法。7月,美籍华人、诺贝尔奖获得者杨振宁访问上海交大,在参观后题词:“希望你们继承交大的优良传统。”[②]

1978年5月,《光明日报》刊载新华社消息,交大为“老交大传统”恢复名誉

光明日報

GUANG MING RIBAO

为“老交大传统”恢复名誉

上海交通大学深入揭批“四人帮”,恢复和发扬行之有效的办学经验

热烈祝贺华主席访问朝鲜圆满成功

五届人大常委会举行第二次会议

叶委员长主持会议 听取总理作关于华主席访问朝鲜的报告

交大师生分清了是非,谈经验,议传统,理直气壮地为“老交大传统”恢复名誉,把过去教学工作中行之有效的一整套形式和方法都恢复起来了。师生们相信,经过努力,“老交大传统”一定会大发扬,一定会出更多的人才,出更大的成果。[③] 为了加强基础课教学,针对当时基础课教师大量改行、流失的状况,学校决定原来担任基础课教学的教师全部归队,并从各系抽调专业教师加强基础课的教学力量。各专业普遍调查了在校生的学习情况,陆续修订在校工农兵学员75、76级教学计划,“适当调整了学工、学农与某些专业实践的时间,减少非教学活动,合理安排基础课和专业课的教学时间”。[④] 例如,起重运输机械专业把毕业实践与专业实践结合起来,既提高了设计的理论水平,又节省了更多的时间用于基础课教学。金属材料和热处理专业的物理化学课,“文革”前的专业教学中要上100个学时,而75级学生只

---

① 党委:《恢复和发扬交通大学传统的办学经验》(1978年5月18日)。上交档:长-2141。

②《上海交通大学纪事(1896—2005)》,第696页。

③ 新华社1978年5月24日讯:《为“老交大传统”恢复名誉》。《光明日报》1978年5月25日第一版。

④《上海交大采取各种措施,认真加强基础理论教学》。《光明日报》1977年4月12日。

学了10个学时。教师经过反复研究，又编写了物理化学的补充教材，帮助学生在40个学时内学到最基本的知识。

为了迎接恢复统一高考的1977级学生入校后的教学工作，学校抓紧整理恢复那些长期封存、设备已有损坏的基础课、专业课实验室，还着手准备开设新的实验项目。在制定1977级各专业教学计划时，学校强调基础理论的重要性，努力在教学中反映当前国内外的先进水平。有的系还增添了应用理论的科研课题。

1978年4月，为了改变交大作为多科性工业大学而导致理科建设上的不足，学校决定恢复应用数学、应用物理、工程力学等系并设立专业，先后招收本科学生。

“文革”结束后，学校的对外交流也逐步活跃。在“文革”后期，学校曾于1973年接待了交大校友、旅美学者周以苍，此后国外的校友以个人名义纷纷返校，学校还成立了外事接待领导小组负责这项工作。从1977年开始，交大接待了多批外国政府和机构的访华代表团。4月，接待以英国文化委员会约翰·卢埃林爵士为团长的英国高等教育代表团；6月，接待以巴基斯坦大齐博士为团长的巴基斯坦高等教育代表团；9月，接待意大利参议员、教育部部长佩迪尼一行等。①

三、整顿教学管理工作

1977年3月，学校党委召开全校学生、政治指导员、政治理论课教师大会，校领导作动员报告，表扬近年来涌现的好人好事，指出学生在组织纪律性方面存在的问题。报告中提出，要集中力量进行一次组织纪律教育，在全校建立严格的教学秩序；要总结正反两方面经验教训，酝酿制定政治工作、教学管理和行政管理等三方面的规章制度。会议决定，首先要“抓好对宿舍的管理、课堂的整顿和按时作息”。② 学校先后印发了91061班制定的《课堂公约》《自习公约》《寝室公约》，并进一步加强管理制度建设，及时拟定公布了《关于加强教学管理的暂行规定》《关于加强学习纪律的暂行规定》《关于考试、考查的暂行规定》和《关于学籍管理的暂行规定》等试行稿。由于各级领导的重视，加强思想政治教育，全校教学秩序日益稳定，学生的学习自觉性和组织纪律观念有明显的增强，教学质量逐步提高。

按照《关于加强教学管理的暂行规定》中要求，“各门课程应按照各专业教育计划的要求，订出教学大纲和每学期具体教学进度安排表，并认真执行实施”；“教学安排确定后，不要

① 《中共上海市高等教育系统党史大事记(1949年5月—1989年12月)》(1994年10月)，第188、189、192页。

② 市革会文教组《文教简报》(第24期)，1977年3月22日。

随意变动,更不能随意停课";要求教师"要自觉遵守教学纪律,上课不迟到、不早退、不抽烟、不会客,要刻苦钻研业务,认真备课,精心组织教学,不断改进教学方法,提高教学质量。要认真批改作业,加强辅导答疑,并对学生平时学习成绩做好书面记载"。[①] 在《关于加强学习纪律的暂行规定》中,就学生的学习目的、学习方法和学习纪律等方面都提出了具体要求,并指出:"学生应积极参加各项政治活动,认真学习马克思主义,把坚定正确的政治方向放在第一位;要刻苦钻研科学文化知识;要积极开展文体活动,做到又红又专,全面发展。"[②]学校还逐步制定和完善了学生证管理、走读生管理、旁听生管理、接受进修人员等多项管理制度。1978 年 11 月,为了提高工作效能,适应教育事业发展的需要,学校提出,各级部门都要建立严格的岗位责任制,健全各项管理规章,先后制订了党委各部和行政各处共 15 个部门的职责。经过这些努力,学校的教育管理从"文化大革命"时期的无序状态逐步进入了制度化、规范化的轨道。

1978 年学校提出,首先要使教学质量迅速恢复到 1965 年的水平,并在此基础上继续提高,努力赶超世界著名大学。要求各系、各教研室在调查研究、明确方向的基础上,着重抓好专业调整,修订好教学计划。学校重视对于任课教师的选派,强调一定要配备教学水平较高、教学经验较丰富的教师担任讲课任务,基础课程的大班讲课教师都要经学校领导审批。同时,为了加强基础理论教学,提高教学质量,从"文革"前毕业的专业教师中抽调 10%的人员充实加强基础课、基础技术课的教学。经过各系、各教研室的努力,共抽调专业教师 64 人、机关干部 5 人充实基础课教学工作。抽调的 69 人中,正、副教授和 1965 年前毕业的讲师共 21 人,占 30%;所抽调的教师分别担任了数学、物理、化学、力学、电工基础、制图等基础类课程,其中重点配备数学、物理和力学基础课程,占抽调总数的 59.4%。[③] 学校还坚持实行电化教育,凡 150 个座位以上的大教室内一律配齐电化教育的常规设备,如无线话筒、投影黑板、幻灯、录音机等。还有一些教室装备了放映电影的设备,并在物理、外语、制图 3 门课程中部分试行了闭路电视教学。[④]

广大教师认真教学,尽快恢复教学秩序,狠抓教学质量。动力机械系教师采取了五项措施:为提高教材水平,对 1977 级后进校的学生一律使用新的统编教材;随时检查教师授课情况;恢复建立和健全教学文件;开展教学法研究,组织观摩教学和经验交流;加强实验教学环

---

① 教务处:《关于教学管理的暂行规定》(1978 年 2 月 21 日)。上交档:长-2147。

② 教务处:《关于加强学习纪律的暂行规定》(1978 年 2 月 21 日)。上交档:长-2147。

③ 上海市教育局:《教育局简报》(第 24 期),1978 年 5 月 31 日。

④《上海交大 1978—1979 年度第一学期教学、科研、生产工作要点》(1978 年 9 月 30 日)。上交档:长-2146。

节等。[①] 数学教研组认为，新生进校后，数学课是第一关，教学的好坏直接影响学生后续课程的质量。他们总结了经验，强调"突出重点，精讲多练，加强基础，严格要求"。教师参考了朱公瑾教授编写的《高等数学》，选编了一套具有 1 500 道题目组成的习题集供新生们使用。[②] 物理教研室教师为了完成工科、理科物理学的教学任务，充分发挥教研组集体作用，努力上好每一堂课。他们还成立"理论物理"小组，编写自己的实验教材，更新物理实验教学的内容和手段，努力做到"力学气垫化、电学电子化、光源激光化"，提高实验教学水平。[③]

学生中涌现出许多勤学苦读、全面发展的新气象。1977 年 8 月，机制 51 班 110 小组在上海市高等学校学雷锋、创"三好"活动积极分子代表大会上被评为"先进集体"。[④] 1978 年春，面临毕业的 52061 班学员表示：要把"四人帮"干扰耽误的时间夺回来，争取多学习，学习好！61051 班虽在校外进行毕业实践，许多同学在业余时间自发回学校补习数学、物理和外语，每天晚上都要学到十一、二点才回宿舍休息。[⑤] 1978 年 5 月，学校组织了由教务处和应用数学系(筹)联合主办的数学竞赛，有 175 人参加竞赛。竞赛正式开始前，党委书记邓旭初到赛场看望大家，他强调了学习基础理论特别是学好数学的重要性，竞赛结果成绩在 90 分以上的共有 5 名学生，获得了优胜奖。[⑥]

1978 年 6 月，六机部下达高等学校造船专业教材的编审出版计划，上海交大承担了大量主编和主审任务。其中，学校负责主编的教材有 22 本：《船舶结构力学》(陈铁云、陈伯真等)、《船舶强度与结构设计》(杨代盛)、《船体振动学》(陆鑫森、刘涌康等)、《船舶设计原理》(林杰人)、《船舶阻力》(姜次平)、《流体力学及空气动力学》(王蓉逊等)、《船舶动力装置》(朱士逖)、《船舶摇摆与操纵》(冯铁城)、《船舶柴油机设计》(陈大荣、张晓勇)、《船舶电站》(施亿生)、《舰船动力装置原理与设计》(船舶动力装置教研组)、《船舶动力装置自动化》(赵国光)、《船舶动力装置的振动冲击与测量》(徐敏)、《船舶柴油机》(吴寿民)、《舰船燃气轮机装置》(王仲铭)、《船舶制冷装置》(尉迟斌、顾安忠等)、《船舶空气调节》(鲍士雄、夏畹等)、《船舶制冷空调的自动调节》(陈芝久、石家泰等)、《泵与风机》(杨宗惠、茅福谦)、《陀螺原理及应用》(陆恺)、《自动控制原理》(王显正)、《液压传动》(严金坤)；负责主审的教材有 13 本：《船舶推进》(盛振邦、吴藻华)、《船舶动力装置》(动力机械系)、《船体结构》(金德贤)、《船舶建造工

① 二系：《要使规划落到实处》，《交大情况》(第 9 期)，1978 年 9 月 26 日。上交档：长- 2110。

② 数学教研室：《从实际出发迅速提高数学教学水平》，《交大情况》(第 9 期)，1978 年 9 月 26 日。上交档：长- 2110。

③ 任有恒：《达到、超过我校物理教学的历史最高水平》，《交大情况》(第 9 期)，1978 年 9 月 26 日。上交档：长- 2110。

④《中共上海市高等教育系统党史大事记(1949 年 5 月—1989 年 12 月)》(1994 年 10 月)，第 191 页。

⑤ 党办：《交大简报》(第 20 期)(1978 年 4 月 4 日)。上交档：长- 2109。

⑥《我校举行首次数学竞赛》，《交大情况》(第 4 期)，1978 年 6 月 14 日。上交档：长- 2110。

艺》(李传曦、朱崇贤)、《船舶电子传动自动化》(陈铁年)、《船舶柴油机动力装置》(李铭慰)、《船舶副机》(高鄂)、《陀螺仪器结构与设计》(陈忠法)、《现代控制理论基础》(张钟俊)、《液压流体力学》(朱世传)、《液压传动》(严金坤)、《液压控制系统》(任锦堂)、《液压系统的模拟机分析》(蒋厚宗);参加审阅的教材1本:《潜艇操纵性》(高志希、楼连根);承担主编的教学参考书有8本:《水表面动力学》《船舶兴波阻力理论》《试验技术与分析技术》《船舶柴油机扭动振动》《内燃机动力学》《柴油机工作过程》《船用燃气轮机》(译)、《系统网络与计算》(译);承担审阅的教材参考书1本:《内燃机传热及热负荷》。[①] 学校还要求各个专业及时掌握国际先进的科技动向,及时消化或翻译引进最新的专业教材,为进一步编写、出版反映现代科学技术水平的新教材做好准备。

《上海交通大学学报》于1978年复刊。该学报创刊于1956年,是由交大主办的自然科学与工程技术专业期刊,“文革”停办。1978年2月,校革委会致函市革委会并教卫办指出:“当前,一场向科学技术现代化进军的热潮正在兴起,为了迅速赶超世界先进水平,为实现四个现代化做出贡献;为了进一步贯彻党的‘百花齐放,百家争鸣’方针,使我校各种学术著作论文能及时发表交流,活跃学术空气,《交大学报》拟在今年复刊”。[②] 复刊后的第一期学报于1978年9月出版,刊登了14篇论文。该期学报后来由交大赴美代表团作为与美国高校进行交流的学术资料。10月,中共中央政治局常委、中央军委副主席叶剑英为《上海交通大学学报》题写刊名。学报于12月出版了复刊后的第二期,开始使用叶剑英题写的刊名。

由叶剑英题写刊名的《上海交通大学学报》

1978年11月,上海交大召开第二届学术委员会成立大会。会上,校长朱物华,副校长周志宏、夏平讲话,并向全体委员颁发了聘书。本届学术委员会共有27名委员,主任委员:周志宏;副主任委员:张寿、林栋樑、杨槱;秘书长,严祖

① 《上海交通大学纪事(1896—2005)》(上卷),第695页。

② 校革会:《关于恢复出版〈交大学报〉的请示报告》(1978年2月27日)。上交档:永-616,第50页。

礽;委员:金悫、朱麟五、朱雅轩、吴善勤、李铭慰、李渤仲、张钟俊、程福秀、王端骧、阮雪榆、楼鸿棣、高忠华、程极泰、程守洙、凌渭民、孙发祥、陈章亮、贝季瑶、陈景兰、罗祖道、王兆华、夏安世。学术委员会是学校重要的学术咨询机构,它的主要任务有:对学校教育事业的规划、科学研究和研究生培养等工作中的重大问题提出建议;审查、鉴定科学研究成果;评论研究生的毕业论文和毕业设计;参与提升教授、副教授的审议,组织校内学术讨论会、报告会;组织参加国内和国际学术交流活动;指导《学报》、图书和情报资料工作。[①] 1979 年以后,各系也先后成立了学术委员会。

四、振奋精神与蓄势待发

到"文革"结束,上海交大的教职员工共 3 677 人,其中专任教师 1 347 人;附属工厂工人 1 061 人。学校总体占地面积 639. 9 亩(426 612 平方米),其中校园面积近 542 亩(361 335平方米)、房屋建筑面积 24. 4 万平方米。[②] 就是在这样的校园规模基础上,交大正酝酿着新的更大发展。

1978 年 2 月 17 日,国务院批转教育部《关于恢复和办好全国重点高等学校的报告》。国务院的文件中指出:"恢复和办好全国重点高等学校是一项战略性措施,对于推动教育战线的整顿工作,迅速提高高等教育的水平,尽快改变教育事业与社会主义革命和建设严重不适应的状况,是完全必要的。"[③]在教育部的报告中,上海交通大学是被恢复的 60 所重点高等学校之一;交大的领导体制实行"双重领导,以部为主",即以六机部为主,同时接受教育部和上海市的领导。[④]

1978 年 3 月,国防科委派出国防工业检查团院校分团赴上海交大调研工作。驻交大检查团一行 32 人,由刘野亮率领。调查工作持续 50 余天,召开各类座谈会 18 次,参加座谈的教师、干部达 250 余人次。检查团参观了实验室、展览会,对于学校各项工作进行了全面检查,并参加了学校制定规划的座谈讨论。检查团在检查后的总结中指出:"交大受'四人帮'的干扰破坏是严重的,通过清查绝大多数问题搞清了,领导班子团结,群众积极性高涨,教学、科研、后勤等工作取得一定成绩。"[⑤]检查团还对学校今后的工作提出

---

① 《上海交通大学纪事(1896—2005)》(上卷),第 704—705 页。

② 上海交大有关报表见上交档:永- 565。

③ 国务院转发《教育部关于恢复和办好全国重点高等学校的报告》(1978 年 2 月 17 日)。《中华人民共和国重要教育文献(1949—1975)》,第 1597 页。

④ 《上海交通大学纪事(1896—2005)》(上卷),第 687 页。

⑤ 《上海交通大学纪事(1896—2005)》(上卷),第 688 页。

了建议。

教育事业出现新的发展机遇,学校却面临着重重困难。其中学校的校园面积狭小,教学设施陈旧,制约办学规模的扩大。

学校的办学用地,还是沿用20世纪30年代校园扩充所形成的规模。建国后,经市政府多次调整,扩大附属工厂,调配法华镇路校区等处,土地略有增加,但作为办学主体的位于徐家汇的校本部并无多大变化。在"文革"中,学校曾多次提出扩大校园面积、改善办学条件的要求。1977年10月起,为保证新一届招生工作的顺利进行,进一步扩大招生名额,又再三向市委及有关部门报告,要求改善办学条件。学校预测,按照现有教育事业发展趋势,年均招生以本科生1 800人、研究生1 000人计算,数年后,全校学生规模将达万人,科研任务也在急剧增加。这些发展是学校目前的土地、用房、教育设施都难以承担的。当时,设在上海县境内(现属徐汇区)的上海中学在"文革"中停办,校舍闲置。为此,学校提出:"申请建立交大分部,建议将原上海中学校址拨给我校建立分部。"[①]考虑到国家扩大高校招生的战略决策,为了尽快解决交大办学条件拮据的困境,在市领导杨恺等人的直接关心下,1978年9月,市教卫办秘书处通知学校:"经市委、市革委会领导同意,将上海中学西部(以河为界)划给上海交通大学使用。西部所有的房屋由交大在东部造还给上海中学,具体事宜由交大和上海中学协商,并按规定办理交接手续。"[②]由此,该校区成为交大的"上中路校区",土地面积约47.7亩(31 785平方米)。该校区的设立,暂时缓解了学校用地的压力,但是仍未从根本上解决这一制约学校发展的瓶颈问题,直到20世纪80年代中期闵行校区建成之后才得以解决。2001年,经上海市政府协调,上中路校区归还上海中学。

在财务状况方面,1977、1978年国家下拨交大的事业经费逐年增加。1977年下拨教育事业费576万元;1978年为730万元,但仍未达到20世纪60年代初期的水平。该两年的财务支出分别为564.5万元、713.1万元。这两年的科学研究经费有较大增长,1977年下拨经费为230.1万元,1978年为530.5万元;科研支出分别为233.7万元、342.0万元。[③]

在1978年的高等学校招生工作中,国家提出加快发展高等教育事业、大力筹办大学分校的要求。国务院指出:"原有高等学校要充分挖掘潜力,调动各方面的积极性,在保证本校整顿、提高任务的前提下,在师资、教学方面对分校予以积极支持。"10月3日,在上海市委批复的市教卫办《关于扩大高校招生名额的请示报告》中提出,"采取高校、有关局、区

---

① 党委:《关于建立上海交通大学分部的报告》(1977年10月8日)。上交档:长-2145。

② 市教委办秘书处:《"申请将上海中学部分土地划拨我校的报告"的抄告单》(1978年9月11日)。上交档:长-2145。

③ 数据均见有关财务报表,上交档有关各卷。

‘三结合’的办法，大力办好大学分校”。[①] 上海市决定成立14所大学分校，其中有“上海交通大学机电分校”，由上海交通大学、市机电工业一局、机电工业二局、上海造船局、华东电管局、交通局、长宁区人民政府等联合筹办。12月，交大机电分校的校址选定长宁区原遵义中学校址。交大机电分校成立时，行政和党的领导关系均隶属于上海市机电一局，由上海交大全面负责教学工作。为此，学校调派了一批教学及管理骨干参加交大机电分校的筹建和早期的教学管理工作，一批教师亦前往兼职承担教学任务，[②]周志宏兼任上海交大机电分校校长。[③] 以后，又独立成为上海工程技术大学。

1978年4月4日，学校党委召开全校向科学技术现代化进军誓师大会，国防工业检查团院校分团负责人刘野亮、六机部副部长刘放出席会议。党委书记邓旭初作动员报告。报告提出要把上海交大办成既是教育中心，又是科研中心；既出人才，又出成果，为提高国家的科学技术水平作出贡献。邓旭初提出治校的四项措施：①大力加强基础，筹建理科专业。加强基础课和基础技术课的师资队伍，教授、副教授和骨干教师要轮流参加基础课和基础技术课的教学工作，各系要支持专业教师参加基础课教学，留校的青年教师一般都要担任1—2门基础课教学。②大力开展科学研究，攀登科学技术高峰。上海交大科研工作的方针是加强基础理论，发展技术科学，突出新兴技术。8年内，学校将重点发展6个技术领域，即深潜技术、船舰动力技术、电子计算机及自动化技术、激光技术、材料科学和冲击振动噪声技术。③加强师资队伍的培养。培养方法一是在教学科研实践中锻炼，实行长、短期脱产业余进修；二是根据教师的不同情况，实行普遍培养和重点培养相结合；三是加强国内外科学技术交流和学习，增长见识，提高水平。④加强后勤工作的建设。[④]

1978年4月11日，学校制订了《上海交通大学发展规划》。《规划》提出学校的奋斗目标：“到本世纪末使学校在教学、科研、实验室等方面赶上国际先进水平，成为世界上第一流的综合性理工科大学”。《规划》同时还提出了实现这一目标的三个阶段具体设想：

> 第一阶段：1978—1980年，要大力整顿教学工作和科研工作，恢复和新建一批实验室，分期分批建立一批研究所和研究室，狠抓师资队伍建设。到1980年，在教学方面，使在校大学生和研究生的学习质量超过“文化大革命”前的水平。在科研方面，要使多数学科领域达到70年代初的世界水平。第二阶段：1981—1985年，

---

① 《中共上海市高等教育系统党史大事记(1949年5月—1989年12月)》(1994年10月)，第209页。

② 有关上海交大机电分校情况均见上交档：长-2152。

③ 《中共上海市高等教育系统党史大事记(1949年5月—1989年12月)》(1994年10月)，第215页。

④ 《上海交通大学纪事(1896—2005)》(上卷)，第691页。

教学、教材等方面要进一步提高,建设一批现代化的实验室,要扩大招生,同时增加研究生的比重。在校大学生和研究生的学习质量要接近世界同类专业学生的先进水平。科研方面,某些基础较好的学科要接近和赶上当时的世界先进水平。第三阶段,到20世纪末,要使学校教学、科研、实验室等方面进入世界先进水平行列。要拥有一批世界第一流的教授、科学家,形成一批基础科学和新技术的科研中心,建成一批拥有先进实验手段的实验基地。学校有关的科学领域,多数接近、部分赶上、个别超过当时的世界先进水平。[①]

1978年9月,上海交大组建了一个以教授为主要成员的访问团出访美国,学习发达国家高等教育的先进经验。访问团的团长为邓旭初,成员主要有张寿、金悫、张钟俊、王瑞骧、陈铁云、李铭慰、程极泰、高忠华、张光曜等。访美期间,访问团行程达20个城市,共47天,先后访问了27所高校、14所研究机构和企业,与数百名专家、学者进行学术交流,学习和了解了国际学术前沿动态。联络了许多美籍华人和海外校友,与交大美洲校友会建立正式联系。这是新中国成立以来首个访美的大学代表团。这次出访在国内外都引起了轰动。

1978年9—11月,上海交大组成教授访问团出访美国,参观哥伦比亚大学。团长为邓旭初(前排左3)

① 《上海交通大学纪事(1896—2005)》(上卷),第691—692页。

到1978年底，上海交大设立11个系和马列主义教研室，设53个教研组(室)、50个实验室和一批研究室。设置的系和教研组的情况是：船舶制造系(一系)，设置水面舰艇制造、潜艇制造、船舶结构力学、船舶流体力学、民用船舶制造、船舶工艺等教研组；船舶动力系(二系)，设置船舶涡轮机、船舶内燃机、船舶动力装置、热工、船舶制冷与空调、核反应堆工程等教研组，设振动噪音研究室；电气工程及计算机科学系(三系)，设置电机、电子、船舶消磁、发电厂及电力系统、电气绝缘、高电压技术、电工学、电工基础、电子计算机、网络、自动控制等教研组，设电子计算机中心研究室；无线电系(四系)，设置雷达通讯、无线电基础教研组；材料科学及工程系(五系)，设置炼钢、金属材料科学、锻压工艺、铸造工艺、焊接工艺、物理化学与分析化学等教研组；机械工程系(六系)，设置机械制造工艺及设备、液压传动、起重运输机械、工程画、金属工艺学、机械零件原理等教研组；应用数学系(七系)，设置数学教学、计算数学、最优化、控制数学等教研组；精密仪器系(八系)，设置陀螺仪、精密仪器、声全息等教研组；应用物理系(九系)，设置普通物理、激光物理、固体物理等教研组；工程力学系(十系)，设置流体力学、固体力学、材料力学、理论力学等教研组；公共课教学系(十一系)，设置外语、化学、体育等教研组。[①] 另外，学校还设有一个电化教育研究室。

1978年12月，党中央召开了十一届三中全会，它标志着新中国成立以来我党历史上一次具有深远意义的伟大转折。邓小平在会上作了《解放思想，实事求是，团结一致向前看》的重要讲话，提出并重新确立了党的“解放思想，实事求是”的思想路线，为我党、我国进入改革开放新的历史时期铺平了道路。

以党的十一届三中全会为光辉起点，上海交通大学广大师生振奋精神，蓄势待发，满怀饱满的政治热情和充实的学术储备，迎接即将到来的、教育科技事业大发展的新的春天！

---

① 上海交大：《高等学校学年初报表》(1978年9月)。上交档：永-607。

附录一

大事年表(1959.7—1978)

1959 年

7 月 31 日 国务院批准,交通大学上海部分、西安部分分别独立成为上海交通大学、西安交通大学。8 月 17 日,教育部《关于交通大学上海、西安两个部分分别独立成为上海交大和西安交大以及若干具体问题的处理意见》,就两校的专业设置、师资队伍、仪器设备等方面的调整提出具体意见。9 月 5 日,中共上海市委通知,经中央批准,谢邦治任上海交通大学党委书记兼校长,并任市委常委。原交通大学副校长陈石英、程孝刚留任上海交大副校长。10 月,中央决定彭康任西安交通大学党委书记兼校长。

8 月 7 日 上海交通大学校务委员会举行会议,欢送彭康赴西安交通大学,欢迎谢邦治来上海交通大学。9 月 5 日,上海交通大学全校师生举行开学典礼,并欢送彭康、欢迎谢邦治,彭康、谢邦治分别发表讲话。

8 月—9 月 中华人民共和国第一届运动会举行。在本届运动会上,上海交大参赛的运动员共有 3 人获金牌、4 人获铜牌。其中吴怀益参加的 2 000 米双人单桨(有舵手)赛艇项目获冠军,祝嘉铭、李家振参加的上海男子排球队获冠军。

10 月 31 日 召开师生员工“反右倾、鼓干劲、掀起更大跃进高潮动员大会”。

1960年

3月6日　中国共产党上海交通大学第一次党员代表大会举行，出席大会的代表140人，列席人员48人。谢邦治主持会议，邓旭初代表党委作工作报告，会议选举并经上海市委同意，谢邦治为党委书记，余仁、邓旭初、张华为党委副书记。

3月27日　贯彻市委文教会议、工业会议的精神，学校召开各级干部会议，动员全校师生投入"技术革新和技术革命"运动。

4月　余仁任上海交大党委副书记、副校长。

5月4日　召开党委常委扩大会议，传达教育部召开的"重点高校校院长会议"精神，确定上海交大的发展方向为"以造船为中心，以机电为基础，积极发展尖端科学技术"。

5月27日　毛泽东在上海参观了光缆技术展览和工业展览后，又观看了上海交大自行研制的气垫船。5月28日晚，毛泽东又参观了我国首枚探空火箭模型，听取交大毕业生潘先觉关于研制工作的介绍。当晚，毛泽东还参观了由上海交大研制的移动式静电加速器展品。

12月27日　根据上级部署，开展"三反运动"(反贪污、反浪费、反官僚主义)，到1961年下半年结束。

1961年

1月和6月　先后对船舶制造、起重运输机两个专业，高等数学、物理学、电工学3门课程进行教学工作调查研究。

2月6日　中央决定，上海交通大学划归国防科委领导。

3月7日　学校提出办学发展方向："为国防工业服务，以造船为中心，军用为主，过渡时期可以军民兼顾。"

4月4日　国务院副总理、国防科委主任聂荣臻接见上海交大代表谢邦治等人，对学校工作作出重要指示。

5月13日　海军司令员萧劲光等接见交大负责人，并于22日到上海交大视察工作，就学校工作作出重要指示。

6月10日　上海市教育局发文，决定将上海交大民晏路分部移交新成立的上海工学院作为校舍；另将市委党校法华镇路校区划归交大。

10月5日　朱物华任上海交大副校长。

11月10日　制定《关于修订教学计划的几项规定(草案)》，并下发各部门执行。至1963年9月，各专业共制订35份教学计划，先后实施。

1962年

1月1日 印发《师资培养三年(1962—1964)规划要点》。5月,确定第一批重点培养的骨干教师52人。

3月 上海市副市长刘述周到校向师生传达广州会议精神。

4月30日 中央任命谢邦治为中国驻保加利亚特命全权大使,免去上海交大党委书记、校长职务。

7月25日 邓旭初、周志宏任上海交大副校长。

9月26日 教务处撰写《学习讨论高等工业学校教学工作会议精神的情况简报(一)》上报。10月10日,国防科委以《关于学习老交通大学有益的教学经验,改进教学工作的通报》为题转发了该简报。

12月28日 中国共产党上海交通大学第二次党员代表大会举行。会议选举新一届党委会,余仁、张华、邓旭初、苏宁为党委副书记。

1963年

2月18日 国防科委批复,同意调整上海交通大学校务委员会成员;主任暂缺,副主任为余仁、陈石英、程孝刚、朱物华、邓旭初、周志宏。

5月10日 印发《上海交通大学关于师资培养进修与管理的几点规定(试行草案)》。

6月7日 根据市委部署,开展"五反运动"(反对贪污盗窃、反对投机倒把、反对铺张浪费、反对分散主义、反对官僚主义),到1964年3月结束。

8月 中央决定,刘述周兼任上海交通大学校长。2日,上海交大召开干部会议,欢迎刘述周。12日,刘述周到校参加毕业典礼并发表讲话。

10月30日 印发《关于进行教学工作的调查研究的意见(草案)》,部署在全校各教学部门开展一次全面的教学调查研究。

12月28日 上报《1960—1963年教师提升职务名称的工作总结》。四年来上海交大共确定和提升教师及各专业职务248人。

1964年

1月10日 制定《上海交通大学培养师资十年规划》。

1月27日 印发《关于教学工作中若干具体问题的规定》(即"教学十七条"),在全校试行。

2月1日　刘述周到校为师生作参加社会主义教育运动的学习动员报告。

4月24日　中国共产党上海交通大学第三次党员代表大会举行。会议选举新一届党委会,余仁为党委代理书记,张华、邓旭初、苏宁为党委副书记。

9月　上海交大试办水面船舶设计与制造、机械制造工艺两个半工半读专业。

10月20日　国防科委批复同意上海交大成立政治部,张华兼任政治部主任。

11月18日　根据市委的安排,上海交大师生2 000余人赴奉贤参加农村社会主义教育运动。

1965年

3月　上海交大师生2 900余人赴市内工厂参加城市社会主义教育运动。

3月27日　夏平任上海交大副校长。

4月3日　海军为上海交大调拨一艘C型潜艇(112号)供教学科研使用。1966年1月3日,海军又调拨一艘123勃型快艇供交大使用。上述两艇于20世纪70年代末报废后交还海军处理。

4月26日　召开全校教学工作会议,朱物华做教学工作总结报告。

5月10日　上海市决定,将虹桥路上海钢铁研究所炼钢实验厂厂区划归上海交大。

1966年

1月　国防科委政治部向上海交大师生发放《毛主席语录》9 000余本。

6月2日　校内贴出支持北大师生的大字报,这是交大“文革”中的第一张大字报。当天下午,学校举行师生集会,宣布全校临时停课,开展“文化大革命”。

6月6日　按上级精神,党委决定并经市委批准,以莫须有的罪名对外语系教授凌渭明、船舶制造系副主任何友声点名批判。

6月9日　数名学生因王宗光劝阻他们错误地贴曾继铎大字报,而张贴诬陷王宗光的大字报。

6月13日　据统计全校已贴出大字报约5万余张,361人被大字报点名批判。

8月11日　根据《中共中央关于无产阶级文化大革命的决定》(即“十六条”)精神,成立校“文化革命筹备委员会”。

8月　交大党委常委、总务处长朱士亮遭受迫害。

10月10日　“反到底战斗队”贴出大字报,把斗争矛头直接指向校党委,还要“踢开党委闹革命”。

10月19日 中共上海市委作出《关于大专院校和中等学校各级党组织中断对无产阶级文化大革命领导的决定》。此后,上海交大党委被迫中断对运动的领导,各级党组织完全瘫痪,党员停止过组织生活。

10月31日 “反到底兵团”等造反组织冲进总办公厅进行“打砸抢”,并数天占领大楼,查抄所谓“黑材料”,遭到张华及管理人事档案的干部坚决阻止。是为“反修楼事件”。

11月25日 张华带领上海交大部分党委成员和中层干部前往张春桥家中,针对运动中出现的不正常情况,质问张春桥。

1967年

1月17日 “反到底兵团”等造反组织在校内“打砸抢”,大肆“夺权”。

6月上旬 全校师生4 000余人分三批步行前往奉贤参加“三夏”劳动。

6月 根据中央通知精神,1966届毕业生进行毕业分配。

9月1日 由东海舰队派出的军训团进驻上海交大,对在校师生进行军训。

9月19日 在军训团的主持下,上海交大各群众组织实现了名义上的“大联合”。

1968年

1月27日 上海交通大学革命委员会成立,召集人为造反派学生严步东、张某某、孟某某,结合干部夏平、马惠民等5人。

3月 根据上级布置,学校开展“清队”。两个多月,全校有300多人被戴上“阶级敌人”的帽子。

5月1日 毛泽东塑像落成于大草坪。

8月27日 上海市委派驻上海交大的“工人毛泽东思想宣传队”共1 000余人进校。

8月30日 传达中央关于1967届毕业生毕业分配的文件。11月,中央又发出1968届毕业生分配的文件。到12月,上海交大该两届毕业生分配完毕。

8月 在校师生2 500余人前往农村、工厂参加劳动。

9月5日 按照上级统一部署,工宣队打着“防扩散”的旗号,在全校范围内以突然袭击的方式,进行查抄,集中关押“审查对象”,进行批斗。

1969 年

6 月　在“清理阶级队伍”运动中,经试点后,全校开始整党运动。

10 月 18 日　成立上海交大人民防空领导小组。此后,在校园内施工建设“人民防空工事”,总长度 5 500 米。

10 月 26 日　在全国性战备高潮中,上海交大大部分师生疏散至奉贤,继续进行“斗、批、改”运动。

12 月 15 日　中央决定,上海交通大学划归海军领导。

1970 年

2 月 15 日　交大改归六机部建制。

2 月　根据中央文件精神,全校开展“一打三反”(打击反革命、反对贪污盗窃、反对投机倒把、反对铺张浪费)运动。

3 月　中央发出《关于清查“五・一六”反革命阴谋集团的通知》,工宣队负责人陈杏全设立专案组,又一批干部、师生横遭迫害。

6 月 2 日　张春桥、姚文元在上海召开“上海理工科大学教育革命座谈会”。张春桥对上海交大的“教育革命”表示不满,点名批评交大是“温吞水”。7 月 23 日,《上海理工科大学教育革命座谈会纪要》在 1970 年第八期《红旗》杂志发表。

7 月 8 日　上海交大召开学生大会,传达中央文件精神,开始进行 1969、1970 届毕业生分配工作。到 8 月上旬,毕业生分配完毕。

8 月 7 日　校“工军革”下发《关于公布我校教育体制及临时班子的决定》,将校内系级机构变更为“连队化”设置,共设五个大队(造船大队、船舶机械大队、船舶电工大队、电子仪器大队、特殊材料大队)。

1971 年

4 月 3 日　六机部批复,同意上海交大建设空泡水筒试验室。该试验室于 1961 年筹建,“文革”开始即中止,此时开工建设,于 1976 年全部建成。

7 月 4 日　由于系级机构“连队化”设置后出现诸多问题,学校决定撤销大队,恢复系级机构。

8 月 4 日　传达《全国教育工作会议纪要》。

1972年

2月2日 学校印发《关于制定各专业教育计划的几点意见(修改稿)》,为招收工农兵学员做准备。

5月7日 根据市革委会决定,上海交大在安徽凤阳大庙公社举办“五七干校”。第一批学员200余人赴干校参加学习和劳动。

6月7日 根据全国教育工作会议决定,上海交大电机系的电力系统及自动化专业、电气绝缘与电缆技术专业、高电压技术及设备专业并入上海机械学院。10月,3个专业又迁回交大。

11月23日 经上海市委批准,上海交通大学党的核心小组成立,杨恺任组长。

1973年

5月11日 根据全国教育工作会议精神,上海市委决定,上海交大机车系及所属专业并入上海铁道学院。6月14日,两校就该系划转事宜办理交接手续。

7月12日 中国共产党上海交通大学第四次党员代表大会举行。会议选举新一届党委会,杨恺为党委书记。

9月17日 上海交大举行第一届工农兵学员开学典礼。首批工农兵学员共1100余人。

1974年

1月12日 经国务院科教组批准,上海交大原党委副书记苏宁赴也门担任中国援建的也门技术学校中方教学组组长。之后,学校先后有多名教师分批前往该校任教。

5月14日 召开全校教职工大会,进行赴西藏支教动员。当年选派蒋秀明、程斌、周仁3人赴藏支教。

5月 为云南、安徽等地举办“农村电工”和“农用柴油机”等专业函授教育。

6月15日 国防工办和六机部负责人边疆、方强等人到校检查工作。

10月5日 招收在职研究生共96名。

1975年

3月 经党委批准,各系总支委员会陆续恢复建立。

4月19日 制定《上海交通大学1976年—1985年发展规划》。

9月29日 成立校外事接待领导小组。

12月9日　因校内大字报数量少,市文教组在全市高校干部会上点名批评上海交大的领导“反击右倾翻案风”不力。

1976年

3月24日　45031班学员方礼森向党委提出申请,要求毕业时分配到西藏工作。4月7日,党委作出“关于开展向方礼森同志学习的决定”。

6月5日　选派朱立三、李锦涛、陈锦文、张汉正4人第二批赴藏支教。

10月12日　上海交大无线电工程系部分学员连夜上街,刷写反对“四人帮”的大标语。13日下午,数百名师生走上街头,拥护党中央一举粉碎“四人帮”,成为上海欢庆粉碎“四人帮”最早的游行队伍。

10月20日　由交大等单位召集、筹办,在人民广场举行了“上海市人民坚决拥护党中央两项重要决定,愤怒声讨‘四人帮’反革命罪行大会”。

1977年

1月12日　举行1976届工农兵学员毕业典礼。1月19日,上海市召开“高等学校应届毕业生支藏、支边、支农大会”,上海交大毕业生方礼森等4人赴西藏参加工作。

5月3日　召开“深揭狠批‘四人帮’及其余党干扰破坏交大的反革命罪行大会”,徐景贤、王秀珍等人到会做出交代。

6月12日　上海市委批复,邓旭初任上海交通大学党委书记、革委会主任。

8月6日　在邓小平主持召开的科学和教育工作座谈会上,上海交大代表吴健中发言,率先提出否定教育战线的“两个估计”的问题。

10月18日　六机部负责人边疆等人到上海交大检查工作。

10月30日　上海市教育战线召开先进集体、先进工作者代表大会,上海交大被评为“上海市教育战线先进单位”,并有一批教研组、教职工获得先进集体、先进工作者称号。

1978年

1月27日　上海市委第一书记苏振华、海军副司令员刘道生、市委书记韩哲一和市国防工办主任周少华等到上海交大视察工作。

2月4日　上海市科学大会召开,交大获得诸多奖项。

3月1日　上海交大举行1977级新生开学典礼。这是“文革”后,恢复高校统一招生考试制度招收的第一批学生。10 月,1978 级新生招生完毕。两级新生共录取 2 790 余人。

3 月 18 日 全国科学大会召开,上海交大有 33 项科技成果获奖,周志宏、朱物华、阮雪榆 3 人被评为全国科技先进个人,船舶流体力学研究室被评为全国科技先进集体。

4 月 11 日 学校制定《上海交通大学发展规划》,提出了到本世纪末的奋斗目标:“3 年整顿,8 年提高,23 年实现赶超,到本世纪末使学校在教学、科研、实验室等方面赶上国际先进水平,成为世界上第一流的综合性理工科大学。”

5 月 24 日 新华社播发消息《为“老交大传统”恢复名誉》。

5 月 30 日 国务院副总理王震兼任上海交通大学校务委员会主任,第六机械工业部部长柴树藩兼任副主任。当天,王震、洪学智、张珍、柴树藩、刘秉彦、杨恺等到交大,参加上海交通大学第八届校务委员会成立会议。

7 月 12 日 上海市委通知,朱物华任上海交通大学校长,夏平、张寿、周志宏、王守仁、孟树模、林栋梁任上海交大副校长。

9 月 11 日 市委、市革委会同意,将上海中学部分校区划给上海交大使用。

9 月 29 日 上海交通大学教授访问团一行 12 人出访美国,11 月 19 日回国。

10 月 27 日 召开全校大会,为在“文革”中造成的所有冤假错案平反昭雪。在此前后,校系两级陆续为在“文革”中遭受迫害、非正常死亡的教职员工举行了平反和追悼活动。

12 月 4 日 上海市决定建立一批大学分校,交大参与筹建“上海交通大学机电分校”。

12 月 《上海交通大学学报》复刊后的第二期出版,封面采用中央军委副主席叶剑英亲笔题写的刊名。

附录二

主要规章制度(1959.7—1978)

上海交通大学成绩考核暂行规定

1959 年

一、成绩考核的目的要求:

成绩考核是教育过程中不可缺少的一个组成部分。各类课程(政治课、业务课、生产劳动课、体育课)都应该根据既严肃认真又实事求是的原则进行考核并记录成绩。成绩考核的目的:一、可以起总结、巩固、提高学习成果的积极作用;二、了解学生对各课程的掌握程度以及对政治思想的提高情况;三、及时全面的总结经验,发现问题,从而不断地提高教育质量。

二、成绩考核的方式方法:

1. 课程成绩考核的方式一般采用考试或考查,有些课程在考试前须对实验、作业习题等先进行考查,考查及格才准参加该门课程的考试。如果学生缺实验、实验报告、课程设计、平时作业,考查便不能及格,不准参加该门课程的考试。

2. 课程的考试或考查应按照教育计划的规定,未经正当批准手续不得任意变更。

考试

3. 考试的方式可根据课程的性质、学生人数多少等具体情况决定采用口试、笔试或是笔试和口试相结合的方法。

4. 每学期末考试课程的门数最多不超过四门。

5. 每一门课程的考试安排二至三天的复习时间。

6. 考试内容应根据教学大纲的要求命题;试题应由教研组讨论,并经教研组主任同意。

7. 连续两个学期的课程,如第一学期为考查,第二学期为考试的;考试内容则以第二学期的内容为主,也可以包括第一学期的主要内容。

8. 课程的考试应由讲授该课的教师进行;人数过多的班级进行口试有困难的,可由教研组研究作出安排。

9. 考试日程表由系主任制定并由系务委员会批准(一年级由基础课教学部主任制定),考试日程表应按照课程的分量轻重和难易程度以及复习和考试所需的时间统筹安排,于考试前一个月通知教研组和学生。

考查

10. 凡是考查的课程应该着重对平时学习情况的检查,并在课程结束时评定出总的考查成绩。考查要求应低于考试,考查不应成为变相的考试。

11. 考查的课程应全部在考试期开始以前进行完毕;有特殊原因的须经系主任批准,另行安排时间。

12. 生产劳动与实习的考查应该在实习结束后在劳动或实习地点进行;并邀请劳动(实习)单位的指导人员参加评分。不能够在劳动(实习)地点进行的,应在回校后一周内评出考查成绩。

13. 理论课程的考查一般由讲授课程的教师进行。实习、实验、课堂讨论、课程作业、课程设计的考查由指导教师进行。

14. 学生选读加选课必须经系主任批准,课程结束后均应进行考查,加选课及格与否不影响升留级,但成绩仍记入记分册。

平时测验

平时测验一般采用事先不通知的方式,在讲课时抽出 10—20 分钟测验课程部分内容。这种小测验的目的是为了了解教学情况,不得以测验来进行全面性的成绩考查。阶段性的测验次数要严格限制,并必须在学期开始时经过平衡批准,安排在教学进度表里。要避免为了测验,影响学生正常学习。

三、成绩评定及记分:

1. 每门考试课程的评分主要是根据最后的成绩;但亦要参考学生平时该门课程的学习情况来评定。在评定时应该以发展的眼光来看,既不能完全不考虑平时的学习情况,亦不能采取平时成绩与考试成绩平均计算的方法。

2. 进行考试以前教师对每位同学的平时学习情况先有一个记录,如遇考试成绩与平时成绩有较大出入时:凡用口试的可以当场补充提问,作全面的了解;凡用笔试的可以及时进行补充口试。

3. 政治课的成绩评定应当把理论学习的成绩和学生平时的政治思想觉悟提高情况结合起来评定,并且应当以学生的实际行动来作为衡量政治觉悟程度的标准。

4. 业务课程成绩的评定是根据学生个人对该门课程的掌握程度来决定。科学研究成绩可记分或给予评语。

“形势与任务”课与政治理论课考核的结果统一记分作为政治课的成绩。考核的时间以在学年末为宜,但也可以结合政治运动进行;在方式上采取在系的党组织领导下师生结合的办法进行。

5. 关于生产劳动成绩的考核:

(1) 基本工种训练和专业性的劳动,应根据生产劳动大纲由教师会同指导的老师傅及工长评定成绩。

(2) 劳动态度以及社会公益劳动的成绩在劳动结束时由小组进行民主鉴定。

6. 考试成绩的评定采用四级记分制,一律以代表优等,良好,及格,不及格四种成绩的符号“5”“4”“3”“2”记分。考查成绩的评定一般采用“及格”“不及格”两级记分,但有些课程的考查亦可用四级记分:(如生产实习、工种训练、课程设计、工程制图、分析化学、外国语、体育等)。某些课程除用四级记分或两级记分制评定成绩外,可另加评语(如政治课、毕业设计或论文、生产实习、生产劳动等)。

7. 一门课程分布在两个学期的(在同一学年或跨学年),计算课程门数时按一门计算。

8. 一般课程由讲课教师评定成绩。辅导教师、班级干部可以提供意见,如难以决定成绩时,由教研组吸取各方面的意见决定。课程设计的成绩考核由指导教师决定,亦可以组成专门的答辩小组来评定成绩。毕业设计要组成答辩委员会,吸收工厂技术人员等参加。由委员会讨论决定成绩。

9. 考试和考查的成绩应由教师分别记在成绩登记表上和记分册上。每门课程的成绩应在考试或考查结束后一周内将成绩登记表送有关系主任。关于没有通过考查、不准参加考试的学生姓名,应由任课教师及时地在考试以前以书面通知有关系主任。

10. 补考以后的成绩仍按实考成绩评分,但必须注明“补考”以资区别。

11. 未按时参加考试或考查的学生,主考教师应在成绩登记表上注明“缺考”。未经批准缓考,无故缺考的作为旷考,该门课程按不及格论。

12. 每门考试结束后,任课教师须在一周内结算出最后成绩,并对这门课程的教学质量与教学经验在教研组内进行总结,做出分析与写成书面材料。各教研组在学期结束时向系提出教学情况分析汇报;各系在学期开学前向教务处提出上学期本系各年级教学情况分析汇报。内容要求有统计、有分析、有提高质量措施。

四、补考

1. 每学期结束后,考试考查不及格的课程累计数不超过三门的学生,经系批准并通知有关教研组进行补考。同学自己要求教师进行补考的成绩无效。有考试又有考查的课程作为一门计算。

2. 不及格和“缓考”课程达四门者须先补考“缓考”的课程后,再决定能否补考不及格的课程。

3. 补考试或补考查的要求与正式考试考查的要求相同。

4. 补考一般以一次为限,并在规定的日期内进行。如因病经医生证明确实不能参加补考或因公不能参加补考的,经本人申请、系主任批准,可以另行安排补考时间。未经批准而无故不参加补考的,以后不准再补考,该门课程作为不及格。

5. 第一学期不及格和“缓考”的课程应在下学期开学后两周内补考完毕。第二学期不及格和缓考的课程在下学年开学前一周内补考完毕。

五、升留级办法

1. 学生的升留级须在下学年开学以前处理完毕。

2. 第一学期经补考后仍有不及格课程的学生,第二学期仍跟班上课,第二学期积极努力、成绩良好,经班级提出与系主任批准,可再给予一次补考机会。

3. 每学期结束后考试考查不及格的课程累计达四门的,不得参加补考,并由校长命令其退学。在学年中的第一个学期末发生这种情况的学生,如政治思想和健康情况良好、学习又很努力,只因某种客观原因造成学习上的困难的,经系主任提出、教务长审查,校长批准,可以允许在第二学期试读一个学期,在学年结束补考后再按规定处理。

4. 学年末经过一次补考以后累计有两门到三门课程不及格的,根据其课程性质和全面考虑其他方面的情况,由系主任提出留级或退学,经教务长审查报校长批准。

5. 学年末经过一次补考以后仍有一门课程不及格的应该留级。但根据学生其他课程的学习成绩、不及格课程的性质、学习态度、政治思想及健康等方面考虑认为升级不会影响其他课程学习,经系主任提出、教务长批准可以不留级,这一门不及格的课程允许在一年内再补考一次。

6. 学生连续留级及间断留级到第三次应作退学处理。

7. 留级学生以往所修课程其成绩是5分或4分的该课程可以免修。

8. 政治课不及格除进行教育外应根据情节轻重给予一定的处理,屡教不改而学习和劳动也表现不好的学生可以加重处理,直至命令退学。

9. 每学年结束后,各系应提出留级和退学的学生名单,经校长批准公布执行。

六、如有特殊情况,不宜按本规定执行时,由系主任提出意见,经教务长审核,校长批准后执行。

交通大学一般学生人民助学金实施办法(草案)

1959年

一、为更合理地解决本校一般学生(不包括产业工人学生、研究生、外国来华留学生,下同)学习和生活上的困难,保证完成国家培养建设人才的任务,特根据中华人民共和国高等教育部1955年8月22日颁发《全国高等学校(不包括高等师范学校)一般学生人民助学金实施办法》精神及有关指示制定本校一般学生人民助学金实施办法。

二、申请条件:

一般学生在学习期间,因家庭经济困难无力负担伙食费、学习费用一部或全部时,可向学校申请一般学生人民助学金的补助。

三、补助范围及补助标准:

(一)定期补助费:

1. 伙食补助费:分为五等,家庭困难确实无力负担在校全部伙食费者,可申请一等,只能负担部分者可申请二等、三等、四等或五等。

一等　补助全部伙食费十二元五角;

二等　补助伙食费十元;

三等　补助伙食费七元五角;

四等　补助伙食费五元;

五等　补助伙食费三元;

2. 按月学习、生活补助费分为四等:完全无经济来源者可申请一等,有小部接济者可申请二、三、四等。

一等　补助四元;

二等　补助三元;

三等　补助二元;

四等　补助一元。

(二) 以下项目原则上自理,经济有特殊困难的学生除申请定期补助外,若遇有特殊需要时,可申请临时补助。

1. 书籍补助费:

(1) 凡代替教科书性质的讲义费,可申请补助。

(2) 凡学校指定之必读教科书一律采取借用,由助学金拨款,教材供应可负责购置,系于每学期开学时借给清寒同学使用,学期终了由系负责收回,负担书费有困难的同学可以小班为单位于开学前提出申请借用,经系审查后将核准名单及借用册数通知教材供应科和班级,由各班长统一向教材供应科办理借书手续,并负责集体保管交还所借书籍,一年级学生由基础课教学部学生科办理。

2. 绘图仪器借用办法(另有规定)

3. 被服补助费:

必须被服补助,每学年分两次进行,第一次在每学年春季开学后可申请单衣困难补助(每套至少须穿二学年)。第二次在每学年秋季开学后可申请棉衣、棉被困难补助。棉衣(每套至少需穿五年)

以上布料限于一般有色细布。

棉被棉胎补助根据无被或棉胎单薄不能御寒或者按具体情况补助一部或全部棉胎。在校期间只能申请补助一次,按具体情况补助三至五斤,被里以一丈五尺龙头细布为标准。(以上价格均按市价另行规定)

4. 其他补助费:

(1) 住院伙食费差额补助费:(系指本人每月在校伙食费缴付后不足数而言)本人确不能负担,经过申请可酌情补助一部或全部,但必须缴医院保健科证明及住院伙食单位证明(外加营养不予补助)。

(2) 因病休学后,回家路费及休学期间的伙食,一般应自行解决,对家庭确实清寒的学生,可视具体情况酌情补助一部或全部。在休养期间的伙食补助,一般不得超过六个月,有特殊困难的,凭当地清寒证明,再继续补助。

四、革命烈士子女学生，少数民族学生(另有规定者除外)归国华侨学生，工农学生，在和一般学生同等经济条件下可优先给予照顾。

五、人民助学金的伙食部分，由学校集中掌握，统一办理伙食。除走读学生、因病假或休学离校回家经学校批准外，原则上不发给学生本人。在寒暑假或在学习期间离校回家同学人民助学金，按具体情况补助一部或全部。

六、申请和批准手续：

1. 凡申请人民助学金者应详细填写《人民助学金申请书》(临时申请可填写困难补助申请表)，忠实、正确填明家庭经济情况、申请理由及申请项目，交给班长。

2. 班长根据某家庭情况及个人生活费支出情况，提出可否申请，可补助多少的具体意见送系。

3. 系负责审查批准，一年级学生经基础课教学部学生科审查批准。

七、批准时间与发放制度：

(一) 批准时间与发放制度

1. 伙食与按月学习生活补助费，于每学年新生入学后办理申请一次，以后每学年度开始复查调整一次，个别学生因家庭情况发生重大变化，学期中途可提出申请和取消。

2. 申请书籍借用与必需被服补助费规定每学期审核一次，棉衣被于每学年第一学期(秋季开学)申请审核一次，单衣于每学年第二学期(春季开学)申请审核一次，一般不得中途申请。

3. 其他临时补助方面：

申请时须填写困难补助费申请表交班长签注意见后送系办公室审批。

(二) 发放制度：

1. 伙食补助费经批准后，自开学后供给。

2. 其他补助费发放时间，财务科另有规定。

3. 对补助费的停滞、减少、增加等变动系与发放日期前三天通知财务科、膳务科。

八、凡申请助学金应有实事求是的精神，如有虚报情况、造假证件骗取人民助学金者，经查明后，除停发或追回其助学金外，并根据情节给予批评或处分。

九、已得补助学生如家庭经济情况好转应自动按级提出取消补助。

十、本办法经校长批准公布实施，修改时同。

附：

审批一般学生人民助学金及调干、产业工人学生家庭困难补助费的计算标准参考意见

(一)凡家庭收入按下列生活费计算标准维持生活有困难者,方可申请助学金及家庭困难补助费。

1. 家住本市或其他大城市,除掉参加劳动者每人每月生活费15元—25元外,家庭人口每人每月平均9—12元;

2. 家庭住中等城市除掉参加劳动者每月每人生活费10—20元外,家庭人口每人每月平均8—10元;

3. 家住小城市除掉参加劳动者每人每月生活费8—15元外,家庭人口每人每月平均6—8元;

4. 农村家庭人口每人每月生活费平均不足4—5元可考虑补助。

(二)家庭生活费的计算,一般不得超过上列最高标准,如情况特殊,家庭生活费虽已达上列最高标准而仍有困难者,可超过上列标准酌情给予补助。

(三)调干生家属中有人参加工作者,如有困难,应由在职一方申请补助,经联系后,若在职机关福利费少无力解决时,可酌情补助。

上海交通大学关于修订教学计划的几项规定(草案)

1961年11月10日

根据教育部《关于直属高等工业学校本科(五年制)修订教学计划的规定(草案初稿)》与国防科委《关于国防工业高等院校修订教学计划的通知(草稿)》,结合上海市高教局的有关规定,兹对我校修订教学计划的各项规定,提出如下的意见:

一、培养目标

1. 各专业的基本任务是培养又红又专、身体健康的国防科学研究和国防工业的高级技术人才。要求毕业生达到以下标准:

(一)具有爱国主义和国际主义精神,具有共产主义道德品质,拥护共产党的领导,拥护社会主义,愿为社会主义事业服务、为人民服务,通过马克思列宁主义、毛泽东著作的学习和一定的生产劳动、实际工作的锻炼,逐步树立无产阶级的阶级观点、劳动观点、群众观点、辩证唯物主义观点。

(二)完成工程师的基本训练。具有比较深广而巩固的基础理论知识和为深入掌握本专业所必须的专业知识和基本技能,掌握一定的操作技能和组织管理生产的知识;至少掌握一门外国语,达到比较熟练地阅读专业书刊的程度;能独立地解决本专业范围内的一般工程技术问题;具有初步的科学研究能力。

(三)具有健全的体魄。

2. 在各专业教学计划的说明书中尚需明确规定本专业的业务范围(一般应包括在设计、工艺、运行等方面的具体要求)。

二、时间的安排

贯彻"教学为主,质量第一"的原则,正确处理教学与生产劳动、科学研究、社会活动之间的关系。要切实保证为完成培养目标所必须的教学内容、教学环节和时间。生产劳动和科学研究的时间应当安排得当,以利教学。

1. 每学年分为两个学期。学年开始一般规定在9月1日左右。学生毕业的时间不迟于7月31日。学生在校时间共256周左右。

2. 时间的具体分配:

理论教学,不少于145周,一般安排在第一至第九学期。必要时,最后一学期也可以安排少量课程。

考试:每学年3至4周,共16至18周。每学期考试课程2—4门。

实习和劳动:教学实习(包括金工实习)、生产实习和生产劳动共25—30周。其中实习部分不少于18周。另外五年中,安排集中的公益劳动和其他体力劳动5周,校内经常劳动5周,共计10周。

毕业设计(毕业论文):一般规定为16至20周(包括答疑时间在内)。

科学研究:不专门安排时间。

假期:每学年为8周(不包括例假),最后一学年只排寒假2周,共计34周。

机动时间:每学年上学期各安排1周。机动时间如果没有必要使用时,可移作为寒假。

3. 学时安排:

课内总学时:一般规定为3 400至3 700学时(包括现场教学的集中讲授时数在内)。课程设计不计入总学时内,但应计入每周课内外学习时间54小时之内。

课内周学时。一般不超过27时。从低年级到高年级应该逐渐减少。

课内外学习时间:每周为54小时(课内每学时以1小时计算),包括思想政治教育报告与校内经常劳动的时间在内。

三、课程设置。

妥善安排各门课程、各个教学环节及教学时间,是保证实现培养目标的重要关键。在课程设置上,应该以加强基础理论、保证基本技能训练和使学生获得必要的专业知识为原则。

对于以产品设计与制造为对象的专业课程设置应以设计为主,但要注意保证一定的工艺知识。在课程安排上,应该根据循序渐进的原则,保持课程之间的科学系统性和联系性。每周课程门数不宜过多或过少,一般以5至7门(包括思想政治教育报告在内)为宜,并应该注意不要使主要理论课程的门数和时数过分集中。

1. 公共课程:

政治理论课程:

(一)马克思列宁主义基础理论课程。一般设置马克思列宁主义概论和中共党史两门,上课时数为210学时左右。

(二)思想政治教育报告,是各专业各年级必修的。主要是向学生做国内外形势、党的政策和共产主义道德品质教育的报告。每月1至2次,平均每周按课内1学时计算,共160学时左右。

外国语课程:

第一外国语和第二外国语都为必修,但如有少数学生对第一外国语尚不能达到较熟练地阅读本专业的外文书刊的程度,则可将学习第二外语的时间用于继续学习第一外国语。外国语课程共计330学时;其中第一外国语230学时(包括课外阅读60学时),第二外国语100学时。

体育课程:

安排在一、二年级,共130学时左右(其中第四学期的部分时间可讲授军事常识)。此外,各个年级的学生都要积极地参加课余的经常性的体育锻炼。

2. 基础课程:

基础课程应在保持科学系统性和基本内容的前提下,密切联系实际和适当地结合专业。其中基础理论部分全校各专业应有统一的要求。各门基础课程的教学时数可参照附表(一)安排。

3. 基础技术课程:

基础技术课程的内容可以比基础课程较多地结合专业,同时也必须注意保持课程的科学系统性和基本内容。基础技术课程按照专业性质的不同分成若干类型,但全校一般以不超过三类为限。各类专业共同的基础技术课程的教学时数,可参照附表(一)安排。

4. 专业课程:

专业课程的内容应该不断地提高理论水平,密切联系我国生产建设实际,并反映最新的科学技术成就。专业课程的设置与安排应该有主次轻重,不宜贪多求全。主要的专业课程应该保持必要的分量。某些专业课程的部分内容(如施工、工艺、设备、安装、运输、维修等部分),通过生产劳动或生产实习课可使学生掌握并满足教学要求的,可以适当精简。此外,根据各专业的需要可以开设一些专门化课程或专题讲座,但时间不宜过多。

5. 加选课程:

有条件的专业应在高年级适当地开设加选课程。其内容可以是更高深的基础理论、专业理论和与专业有关的最新科学技术成就,加选课程时数不计入课内总学时之内。

四、实习与劳动。

1. 各专业在二年级各安排7周在校内集中进行的教学实习和生产劳动(内4周为教学实习,3周为生产劳动),全校共分四批分别在校内机械工厂进行。在教学实习与校内生产劳动期间并安排45学时的金属工学现场教学。(具体安排见附表二)

2. 生产实习应不少于14周。各专业在三、四、五年级可分别安排认识实习、专业生产实习与毕业实习,并与有关的生产劳动按照"统一使用、分别计算"的原则进行安排。各次生产实习具体时间的安排可结合各类专业的性质与教学要求由各系自行规定。

3. 各专业在一年级下学期一律安排3周集中的农业其他公益劳动。三年级上学期(或四、五年级上学期)一律各安排2周集中的农业或其他公益劳动。

4. 各专业五年内共安排校内经常劳动5周,在理论教学时期内每周安排1.5小时,并计入每周54小时之内。

五、科学研究。

1. 低年级(指一、二、三年级)学生应该集中精力学好基础课程和基础技术课程。不要给低年级学生规定科学研究任务。少数有条件的学生可以结合有关教学环节、生产劳动或通过"课外科学技术小组"的形式,适当地开展科学研究活动。

2. 高年级(指四、五年级)学生的科学研究,主要是结合有关的教学环节,特别是结合毕业设计进行,不再另行安排专门的时间。

学生的科学研究,应该在教师指导下,有计划地进行。

在安排科学研究时,还应该注意遵循因材施教的原则。对成绩优异的学生,在保证他们受到全面培养的基础上,可以给予较多的科学研究锻炼。

附:表(一)各类专业公共课、基础课与基础技术课程内时数统一分配方案(草案)。

表(二)各专业教学计划统一安排的部分(草案)。

上海交通大学学生生产实习暂行条例(草案)

1961年11月10日

第一章:总则

第一条:为了贯彻执行"教育为无产阶级政治服务,教育与生产劳动相结合"的方针,加强理论联系实际,提高教学质量,按照教学计划的规定:有目的、有计划、有领导的组织学生进行生产实习是教学工作中的重要部分,因此,全校各有关单位均应共同保证完成这项任务。

第二条:生产实习是教学过程的一个有机部分,是使学生获得生产知识,巩固所学理论知识,培养独立工作能力的重要环节。生产实习的时间、场所可以与生产劳动结合安排,但生产实习的内容和要求与生产劳动有所不同,不应该以生产劳动代替生产实习。

第三条:生产实习大体上可以分为:认识实习、专业实习和毕业实习三种。此外某些专业可以适当安排航行实习或运行实习。所有各次实习虽然分别在不同时间进行,但又是互相联系的,因此在安排时间既要考虑各次实习的特点,又要注意其连贯性。

生产实习的次数、时间与要求应根据各专业的性质、生产实习的性质和学习年限的不同,在教学计划中具体规定。

第四条:生产实习的内容应根据教学计划的要求,在实习大纲中具体规定。生产实习大纲一般应包括:1. 实习的目的与任务;2. 实习的程序与时间分配;3. 实习内容;4. 实习方法及检查方法;5. 实习时间的理论教学(包括科学技术报告、现场教学)和参观;6. 对学生的要求;7. 参考文献等。

生产实习大纲由各有关教研组制订,经系主任批准并报教务处备案后执行。凡没有实习大纲的班级不得下厂实习。

第五条:实习场所的选择和确定,除应该满足实习大纲的要求外,还应本着勤俭办学的精神,尽可能就近就地解决,充分利用中小型企业作为实习场所;如果在一个单位确不能满足要求时,可以安排另一个单位补足实习不够的部分。各有关教研组对本专业的实习场所尽可能地逐渐固定下来。

第六条:联系和确定实习场所的手续,每年办理一次,各系应于规定日期以前将次一年的生产实习计划表报送教务处,以便统一上报与安排,实习计划表经上报后不得任意改变。

第二章:各有关单位的工作

第七条:各系的工作:

各系应有一位系主任或副主任领导和掌握本系的生产实习工作,其主要任务为:

1. 领导制订或修订生产实习大纲和审查实习大纲;

2. 制订本系生产实习工作计划;

3. 批准领导实习教师名单;

4. 督促并帮助教研组进行实习的各项准备工作;

5. 检查、了解生产实习质量和效果;

6. 加强实习期间师生的政治思想工作;

7. 总结、交流生产实习工作的经验。

第八条:各有关专业教研组的工作。

教研组是直接组织和领导实习的基本单位,其主要工作为:

1. 制订或修订生产实习大纲;

2. 根据实习大纲的要求提出实习场所;

3. 向系提出指导实习教师名单;

4. 检查和指导实习工作并对领导实习教师给予业务上的帮助和指导;

5. 总结、交流和讨论实习工作经验。

第九条:领导实习教师的工作

1. 于实习前半个月到一个月前往实习单位,根据实习大纲的要求,结合实习单位具体条件,会同实习单位有关人员订出实习计划;

2. 组织有关生产经验、技术革新等方面的专题报告、讲座和必要的参观等;指导学生收集有关课程设计、毕业设计以及教学、科学技术活动等方面所需要的资料;

3. 会同实习单位有关人员评定学生实习成绩;

4. 组织并指导学生结合专业要求为实习单位进行某些工作(例如与工人一起开展技术革新和有关技术工作等);

5. 关心实习学生的实习、学习、思想、生活以及身体健康方面的情况;教育学生遵守劳动纪律、保密、保安等制度;

6. 定期向教研组、系汇报实习工作,在实习结束时写出全面总结;

7. 指导实习生编写实习报告。

第十条:教务处的工作

1. 制订和修订全校生产实习的规章制度;

2. 综合、审查、平衡全校生产实习计划表;拟订全校全年生产实习工作计划;

3. 组织并推动实习前的思想教育工作及准备工作;

4. 办理实习师生的入厂手续和必要的联系工作;

5. 协助学校领导会同有关单位赴现场检查实习进行情况;

6. 组织经验交流与总结生产实习工作;

7. 准备必需的生产实习用品。

第十一条:人事处应负责做好实习师生的政治审查工作,并于师生下厂前一个月与有关部门联系好。

第十二条:总务处负责编订全校全年师生实习经费的预算;制订或修订实习经费开支办法;实习师生的食、宿、交通保健等有关生活方面的工作。

第十三条:其他工作,如师生在实习期间需要图书资料、实习计划、大纲的刻印以及必要的生活用品、有关单位均应积极协助解决。

第十四条:团委应配合学校行政做好下厂实习学生的思想教育、劳动教育。教育学生遵守劳动纪律,注意保密保安的教育,做好实习学生的鉴定工作,协助行政做好实习学生奖惩工作。

第三章:实习中的奖惩

为了鼓励学生在实习期中积极钻研、努力学习和发扬团结友爱的精神,并督促学生遵守各项有关制度;及时对犯错误的学生进行教育与处理,需规定实习的奖惩办法以保证生产实习顺利地完成。

第十五条:奖励共分口头表扬、书面表扬及物质奖励三种;对有重大贡献者应依照国家公布的奖励办法执行。凡学生有以下情况之一者,由学生实习队会同领导实习教师向系主任提出,一般的由系予以表扬,较重大的由系转报学校领导予以表扬或奖励。

1. 爱护国家财产,在抢救或防止工伤事故、设备事故而有贡献者;

2. 在实习期中把科技活动、技术革新结合进行而有相当成绩者;

3. 规范地、自觉地遵守纪律、制度、坚决与坏人坏事作斗争,主动搞好厂校以及同学之间团结友爱而有成绩者;

4. 积极劳动、努力钻研而有突出表现者。

第十六条:处分共分口头警告、停止实习及按学校校纪处分三种。学生在实习期中犯有以下错误者,一般的由实习教师予以口头警告或经系主任同意后予以停止实习的处分;对情节较重大者经系提出报学校领导按校纪处分:

1. 发生失密、泄密情节较严重者,或者情节虽轻但屡教不改者;
2. 不遵守纪律、制度;不服从领导有碍公共利益者;
3. 不遵守安全操作规定而造成工伤事故或设备事故;
4. 实习态度很差,经教育后不悔改并引起群众不满者。

第四章:关于实习成绩

第十七条:在生产实习期间,每个学生均应写实习日记及实习报告。凡不交实习日记及实习报告者不得参加考查。考查在实习期间进行,考查成绩采用优、良、及格、不及格四级记分法评定;并参考下列意见作为评定成绩的标准:

优:全部完成实习大纲所列项目,在实习报告中对每一个项目都有系统的分析,既有实际材料(如数据、图表等)又有理论说明并能根据所学的理论知识结合现场情况,正确地阐明某些问题或提出改进性的意见。

良:全部完成实习大纲所列项目,在实习报告中对每一个项目都有较清楚的说明和分析;能运用实际材料或理论知识说明某些问题。

及格:基本上完成实习大纲所下列的项目或者虽然其中有少数地方不够完满,但没有原则性的错误,能作一般性的分析和说明某几个问题。

不及格:实习大纲中所规定的一些主要项目都不能正确回答对问题的分析,带有原则性的错误,在实习报告中也仅是单纯地堆积材料。

在评定成绩时除了以上标准外,还要考虑其实际态度以及学生掌握生产实际知识、操作技能等方面的情况。

第十八条:学生因故不能参加生产实习的,应补行实习;学生无故不参加实习须受校纪处分,并补行实习。学生补行实习,可以利用假期进行,必要时可适当延长其毕业期限进行。

第十九条:学生实习成绩考查不及格,应作一门课程不及格论,并应重作实习。

第五章:关于学生实习期中请假的规定

第廿条:在生产实习期中学生一般不得请事假。如有特殊情况应依照在学校请假手续办理。

第廿一条:在外埠实习的学生如请假在三天以内者,由领导实习教师批准,三天以上者应报请系主任批准;或根据情况由领导教师暂时批准事后报请系主任批准。

第廿二条:学生在实习期间请假不超过本次实习期限二分之一时间者,得由领导教师商请实习单位的同意,适当延长其实习期限,以补足其实习所缺的部分;学生请假时间如超过本次实习期限的二分之一者应重新补行实习。

第廿三条:在外埠实习的学生在实习结束后,原则上随实习队返校,如确有需要顺道返家或其他活动者,领导实习教师可根据情况批准,但不能因此而影响学习及学校规定的其他任务。

第六章:其他

第廿四条:本条例经过校务委员会讨论通过后实行,修改手续亦同。

上海交通大学学生成绩考核及升留级制度的几点暂行办法(初稿)

1961 年

为了贯彻党的教育方针,逐步提高教学质量,健全成绩考核和升留级制度,为国家培养合格的专门人才。特根据上海市高教局关于《上海市全日制高等学校学生成绩考核及升留级制度的若干意见》,结合我校具体情况,制订下列暂行办法:

一、成绩考核:

(一) 高等学校的考试、考查是教学过程中的重要环节。它的目的是帮助学生系统地复习和巩固所学知识,检查学生对所学知识和技能的理解程度与运用能力。进行成绩考核时必须遵循严肃认真、实事求是的原则。考试和考查的科目,应按教学计划的规定办理,不得轻易更动。

(二) 每学期考试的门数一般为二门至四门。考试题目应本着逐步提高教学质量的精神,根据教学大纲的要求拟定,由主讲教师提出,教研组主任同意。对牵涉面较广的课程的考试题目,则须经系主任审查批准。

(三) 考查是对学生平时作业进行总结性的检查。凡是平时有实习、实验、习题、课外作业、课堂讨论及平时测验的课程,即可以平时成绩作为考查依据,一般不得在期末进行集中测验。对课程的平时测验,各系亦应进行平衡和适当控制。

(四) 所有课程的考试、考查成绩,由教师负责评分,不能用民主评定方式代替。教师应在考试考查后一周内,将成绩汇交系办公室,由各系向学生公布。

(五) 政治理论课程的考试考查成绩,一般应根据试卷或口试的结果评定,对学生的政治觉悟、思想意识和道德品质,应另作鉴定。学生的鉴定一般每两年进行一次,鉴定时间可安排在寒假前三天进行。(具体要求和办法另订)

(六)生产劳动的考核成绩,一般采用写评语的方式 ,考核时间可在集中劳动后进行,也可以结合鉴定进行。各系对在劳动中表现好的学生应予表扬,对于违反劳动纪律,态度恶劣的学生,应予批评或处理。

(七)学生参加科学研究的成绩考核,应以个人分担的部分为依据,不以集体成绩代替个人成绩。

(八)公共体育课,凡是认真上课,积极进行锻炼达到一定标准的学生打考查及格,不宜规定过高的指标。对身体条件和健康状况较差的可开展多样化活动,适当降低要求,或经系和公共体育教研组主任同意,可免修,或免予考查。

二、升留办法:

1. 学生的升留级,在每学年第二学期考试后办理一次,第一学期经考试仍未及格的课程,可在第二学期再补考一次,补考后仍不及格,则应在第二学期补考后不及格课程累计计算。但学年课程两学期都不及格只计一门。

2. 在通常情况下,一般学生一学期有四门以上课程不及格不得参加补考,由校长令其退学。但在学年中的第一学期末有上列情况的学生,如政治思想、学习态度良好,因某种原因而造成学习困难的,经系主任提出,教务长审查,校长批准,可允许在第二学期继续跟班学习,学籍处理问题待学年结束后再按规定办理。

3. 第二学期补考后累计有三门课不及格的可令其退学或留级;两门课程不及格一般应该留级,工农学生可视课程性质和学习情况给予跟班学习;一门课程不及格,则根据课程性质和学生学习情况决定其升级、跟班学习或留级。如确定升级或跟班学习的学生,其不及格课程在这一学年内再补考一次。

4. 跟班学习一般为一学期,跟班学习的学生,在跟班学习期间如有二门以上(超过二门)课程不及格则不得参加补考即予留级。

5. 确定学生升留级时,应以学业成绩为主,但应视课程的性质、学时的多少灵活掌握。

6. 各系在每学年第二学期考试和补考结束后,应由系主任迅速提出留级和退学学生名单,并报教务处审查,留级学生由教务处批准,退学学生由校长批准公布。

7. 学生因病、产、事假缺课太多,超过一学期的理论教学和实习时间的三分之一时,一般应休学。如因故经批准未办休学手续而不能跟班的应重读,但不作为留级。

8. 留级的学生经系主任批准可修读部分高一年级的课程,对于以前所修的课程,如已取得“优秀”或“良好”的成绩,可予免修。

9. 学生在学习期间,一般只能留级两次,如间断留级达第三次或连续留级两次的学生,应令其退学。

10. 毕业班学生有不及格课程(包括以往所修的不及格课程)在未补考及格前,不发给毕业证书,但可先行分配工作。

暂行办法待中央教育部正式文件下达后再行修改。

上海交通大学关于师资培养进修与管理的几点规定(草稿)

1963 年 1 月 9 日

我校的师资队伍,几年来不仅在数量上有了很大的发展,而且教学质量、学术水平和政治觉悟都在不断地提高。为了适应事业的发展,使我校能迅速拥有一支有足够数量的又红又专的师资队伍,使教师的提高,更有计划、有步骤地进行,今在总结几年来师资培养工作经验的基础上,特作以下规定:

一、师资队伍建设的总要求

师资培养的目的,是为了在不长的时间内,使我校的公共课、基础课、基础技术课和专业课的教师队伍,更快地成长起来;同时要尽速形成一批具有社会主义觉悟、有较高学术水平、业务成熟、身体健康的又红又专的教师骨干。

1. 继续贯彻党的教育方针,必须进一步加强教师的政治思想工作,要求教师努力学习马克思列宁主义和毛泽东思想,参加劳动锻炼,提高阶级觉悟,树立无产阶级世界观,并逐步成长出一批能较正确地运用辩证唯物主义来阐明和处理自然科学中的基本问题的教师。

2. 进一步提高教师外国语、基础理论、实验研究能力和设计制图能力的水平。基础课、基础技术课和老专业的教师,在提高学术水平的同时,应进一步提高教学效果。新专业的教师,要求能尽速熟练地掌握本专业的课程和各个教学环节,并编出有一定水平的有关教材。

3. 形成一支具有较高水平的稳定的公共课、基础课、基础技术课与专业课的教学队伍。对各重点专业、学科的教研组,要求尽速形成一个既有业务领导人,又有中层骨干和助手的集体,保证有较高的教学质量,有稳定的科学研究方向,能经常出科研成果,发表论文,写出有一定学术水平的著作。

4. 根据专业和学科的发展,培养出一支精通有关实验原理、实验方法和实验技能的实验专门人材,以便不断提高实验的科学水平。

5. 增加教授、副教授、讲师在整个教师队伍中的比重。在五年内,使大部分助教达到相当于研究生毕业的水平。并在这个基础上，进一步发掘和培养出一批优秀的教学骨干。

二、对各级教师的业务要求

为了更好地贯彻执行党的教育方针，全体教师必须努力学习马克思列宁主义和毛泽东著作，加强形势任务和自然辩证法的学习，自觉地进行思想改造，不断地提高政治觉悟。定期参加劳动锻炼，逐步地树立阶级观点、群众观点、劳动观点和辩证唯物主义观点。老教师可以通过理论学习、参观访问、经常参加政治社会活动来提高自己的思想政治水平，并在所担任的实际工作中不断锻炼自己，逐步树立无产阶级世界观。对各级教师在业务上提出以下要求：

1. 教授、副教授的努力方向是：

（1）领导和进行科学研究工作，能写出具有一定水平的专著和经常发表论文。

（2）开设具有较高水平的课程或讲座，教学内容能反映最新而成熟的科学成就。

（3）能顺利阅读和翻译二种以上的外文资料，及时掌握国内外科学研究的状况、发展趋势和最新成就，在可能情况下，能在国内外著名杂志上发表论文。

（4）指导青年教师和研究生，帮助他们在教学上、科学上成长起来。

2. 对讲师业务水平的要求是：

（1）有深广的专业基础知识，能熟练地掌握教学内容、实验理论和方法，并能掌握最新科学成就，有组织教学和综合分析能力，开出具有一定水平的课程。

（2）具有从事科学研究的能力，能写出一定水平的论文报告和参考书。

（3）熟练地掌握 1～2 种外国语，能顺利地阅读本专业的书籍，并能及时掌握国外科学发展趋势。

（4）继承和发扬老教师的专长，并帮助青年教师进修提高，起到承上启下的作用。

3. 对助教业务水平的要求是：

（1）熟练掌握所担任课程的教学内容和各个教学环节，能胜任实验课、习题课、课堂讨论和指导实习；必要时可以担任某门课程的讲授和考试工作。

（2）协助教授、副教授、讲师进行科学研究工作；在这基础上，可在成熟教师的指导下进行科学研究工作；同时对本专业的某一科学问题，能提出论文或报告。

（3）熟练地掌握一种外国语，能顺利地阅读本专业的书籍。

三、业务进修提高的方式、途径与措施

1. 根据我校的性质与任务，各系、各教研组应迅速地把教师的业务发展方向，和今后三五年的教学、科研任务确定下来，经教研组与系讨论后，今后不要随意变动。同时根据教研组的任务，帮助教师结合本人发展方向，订出三年进修计划。计划中，必须把政治学习和劳动锻炼的时间安排好。计划既是积极的，又是经过努力可以实现的。制订计划时，既要照顾到当前的教学需要，又要有长远的打算；既有三年的要求，又有每年的具体指标。应力求做到目标明确，要求具体，措施落实，便于执行，便于检查。

2. 进修的目的是为了提高教学质量和学术水平，因此必须将进修与教学工作结合起来。任何只顾进修不顾当前的教学需要或者只顾进修、听课而不愿担任教学工作的做法都是不对的，必须加以扭转和制止。进修提高更应注意贯彻全面观点，也就是既要注意业务水平的提高，也要注意思想觉悟的提高，既要反对只重政治放松业务的做法，也要反对重业务轻政治的倾向。

3. 进修过程中，必须贯彻理论联系实际的原则。既要注意在理论上提高，又必须通过实验室建设，到有关生产、科学研究单位去参观、实习等来丰富实际知识。为了更好地了解本专业或学科的国内外水平与现况，争取校外指导力量，还必须加强与校外的联系和协作，争取多参加有关业务部门的会议和学术活动。各教研组应尽可能进行科学研究工作。

4. 进修的方式，应以在职进修为主，并因地制宜，因人制宜，采取多种多样方式进行。各教研组也可根据教学任务，分别妥善安排教师的工作，使每年均有部分教师能有较集中的时间从事进修。脱产进修应以校内为主。新建专业或学科，若校内进修条件不具备，可出外进修。

对不同的老师应采取不同的途径：

(1) 对业务上较成熟的老教师，可通过科学研究、编写教材、著作和培养研究生等方式来提高。要充分发挥他们的专长与作用，帮助他们挑选恰当和满意的助手。实行教授、副教授的轮流休假制度，使之有一段集中的时间从事进修、科学研究或者其他工作。对水平较高、经验丰富的教授，应配备有一定水平的讲师作为教学和科研上的助手。

(2) 对中年教师可结合教学、科学研究任务，通过到外单位进修、实习、收集资料，参加实验室建设、编写教材、指导毕业设计或论文和开展各种学术交流活动来提高。基础课的教师的进修方向，可根据本校任务、发展方向和有关的基础技术课与专业课结合起来。

到外单位去进修实习，必须目的明确，同时应尽可能派较成熟的教师前往，以便能在较短时间内收到较好效果。

(3) 青年教师占全校老师的大多数，是教学和科学研究工作中的新生力量。但由于刚毕业不久，知识面较窄，实际经验还少，因此更需要一方面结合所担任的教学任务，通过实际工作锻炼，踏实地、有计划地进行学习。应适当补修一些不足的课程，通过参加科研工作，编写交流讲义、习题集、实验指导书等工作来进行提高。要尊重中、老年教师，虚心向他们学习，认真当好中、老年教师的助手，不断地提高教学水平与工作能力。

提前毕业的助教，首先应该努力完成本身的教学任务，同时有计划地补修不足的基础理论或专业课。通过听课、自学、下厂实习等方式，掌握好本专业各门主要专业课的内容。切实地练好基本功，并补做必要的课程设计和毕业设计。

基础课的青年教师，除应对本门学科作进一步的钻研外，有条件的也可结合我校的任务与性质，适当地听一些有关基础技术课或专业基础课，可担任些辅导，这对提高基础课是有好处的。

实验室、设计室是培养青年教师理论联系实际的重要场所之一，因此青年教师必须要在实验室、设计室工作和训练一个时期，熟悉有关实验设计工作原理、方法和技能，以提高学教水平。

(4) 为了使教师能更快地达到又红又专的要求，学校每年分批从中年教师和具有同等水平的青年教师中，选优作为重点培养对象。重点培养对象由系主任、总支书记会同有关教研组主任确定，经校长批准。对重点培养的教师除了要求他们参加必要的政治活动的劳动锻炼，努力提高政治觉悟以外，并应下决心减、免他们的行政、教学与社会工作，使他们保证每周有三分之一至二分之一的工作日(即每周至少有二天至三天)用于进修。并在图书资料、实验设备等方面为他们提供更多的便利条件，经常组织他们参加校内外的学术讨论，使其能更快提高。

(5) 切实按照中央指示，保证大部分教师有5/6的时间用于业务和进修，合理安排行政工作和社会工作，避免将行政工作和社会工作过多地集中在少数人身上。

(6) 全校共同性的基础理论课，视教师进修的需要，由科研生产处、教务处统一开设讲座，各系、各教研组也可视专业和学科的需要，多举办一些小型讲座，达到既能提高又能相互交流的目的。

(7) 为了使教师的进修能在有经验的教师指导下进行，助教和部分讲师，都应根据可能，有专人作好业务和进修的指导人。指导人一般在校内解决。助教的指导人可由讲师、副教授或教授担任；讲师的指导人由教授或副教授担任。若在校内无适合的，可提出由学校聘请校外专家担任。

指导人的职责是：

① 根据教研组的任务，帮助助教或讲师确定进修方向，制订进修计划；

② 检查和督促计划的执行情况，并对完成情况进行考核；

③ 对进修中遇到的问题给予指导和帮助。

部分新专业,由于建设时间不久,青年助教占大多数,这些教研组则可成立若干进修小组,推定一、二位有经验的教师负责,相互督检查,共同研究解决问题,必要时要可请其他教研组的教师担任某门课程或某一专题的指导。

(8) 各系、各教研组青老教师应经常开展学术活动,可定期举行学术报告讨论会(一般每月1—2次)。报告内容可广泛些,结合备课、阅读文献,开展学术交流活动。同时也可根据需要与可能,邀请外单位的专家来我校讲学。或鼓励教师参加有关专业校外学术活动。

四、加强对师资培养工作的领导建设与健全有关的管理制度

1. 师资培养工作,在校长领导下,由科研生产处会同人事处、教务处做好各项具体管理工作。各系应有一位系主任分工负责全系的师资培养管理工作。

2. 建立分级管理制度:

(1) 教研组应对本组教师的进修提高作出全面的安排,任务是:

① 制订本教研组师资培养规划和执行计划,报请系审查批准;

② 讨论和提出教师的业务进修方向,安排教师的工作和进修任务;

③ 讨论审查教师的进修计划,安排指导力量,定期进行检查与考核;

④ 组织学术活动,帮助教师扩大知识领域,提高科学水平。

(2) 系对师资培养的任务是:

① 审查各教研组的师资培养规划;

② 制订本系师资培养工作规划,报请学校审查批准;

③ 检查各教研组对规划执行的情况;

④ 组织教师进修的经验交流。

(3) 科研生产处对师资培养工作的任务是:

① 协助学校领导审查各系的师资培养规划;

② 会同人事处、教务处做好师资的补充、调配、考查、提升等工作;

③ 定期了解各系师资培养的情况,协助各系做好教师进修的安排、考核与检查工作;

④ 掌握与管理重点培养教师的进修,会同教务处、人事处安排好老教师的进修与科研。

3. 建立考核制度:

(1) 对教师定期进行业务考核,并建立教师的考绩档案,考核的内容分二方面:

一方面是教研组定期对本组教师所完成教学任务的质量和工作态度进行考核评定。

另一方面是根据进修计划的要求,每一阶段由指导人或教研组根据完成计划情况进行

考核。在校内外听课均须经教研组主任根据进修计划批准。助教应一律参加考试。脱产进修的教师每学期要向教研组提出书面的进修情况报告,进修结束时由所在单位作出进修情况鉴定。

(2) 学校今后将定期地统一组织或通过教研组组织青年助教举行外文、有关基础课程的业务测验。

(3) 见习助教在见习期满后,应由所在教研组对其进行业务考试和见习期鉴定,经系签署意见后,转报学校,作为转正依据。不能胜任助教的,须继续见习或者调任其他工作。

(4) 对教师的劳动锻炼情况按学校规定进行考核。

4. 建立审批汇报制度:

(1) 助教的进修计划需经指导人签字后,由教研组主任批准执行。

(2) 讲师的进修计划需经指导人签字与教研组主任审阅后,由系主任批准执行(校外的指导人可直接由系主任批准)。

(3) 重点培养教师的进修计划,副教授以上人员的进修、科研任务以及其他重要安排,应经教研组主任审阅,并由系主任签署意见后,由校长批准执行。

(4) 教师的进修计划,如因特殊原因而需修改时,必须先取得指导人的同意,并报给原批准计划的各级负责人批准。

(5) 教师到校外去参观、实习、听课或收集资料等进修事项,一般均需报科研生产处,由科研生产处办理。

(6) 教研组每学期要检查、研究师资培养工作 1—2 次,在每学期末将情况书面向系汇报。系主任每学期应总结一次各教研组的师资培养工作情况,并向学校汇报。

以上规定,经校委会通过,报请党委及上级批准后执行。

关于教学工作中若干具体问题的规定(草案)

1964 年 1 月 27 日

为了进一步贯彻执行《教育部直属高等学校暂行工作条例(草案)》,切实地培养政治质量好、技术专业好、身体健康的高质量的技术干部,最近我校全体教师根据教育部和国防科委的有关教学工作的指示,围绕"理论联系实际""少而精""学到手"等重要的教学原则,对各专业的教学工作进行了一次全面、深入的调查研究。在这次调查研究过程中总结了我校教学工作中行之有效的经验,暴露了当前存在的薄弱环节。在这个基础上,广大教师要求把教学工作中好的具体经验条理化,要求对若干具体问题加以明确的规定,以协助我校教师进一步发扬革命精神,贯彻“理论联系实际”“少而精”“学到手”等教学原则,努力提高教学质量,培养高质量的人才。

现就教学工作中的十七个具体问题作如下规定,这个规定所涉及的只是这些问题的若干主要方面或某些当前特别值得注意的问题,而不是一切方面,这是要注意的。希望各系、各教研室以及每个教师结合自己的工作情况贯彻试行。同时随时注意总结经验,以便经过一、二年的试行后,进一步修改完善。

一、“理论联系实际”“少而精”“学到手”是教学工作的重要指导原则,特别是“少而精”原则,更是贯彻《教育部直属高等学校暂行工作条例(草案)》的一项重要措施,是提高当前教学质量的中心环节。

贯彻“少而精”的原则,不仅是教学业务问题和学术问题,而首先是教学思想问题。同时也涉及师资培养和提高、实验室的建设和教学文件、教材的建设等一系列重大工作。这就要求我校各级教学组织、全体教师采取认真严肃的态度,亲自动手,从周密的调查研究入手,边学习、边贯彻、边改进。在贯彻“少而精”等教学原则时,应该提倡调查研究,反对主观臆想;提倡结合实际,反对生搬硬套;提倡边学边干,反对空发议论。总之,我们应该通过思想工作,发动教师自己动手在教学实践中贯彻“理论联系实际”“少而精”“学到手”原则,在这个过程中不断地总结经验,克服缺点。在学术问题上应坚持“双百”方针。在贯彻这些原则的具体方法上应当允许不同意见的存在。在贯彻过程中凡采取教学上的某些重大的措施、根本的变革都要坚持典型试验的原则,有领导有步骤地进行。

二、教学计划是实现培养目标的基本依据,必须严肃认真的贯彻执行。各系、各教研室不得随意变动。

各门课程都要按照学校批准的本门课程的教学大纲进行教学。各教研室在制定适用本校的教学大纲时,要正确处理好统一性与灵活性的关系,稳定与革新的关系。这就是对于统一大纲,首先要采取严肃的态度,其次要考虑如何把统一大纲与我校实际情况结合起来。在大纲制定后应力求相对稳定,不要年年修改,但在执行过程中允许教师在规定范围内的详略增删。教师应于每学期开学前一周根据教学大纲规定的内容与课程表的安排以及过去的教学经验,具体拟订教学进度表,经教学小组或教研室讨论,教研室主任审查批准后执行。在执行过程中,如教学内容与教学进度需作较大变动时,应经教研室主任同意,并报系(基础部)备案。

三、加强教学第一线稳定教学任务是进一步提高教学质量的基本前提之一。教研室在安排一学年的工作任务时,要在坚持教学为主,积极开展科学研究的原则下,全面安排好各项工作。

助教必须经过三年以上时间担任习题课、实验室工作的实际锻炼，练好基本功，才能担任主讲任务。初次担任主讲任务的助教，需经系(基础部)审查，教务处批准。对于他们，教研室应在上一个学期指定有经验的教师担任指导，帮助备课，审阅讲稿，并在教研室内先进行试讲。正式讲课后，教研室应指定有经验的教师进行听课，课后组织讲评，以保证讲课质量。

一门课程原则上应由一位教师讲授，有特殊原因需二人或二人以上合讲时，需报教务处批准。主讲教师所担任的课程应力求稳定，以便积累经验、改进教学、提高质量。

主讲教师除担任讲课外，应统一领导与本门课程有关的其他实践性教学环节，对本门课程的教学质量全面负责，而且应担任一部分习题课，指导一部分实验，参加一部分答疑，并批改部分习题、作业。辅导教师对所担任辅导课程的教学应有全面观点，对课程的教学质量、效果也负有重要责任。担任各实践性教学环节的教师必须清楚了解主讲教师的讲授情况、基本要求及学生的接受程度，并应把学生在这些环节上反映出的问题与情况，及时告诉主讲教师，积极主动地配合主讲教师。提倡主讲教师与辅导教师之间互通情况，密切配合，反对互不通气，各搞一套。

四、讲课是整个教学过程中起主导作用的环节，是保证教学质量的主要关键。

讲课必须根据教学大纲进行，必须要有与大纲相适应的教科书或讲义，如有特殊原因，确实无法选用适当教科书或讲义，必须经过教务处批准。

教师必须认真备课，并于上课前写好讲稿。备课时必须根据“少而精”“理论联系实际”的原则，结合教学大纲的原有说明与专业的特点，考虑学生的实际水平，在个人钻研的基础上，通过教学小组的讨论，明确每一章节的基本要求及重点、难点，处理好重点与难点之间的关系，既要看到二者之间的联系，也要看到二者之间的区别，决不能不加分析地把难点当成重点来组织教学。

讲课应当抓住精华，突出重点，把基本内容讲透。不应平均使用力量，切忌平铺直叙；不要脱离课程的重点内容与基本要求，片面求新、求深，或介绍很不成熟、可有可无的内容。

教师应不断提高讲课技巧(语言清楚严密，声调抑扬顿挫，注意学生动静，板书整洁正确等等)。

教师必须按时上、下课，不得占用学生的课余休息时间。

五、习题课是通过指导学生进行课内练习来巩固课堂讲授的基本内容，培养学生活用基本理论知识及独立思考能力的重要环节。

习题课教师必须跟班听课及时了解学生对课堂讲授内容的吸收情况，并应密切配合讲授的基本内容和根据学生的实际情况，在主讲教师的指导下，精选题目、组织教学。每次习题课应保证学生有二分之一以上的时间用于课内练习(包括课堂讨论)。习题课不得用来讲解课程新内容，更不得改作讲课。

布置给学生的习题，内容应反映本门课程的基本要求，分量应适当(即以大部分学生在规定的课外时间内能够在复习的基础上做完为原则)，并须经过教师试作。专业课的习题、作业应全部批改，基础课和基础技术课的习题作业，原则上也要全部批改，如有困难经教研室讨论决定可以少批一些，但至少不得少于三分之二。批改习题作业应当认真、细致、及时。

课程设计(课程作业)是培养学生运用有关课程的理论和技术知识，解决实际问题，进一步提高运算、制图和使用技术资料等能力的重要环节，通过课程设计(课程作业)，还应培养学生逐步树立正确的设计观点。

各教研室必须按照教学计划和有关课程的教学大纲制订好每个课程设计(课程作业)的指导书。

课程设计(课程作业)的内容不宜过于复杂，不要片面地求全求深，分量要适当，应该使绝大部分学生能在规定学时内完成。在设计过程中培养学生独立查阅有关手册和资料，是一个很重要的要求，但教师必须加强指导，以免学生盲目摸索，费时过多。既要防止指导教师说一点，学生做一点的情况，也要反对放任自流。指导教师应该经常检查学生设计进行情况，对学生提出严格的要求，但要注意避免严重返工和造成学生负担过重的现象。在课程设计(课程作业)完成后，指导教师应认真地对设计(作业)进行全面审阅，并对每个学生进行考查。

六、实验是贯彻理论联系实际，训练基本技能，巩固和验证理论知识的重要环节。

教研室应根据教学大纲的要求编出发给学生的实验指导书，指导书内应包括实验的目的要求、实验原理、实验步骤与方法、实验报告要求、预习要求与参考资料。此外每个实验都应有供教师参考的实验指导卡。

实验指导教师在每个实验开出前必须预做，并在每次实验前检查实验仪器、设备及材料的准备情况。

在实验前，实验指导教师必须检查学生的预习情况，不合格者不得参加实验。进行实验时，必须严格要求学生，使他们养成严肃认真的科学态度，获得测量、观察与处理实验数据的能力，实验结束后，教师应对实验记录数据进行审核并签字。学生要认真编写实验报告，培养分析实验结果的能力。

批改实验报告应注意数据处理方法、运算的正确性及图表的质量。不合格者应重做。

实验课成绩亦是评定有关课程的考试及考查成绩的依据之一。

七、生产实习是使学生直接获得生产实际知识和技能、巩固所学理论知识、培养独立工作能力的重要教学环节。

生产实习必须按照教学计划的安排和实习大纲的要求进行。

实习前必须订好本次实习的具体计划，凡是没有制订好实习计划的一律不得让学生下厂。

实习计划应该由指导教师根据实习大纲的要求，按照实习所在单位的条件和以往实习的经验，会同实习所在单位共同制订。实习计划应经教研室主任批准，报系及教务处备案。实习必须切实按计划进行。

生产实习必须由有经验的教师指导，初次担任生产实习的指导教师，应由有经验的教师带领，而不要单独指导。实习指导教师原则上应于实习开始前二周前往实习单位深入了解情况，掌握实习内容，准备好必要的参考资料和技术文件。

实习指导教师必须下厂指导，在每个实习所在单位中，至少有一名实习指导教师住厂。

教师应加强对学生在实习中的思想工作，教育学生虚心学习，艰苦劳动，遵守纪律，遵守保安、保密制度以及工厂的有关规定，并会同实习所在单位的有关人员对学生进行实习成绩的考核。

八、毕业设计(毕业论文，下同)是总结学生在校期间的学习成果，完成工程师基本训练的最后一个重要的教学环节。

毕业设计的题目应该在满足教学要求的前提下，尽可能结合生产实际与科学研究的任务。在毕业设计中(特别是在毕业论文中)，提倡让学生做必要的实验，并对实验数据进行分析。

毕业设计的分量要选择恰当，要使大多数学生能在教学计划规定的时间内完成。对于少数优秀生可给予具有科学研究性质的专题研究任务，但也不要造成负担过重。

毕业设计指导教师在指导毕业设计的过程中，如发现学生对过去所学课程有某些重要的缺陷时，在可能情况下，应积极采取加强辅导或适当补课的办法，予以解决。

提高毕业设计质量的重要关键在于指导教师熟悉自己所指导的课题内容，因此凡是初次担任指导工作或指导新课题的教师，都必须充分掌握有关的设计内容，并对其中关键部分进行预做，预做完毕后，应向教研室提出报告。各专业教研室要选择若干题目稳定下来，积累资料、精益求精，而不要年年大翻新。指导某些课题有专长的教师也要稳定下来，不要随便变动。

九、由各门课程、各个教学环节构成的教学计划是一个完整的统一体。必须严肃地以全面的观点来对待教学计划,必须反对教学工作中的平均主义和自由主义。

根据培养目标的要求,各专业都有它的主干课与非主干课,这在教学计划说明书中均有明确的规定。无论主干课和非主干课均应严格按照教学大纲要求完成教学任务,提高教学质量。如果片面地采用各种手段要求学生不分主次,平均使用力量甚至花大量的课外时间来复习非主干课程显然是不妥的。主干课也应按规定的课内外学时完成教学任务,反对超学时。

先修课程与后续课程要前后呼应,反对相互脱节。先修课程要注意后续课程的需要;后续课程一方面要对先修课程起复习、巩固的作用,另一方面对先修课程解决得不够而又是本门课程所必需的内容,有责任结合本课程的教学(不另增时间)进行必要的复习、补课工作。

一门课程的各个教学环节也是一个完整的统一体。各个环节的作用,既有共同的一面,又有区别的一面,不能相互替代、混淆。

十、测验的目的,是检查了解学生平时对课程基本要求的掌握程度,以便及时地改进课堂教学。测验成绩同时作为期终评定成绩的依据之一。测验的内容应为教师在某一阶段中所教过的基本部分,试题应由主讲教师拟定,并经辅导教师试作。

测验的方式可分为不通知的与通知的两种。不通知测验的次数按照各门课程课内教学时数多少来安排(平均20—30学时一次)。每次不通知的测验不得超过20分钟。各门课程的任课教师应将本门课程的不通知测验次数告知班级指导教师。某些课程如仍需采取通知方式的测验,则一学期以一次为限,测验时间不得超过一节课,而且应在学期开始前列入教学进度表,并由各系综合平衡后统一安排。所有测验均需安排在讲课时间内,不得使用其他时间(包括辅导课时间在内)。

有些课程可通过平时实践性教学环节检查了解学习情况的,可以不安排测验。

十一、考试、考查的目的,是帮助学生系统地复习和巩固所学知识,检查学生对所学知识和技能的理解程度和运用能力。课程的考试、考查要严格按照教学计划的规定进行。

凡是不进行考试的课程而需采用笔试方式进行考查的,每个班级每个学期以一门为限,考查的时间不得超过一节课。采取非笔试考查的课程应根据学生的平时完成作业、实验及参加课堂讨论的情况,并参考平时测验的结果评定成绩。某些课程如果没有平时作业及实验时,应根据平时测验情况,评定成绩。某些课程若有必要也可采取质疑的方式进行,但质疑人数不得超过全班人数的五分之一。所有课程的考查均需在停课考试的一周以前进行完毕。

考试和笔试考查的试题，应根据教学大纲的基本要求，教师所讲过的内容，并参照多数学生平时学习的实际情况，由主讲教师拟定，并指定未参与命题的辅导教师试做，试做时间不得超过学生考试时间的二分之一至三分之二（理论性课程取低限，叙述性课程取高限）。专业课程的试题均需由教研室主任审查批准。基础课与基础技术课程的试题，应由系（基础部）主任在听取教研室主任汇报审查意见的基础上批准。

每门课程考试的时间以3节课为限，并应根据各系（基础部）的统一安排进行，不得自行变动。

十二、教师经常深入地了解学生学习情况，是从实际出发进行教学及对学生管教管学全面负责的基本前提。

教师在对一个班级开出课程前，应对这个班的先修课程学习情况、学生的学习基础进行深入了解。例如可以查阅先修课的笔记、作业、习题，可以向学生进行一些口头的调查等，以便事先做到心中有数。

在本门课程的教学过程中，教师应当通过各种形式（如答疑、质疑、抽阅笔记、批改习题作业、个别交谈及召开座谈会等），经常了解学生对本门课程的学习情况、接受程度和负担情况，作为不断改进教学的依据。每门课程的答疑和质疑都应建立记录本，认真记录学生中存在的问题，不断积累资料。教师对学生的作业、测验及考试试卷应进行重点分析，从而发现问题，找出原因，积极慎重地采取措施予以解决。

教师在掌握了学生学习情况的基础上，应对学生的学习方法、学习态度进行指导，并应主动地与班级指导教师取得经常联系，密切配合，全面负责地完成任务。

十三、为了更好地培养优秀学生，应建立专门的优秀生管理制度。

一年级由基础部负责，二、三年级由系集中负责，四、五年级由各专业教研室负责。

系主任与教研室主任应直接掌握本系本专业优秀生的基本资料。班级指导教师必须切实掌握优秀生的情况及动态，并及时向系和教研室汇报。

各主干课程的习题、作业和实验都可分为类，一类为基本内容，人人必做；另一类为加选内容，可由学生选做，或指定给优秀生做。

在可能情况下，加选实验一般只规定实验任务与实验设备，在教师指导下，由学生自行拟定实验方案，自己动手完成，系和教研室有计划地开设一些讲座，以扩大与巩固优秀生的基础理论知识。各主要课程的任课教师应对优秀学生的课外阅读文献和参考书给予必要的帮助和指导。各专业教研室对本专业的个别的特别优秀的学生，应从二年级起即予配备导师,进行专门指导,同时在安排他们的毕业设计题目和配备设计指导教师时应作特殊的考虑和安排。

十四、劳逸结合是为了使学生具有健康的身体,充沛的精力,以便更好地坚持紧张的学习,从而完成学习任务。

学生每周课内外学习时数的安排按教学计划规定执行,学生社会活动及党团活动按《教育部直属高等学校暂行工作条例(草案)》的规定执行;睡眠时间保证每天在八小时以上。

学生课余时间除学校统一规定的全校性活动外,一律由学生自己支配。晚自修时间应予保证,不得移作他用,亦不得硬性规定作为某门课程复习之用。如有特殊情况,需占用学生自修的时间,应经教务处同意。

十五、班级指导教师的主要任务是在系主任领导下深入了解班级学习情况,指导学生树立正确的学习观点和学习方法,教育学生遵守学习纪律,密切配合任课教师、政治辅导员、班级党团支部,积极地鼓舞、诱导、教育学生提高觉悟,努力学习,增强体质,以成为全面发展的革命接班人。

班级指导教师以小班为单位配备,由系务委员会通过,系主任任命。

班级指导教师的经常工作内容为:(1)把政治工作做到学生的学习中去,教育学生树立雄心大志,培养革命精神;(2)随时调查与掌握本班级学生学习情况及教师教学情况,并进行分析研究,定期向系、教研室汇报;(3)平衡班级的学习负荷。每学期至少抓好三次,期初抓全学期的总平衡,期中抓测验、作业的综合平衡,期终抓考试考查的平衡。平时要经常注意调整工作;(4)帮助学生改进学习方法,指导班级开展学习活动和交流学习经验,提高学生学习自觉性和积极性。

为便于掌握情况,班级指导教师应该加强与学生的联系接触,尽可能地参加学生的劳动锻炼及班级集体活动。

班级指导老师每周每人应有6小时左右的时间用于指导班级工作,教研室应该在安排教学任务时,在时间上给予保证,并列入工作量。

十六、教师下工厂(包括下研究、设计单位,下同)是为了贯彻知识分子与工农结合,实现革命化的重要措施,也是贯彻理论联系实际,提高教学质量的一个主要措施。

专业教研室的讲师、助教至少二年下厂一次,一般可结合领导本专业学生的各次生产实习下厂,也可根据教学的需要,有计划地下厂进修实习;基础课、基础技术课教研室的讲师、助教至少每三年下厂一次,一般可结合领导本系有关专业的学生(或任课班级)的教学实习、认识实习下厂。教授和副教授可结合教学工作及科学研究,与有关生产、研究、设计单位保持密切联系，有计划地下厂。

下工厂时间可根据具体情况安排，但讲师、助教一般每次不少于两周。每次下厂结束后，应写出报告送教研室。教研室对教师下工厂要妥善安排，下厂时间列入工作量。

十七、教研室应充分发挥对教学工作的组织领导作用。

教研室主任应经常组织教师调查各门课程任课教师对教学大纲、教学进度的执行情况；经常组织检查性听课，进行讲评，了解教学效果、学生学习情况及反映。每门课程的任课教师均应定期向教研室汇报本门课程的教学情况。

在经常发动教师进行教学工作调查研究的基础上，教研室要按照各个阶段的工作需要与针对存在的主要问题有计划地开展教学法研究工作，并经常注意总结、介绍教学效果好的教师的教学经验，组织教师学习先进经验。教研室讨论教学工作的全体会议一般每月举行一次。

教研室可按照课程性质组成若干教学小组，但教学小组不宜太多，每组人数不宜过少，而且不应按教学环节来划分。每个教师必须参加一个教学小组。教学小组具体讨论本小组所负责的各门课程的内容、教学方法、教学进度以及习题、作业、实验、设计、试题、对学生的要求与标准等。教学小组至少每两周开会一次。教学小组的会议内容应讨论教学问题，一般不要用来讨论行政事务。教研室及教学小组讨论教学工作的会议列入 5/6 的业务工作时间。

教研室应当具备一整套教学所必需的教学文件、教学法文件与有关的教学资料(包括本专业的教学计划、各门课程的教学大纲、教材、习题集、实验讲义、教学法指导书、课程设计指导书、试题、答疑与质疑记录卡、教学进度表以及各次实习的大纲、实习指导书、毕业设计指导书与设计需要的有关参考资料等)，同时要注意积累教研室每学期的教学工作计划、工作总结以及调查研究的报告与有关统计资料等，并要安排专人负责保管。

关于教学管理的暂行规定

1978 年 2 月 21 日

1. 各专业教研组要按照党的教育方针和培养目标的要求，在认真进行调查研究，充分听取群众意见的基础上，切实制订好本专业的教育计划。经系(基础部)审核后报校领导批准。

2. 根据各专业教育计划总的安排，各系(基础部)、各专业教研组于每学期结束前两个月，订出各年级下一学期的具体教学实施计划，发动师生认真讨论，经各系(基础部)审查后报校教务处。同时,各系、各专业应根据实施计划,提出各门课程(包括专业实践环节)的教学任务书,其中有关本系、本专业的任务要落实到人,要外系、外教研组开课的报教务处教学行政科统一汇总后,由教务处具体落实到各有关教研组。任务落实后,要及早做好教学准备工作。

3. 各门课程应按照各专业教育计划的要求,订出教学大纲和每学期具体教学进度安排表,并认真执行实施,在校教务处与各系、各专业的统一协调下,各有关课程之间教学内容要相互配合,避免产生脱节和不必要的重复。

4. 教学安排确定后,不要随便变动,更不能随意停课,除学校统一规定外,如因特殊情况确实需要变动或停课时,需报校教务处同意。

在规定的每周课内外教学活动 48 学时内(包括形势教育和学生自修时间),各级组织都不得随意要师生从事其他活动。特殊情况,需征得系(基础部)的同意。

5. 教师要自觉遵守教学纪律,上课不迟到、不早退、不抽烟、不会客,要刻苦钻研业务,认真备课,精心组织教学,不断改进教学方法,提高教学质量。要认真批改作业,加强辅导答疑,并对学生平时学习成绩做好书面记载。

要发扬教学民主,提倡评教评学,做到教学相长,尊师爱生。

6. 教学与科研人员要保持相对稳定,并定期轮换。必须保证教学人员每周至少有六分之五的时间专心致志地搞好教学与科研工作;并充分发挥工人、实验员、技术人员和其他教辅人员在教学工作中的积极作用。对于忠诚党的教育事业、成绩较显著的教学人员应予表扬鼓励;对工作不负责任、表现不好的要批评教育,直至必要的处理。

7. 要勤俭办一切事业,到校外进行学工与专业实践活动,要就地就近。必须去外地的要经系(基础部)与校教务处审核后报市教育局批准。

8. 各系(基础部)与各教研组要经常了解与检查各年级教育计划的执行情况。好的经验要及时总结与发扬,并针对存在的问题,及时提出改进措施。每学期结束要作好教学工作总结。

关于加强学习纪律的暂行规定[①]

1978 年 10 月 6 日

1. 学生应积极参加各项政治活动和认真学习马克思主义,把坚定正确的政治方向放在

① 以上三个规定校教务处 1978 年 6 月 30 日制订,10 月 6 日由教务处略作修改重印。

第一位;要刻苦钻研科学文化知识;要积极开展文体活动。做到又红又专,全面发展。

2. 学生对教学计划规定的各门课程、专业实践、学工、学农、学军等一切教学活动,均必须参加,并按时完成作业。

学生如对某些业务课程通过自学确已掌握,可提出申请,并经过考试及格后,可以免修。

3. 每学期开学,学生应按学校规定时间到校并立即办理注册手续,否则作旷课论处。

4. 学生应自觉遵守学校作息制度,按时上课,不迟到、不早退、不无故缺席。对无故迟到、早退的学生,任课教师、政治指导员、班主任和学生党、团支部应进行批评教育。

除节假日外,住读学生如有特殊情况必须在校外住宿,需经班长同意。假日回家者,必须在上课前一天晚上返校。

5. 每节课上课时,学生应起立,待教师示意后坐下。迟到学生要向教师报告。

6. 学生在上课、集体辅导、实验、考试、考查时间内,应集中精力,保持安静,不准抽烟,不准会客、不影响其他学生学习。不准穿背心、拖鞋进课堂。

搞好教室、宿舍及公共场合的卫生。在校期间要养成良好的卫生习惯。

7. 学生在做实验时,应自觉遵守实验室的规章制度,严格按实验操作规程做好实验。

8. 学生应爱护公共财物;不得把工厂、实验室的器材、工具以及教室中的照明设备等移作私用;不得在寝室里安装电炉与使用电烙铁、擅自拉线装灯等。损坏及丢失公物要按价赔偿。

9. 学生在下乡、下厂、下连队进行学工、学农、学军与教学实践时,应严格遵守该单位的有关规章制度,并注意安全和保密。

10. 学生因故不能参加各门课程的学习(包括政治学习)、专业实践和学工、学农、学军等活动时,需要事先请假,由班长登记。情况特殊不能事先请假者,事后应及时补办请假手续。

公假由系领导批准。

病假需凭学校卫生科或医院证明,病假三天以上者,班长除登记外,应及时报告系教务办公室(或系办公室)。学生因病不能亲自办理请假手续时,可委托同学代为办理。

学生学习期间,一般不要请事假,如有特殊情况,必须请事假时,需先亲自办理请假手续。事假在一天以内者,由班主任或政治指导员审批;一天以上,十天以下由系有关负责人审批;十天以上,由系领导签署意见,报校教务处审批。

学生请假期满,应立即销假。仍需继续请假者,应及时办续假手续,否则,以旷课论。

各系应加强对考勤制度的管理和领导,并有专人掌管学生考勤工作。各系对旷课学生应及时进行思想教育，对屡教不改、旷课累计一个月以上者(无故迟到、早退三次按旷课一节论处)，应予退学。

11. 学生在校学习期间，要集中精力为革命而刻苦学习，不谈恋爱，不准结婚。

12. 各级党、团组织对于坚持又红又专和模范遵守纪律的学生应及时表扬和奖励；对违反纪律者，应及时进行批评教育，情节严重者，应报学校通报批评，并根据不同情况分别给予警告、记过、留校察看、勒令退学直至开除等处分。

关于考试考查的暂行规定

1. 教学计划中规定的课程，在结束时都应进行一次考试或考查。

学工、学农、学军结束时，每个学生都要作出小结，并在班组内开展评论。

政治理论课一学年举行一次考试；一学期进行一次考查。体育课根据平时参加体育课与体育锻炼的情况每学期进行一次考查。

2. 对专业实践的考核，一般在现场进行。题目要密切结合课程任务的时间，由工人师傅、技术人员和教师一起出题。考核的方式可分小组进行，也可由个人进行。成绩由教师和有关单位的同志一起评定。

3. 每学期业务课程的考试门数一般不超过两门，考试期间一般安排一周。其余的课程可根据平时学习的情况进行考查。考试期间要注意劳逸结合，防止学生学习负担过重。

4. 考试前要组织学生进行较系统的复习；题目要体现理论联系实际，使学生综合运用所学知识，提高分析问题和解决问题的能力。试题要经课程教学小组讨论。

5. 各专业应根据教学计划和教学大纲的要求，按照课程的特点进行开卷或闭卷考试，考试方式可以采用笔试、口试、现场实验等各种方式，在实践中不断改革考试方法，注意引导学生理论与实践相结合，鼓励学生有创见地学习，决不把学生当敌人，不出怪题、偏题，不搞突然袭击。要求师生学习大庆人“三老、四严”的作风，如实向党汇报教学成绩。参加考试的学生要独立完成考试课题。不准有任何形式的作弊行为。

6. 成绩评定由教师根据考试并参考平时学习情况来确定。考试按“优”“良”“及格”和“不及格”四级记分。考查按“及格”“不及格”两级记分。考试、考查成绩均记入成绩登记表。

7. 因故缺考和考试、考查“不及格”者，由各系、各专业安排适当的时间给予补考。补考成绩一律按“及格”“不及格”两级记分。无故缺考或考试作弊者，一律按“不及格”处理；是否准其补考，由各系根据其情节与检查态度作决定。

8. 各门课程结合考试、考查都要开展评教评学活动，总结教学经验，提出改进措施，以促进教育革命的深入发展与教学质量的不断提高。

9. 学生毕业前，做好毕业鉴定。鉴定工作在各系总支领导下进行，并吸收教师参加。在学生自我鉴定的基础上，对其在校期间的政治思想、学习和劳动态度进行全面评定。在鉴定中允许本人申述和保留意见。

后　记

在学校党政的领导下，在校史编纂委员会和校史编写团队十多年的精心编研、反复打磨下，《上海交通大学史》八卷本，在校庆120周年来临之际，正式推出了。其中1—4卷，于2011年校庆115周年时问世，并荣获中国高等教育学会“第八次优秀高等教育科学研究成果”著作类一等奖。

《上海交通大学史》是由十余位老中青结合的研究人员参与编著而成的学术著作，是集体智慧的结晶。编纂的指导思想、体例原则、结构框架、重大问题的把握等都经过集体讨论研究，比较全面地记录了上海交通大学从1896年到2006年110年的办学历程和发展轨迹。在编纂中，努力将110年的交大发展历史置于中国近现代社会经济、政治、文化的巨大背景中进行研究。全书采用纵横交叉、点面结合、宏观与微观统一的方法，紧扣学校发展的主要内涵，全方位、多角度、有侧重地展示学校不同时期的发展历程。从浩瀚的文书档案等第一手资料和召开有关专题座谈会、组织个别访谈交流中，深入挖掘和研究校长办学理念、教师敬业教学、学生勤奋学习、校友爱校情结等生动事例与精神品格；同时，也不忘长年在基层守护交大一草一木的普通员工，多角度展现交大历史长河中的个人魅力与人生智慧，尽可能做到见物、见人、见情。全书图文并茂，力求既具学术性，又有可读性。

《上海交通大学史》第六卷由龚诞申、毛杏云执笔。在编著过程中，王宗光、叶敦平、范祖德、盛懿等同志对大纲的确定、初稿讨论、书稿审阅全程付出了艰辛的劳动。最后送审学校党政领导。

我们特邀请了中国教育学会校史研究分会副会长张克非、上海市委党史研究室主任徐建刚、上海市委党史研究室吴祥华等同志进行全面审阅并提出宝贵意见；还先后请何友声、马德秀、陶爱珠、白同朔、张益杰、何永棣、张玉瑜、李建强、朱积川、秦尉祖等同志对书稿进行了审阅并提出修改意见。朱积川同志提供了照片。上海交通大学堂史校史研究室、档案馆、出版社鼎立支持。谨在此一并表示诚挚的谢意！

十多年来，广大校友对编写工作十分关心，学长刘共庭、冯莺夫妇曾经两次解囊相助，增益校史基金，资助校史研究顺利开展。在此表示衷心感谢。

由于学校历史悠久，文献史料丰富，编纂任务艰巨，编纂水平和时间有限，书中难免有疏漏和失当之处，敬请广大读者、同行、专家、校友批评指正。

《上海交通大学史》编写组

2016 年 1 月